Philipp Bagus – Die Ära Milei

Philipp Bagus

Die Ära Milei

Argentiniens neuer Weg

LMV

Für Johann Friedrich

MIX
Papier | Fördert gute Waldnutzung
FSC® C014889

6. Auflage 2025

Thomas-Wimmer-Ring 11, 80539 München
info@langenmueller.de

Umschlagmotiv: Foto unten: © Florence Martin, picture alliance/dpa
Satz: Satzwerk Huber, Germering
Druck und Binden: Friedrich Pustet GmbH & Co. KG, Regensburg
Printed in Germany
ISBN: 978-3-7844-3719-4
www.langenmueller.de

Inhalt

Vorwort

¡Viva la libertad, carajo!

Mit großer Freude schreibe ich dieses Vorwort, um *Die Ära Milei – Argentiniens neuer Weg* zu präsentieren. Ich habe meinen lieben Freund Philipp Bagus im Februar 2021 kennengelernt. Professor Bagus hatte mich eingeladen, über Zoom in seinem Seminar zur Dogmengeschichte einen Vortrag zu halten. Dieses Seminar ist Teil des Masterstudiengangs in Ökonomie der Österreichischen Schule an der Universidad Rey Juan Carlos unter der Leitung von Professor Jesús Huerta de Soto. Ich erklärte gerade, warum ich in die Politik gegangen bin, als ich plötzlich eine gewisse Unruhe unter den Teilnehmern des Zoom-Meetings bemerkte. Ich war völlig überrascht, als ich wahrnahm, dass Professor Huerta de Soto, den ich bis dahin noch nicht persönlich getroffen hatte, dem Meeting beitrat, um mir für meinen Kampf gegen den Sozialismus in Argentinien zu gratulieren, unter dem das Land über 100 Jahre gelitten hatte. Meine Freude über diese Geste war unendlich groß, weil ich diesem Titanen der Österreichischen Schule so viel zu verdanken habe.

Wenig später lud mich Philipp ein, bei einer von ihm und David Howden herausgegebenen Festschrift für unseren geliebten Professor Huerta de Soto ein Kapitel beizusteuern. Ich schrieb ein Essay mit dem Titel *Capitalism, Socialism, and the Neoclassical Trap*. Darin zeigte ich die Fehler des neoklassischen Modells auf. Wann immer eine theoretische oder praktische Beobachtung nicht in das neoklassische System passt, wird sie als

»Marktversagen« eingeordnet. Das ist nicht nur ein verabscheuungswürdiges Konzept, sondern führt auch zu staatlichen Eingriffen, die letztlich den Vormarsch des Sozialismus begünstigen. Die Neoklassik ist damit für den Sozialismus funktional. Seit dieser Zeit sind Philipp Bagus und ich in Kontakt. Und als er mich im Februar dieses Jahres in Rom fragte, was ich von der Idee hielte, ein Buch für den deutschen Markt über das Phänomen Milei zu schreiben, war ich sofort begeistert.

Denn es ist der richtige Zeitpunkt und eine ausgezeichnete Möglichkeit, die richtigen Ideen zu verbreiten. Die richtigen Ideen sind die Ideen der Freiheit und der Österreichischen Schule, wie sie in dem eingangs erwähnten Masterstudiengang gelehrt werden. Es ist keine Selbstverständlichkeit, dass es so einen Master gibt. Im normalen Universitätsbetrieb in Argentinien kommt die Österreichische Schule kaum vor.

Ich selbst bin nicht immer Liberaler und »Österreicher« gewesen. Wie ich zum Liberalismus und der Österreichischen Schule gekommen bin, möchte ich kurz darlegen. Es hat eine Zeit gedauert. Aber ich habe deswegen kein schlechtes Gewissen. Selbst Hayek war ursprünglich Sozialist und kam erst durch die Lektüre von Ludwig von Mises' Buch *Die Gemeinwirtschaft* zum Liberalismus. Denn wie Mises zu Recht sagte, führt ökonomisches Wissen zum Liberalismus. Die Sozialisten wären keine Sozialisten, so Hayek, wenn sie die Wirtschaftswissenschaften wirklich kennen würden. Erst als ich mir ein komplettes Bild der Wirtschaftswissenschaften machen konnte, wurde ich ein Liberaler.

In akademischen Kreisen haben die Ideen der Freiheit einen schweren Stand. Wenn Sie irgendeinen Wirtschaftswissenschaftler an einer öffentlichen oder privaten Universität in Argentinien fragen, wer Ludwig von

Mises ist, wird er antworten, dass er glaubt, Mises könne der Mittelstürmer der niederländischen Fußballnationalmannschaft sein.

In diesem freiheitsfeindlichen Umfeld wurden die Wirtschaftswissenschaftler meiner Generation ausgebildet. Meine Ausbildung war im Wesentlichen von der sogenannten postkeynesianischen oder spätkeynesianischen Schule geprägt. Letztere Schule ist ein Zweig des Keynesianismus, der einen quasi-marxistischen Anstrich trägt.

Im Zuge dieser Ausbildung wurde ich mit vielen schlechten Ideen kontaminiert. Zu diesen schlechten Ideen gehören beispielsweise die Thesen, dass staatliche Interventionen und Regulierungen notwendig sind, dass Unternehmer Schurken sind und dass die Inflation multikausal ist, jedoch nicht durch das Ausweiten der Geldmenge zustande kommt. In diesem geistigen Milieu, in dem liberale Ökonomen nicht einmal erwähnt werden, wurde ich ausgebildet.

Die Probleme mit diesen schlechten Ideen wurden mir bewusst, als ich im Jahr 2014 erstmals eingeladen wurde, auf dem Weltwirtschaftsforum WEF einen Vortrag zu halten. Ich sollte über Demografie und Wachstum sprechen. Zu diesem Zweck studierte ich die Forschung von Angus Maddison, der aus einer Jahrtausendperspektive auf das Wirtschaftswachstum schaute und das Pro-Kopf-BIP vom Jahr Null der christlichen Ära bis zum Jahr 2000 hochrechnete.

Die Visualisierung des sogenannten Hockeyschläger-Wachstums öffnete mir die Augen. Denn das Pro-Kopf-BIP vom Jahr Null bis zum Jahr 1800 blieb praktisch konstant. Nur im 16. Jahrhundert, kurz nach der Entdeckung Amerikas, stieg es ein wenig an.

Jahrhundertelang stieg also das Pro-Kopf-BIP so langsam, dass die Wachstumsrate 0,02 Prozent betrug. Das bedeutet: Es brauchte 3500 Jahre, bis sich das Pro-Kopf-BIP verdoppelte. Das änderte sich radikal mit der Industriellen Revolution im 19. Jahrhundert. Plötzlich stieg die Wachstumsrate um das 33-Fache auf 0,66 Prozent – bei gleichzeitig rasantem Bevölkerungswachstum. Das Bevölkerungswachstum war dabei größtenteils auf bessere sanitäre Einrichtungen, Gesundheit und Ernährung zurückzuführen. Im 20. Jahrhundert beschleunigte sich das Wirtschaftswachstum weiter. In der ersten Hälfte des 20. Jahrhunderts stieg es auf 1,1 Prozent. In der zweiten Hälfte betrug es schon 2,1 Prozent.

Kurzum, in den letzten 200 Jahren dieser Wachstumsreihe hat sich sehr viel mehr getan als in den ersten 1800 Jahren, in denen das Wachstum insgesamt 40 Prozent betrug. Im zweiten Abschnitt hat sich das Pro-Kopf-BIP verneunfacht. Gleichzeitig nahm die Bevölkerung um das Achtfache zu. Mit anderen Worten: Das BIP der Welt hat sich in den letzten 200 Jahren um das 72-Fache erhöht.

Diese Geschichte des Fortschritts ist ein großes Problem für die neoklassische Wirtschaftstheorie. Denn wenn man mit neoklassischen Instrumenten arbeitet, geht man von konstanten Skalenerträgen oder abnehmenden Grenzerträgen aus. Das heißt, wenn man eine Einheit eines Faktors hinzufügt, wächst die Produktion, aber sie wächst nicht proportional dazu. Und das ist das Problem: Die Bevölkerung ist um das Achtfache gestiegen, die Produktion pro Kopf um das Neunfache. Das ergibt aus dieser Sichtweise eindeutig keinen Sinn.

In der neoklassischen Theorie gibt es steigende Erträge durch Marktkonzentration. Der Extremfall ist das Monopol. Aber Marktkonzentration impliziert aus Sicht der Pareto-Effizienz etwas Schlechtes, auch für die Wohlfahrt breiter Bevölkerungsschichten. Es stellt sich die Frage:

Wie kann etwas, das den Anteil von extremer Armut in der Weltbevölkerung von 95 Prozent auf etwa 10 Prozent gesenkt hat, aus Sicht der Wirtschaftstheorie etwas Schlechtes sein?

Diese Frage war eine große Herausforderung. Ich suchte nach Antworten. Glücklicherweise hatte ich einen ehemaligen, sehr guten Studenten der mathematischen Ökonomie, den ich zu meiner Arbeit mitgenommen hatte. Dieser ehemalige Student las Autoren der Österreichischen Schule. Er gab mir einen Aufsatz von Murray Newton Rothbard mit dem Titel *Monopoly and Competition.* 140 Seiten. Nachdem ich den Aufsatz in drei Stunden gelesen hatte, gestand ich mir ein, dass alles, was ich über Marktstrukturen gelehrt hatte, völlig falsch war. 25 Jahre lang habe ich Marktstrukturen falsch gelehrt.

Die Wirkung des Aufsatzes war so stark auf mich, dass ich weitere Bücher von diesen Autoren in meine Hände bekommen wollte. Ich fragte den ehemaligen Studenten, wo man solche Bücher kaufen könne. Er empfahl mir eine Buchhandlung, die Bücher des Verlags Unión Editorial verkaufte. Ich fuhr dorthin und kaufte an diesem Tag etwa 20 Bücher. Mehr Geld hatte ich nicht. Unter den gekauften Büchern war *Man, Economy, and State* von Rothbard sowie der Fortsetzungsband *Power and Market*, in dem Rothbard den Anarchokapitalismus begründet. Ich fragte den Besitzer der Buchhandlung, ob er am nächsten Tag geöffnet hätte, was er bejahte. Ich rechnete aus, wie viel ich zum Essen, wie viel ich fürs Taxi und die Fahrten zur Arbeit brauchte. Das ganze restliche Geld gab ich für Bücher aus. Ich muss in diesen zwei Tagen um die 50 Bücher gekauft haben. Und so begann ich, die Autoren der Österreichischen Schule zu lesen. Es war eine wunderbare Erfahrung. Ich entdeckte eine neue Welt.

Ein weiteres Buch war *Human Action* von Ludwig von Mises. Ich erinnere mich, dass ich mich vor *Human Action* setzte, eine Taschenbuchausgabe, und es von der ersten bis zur letzten Seite las. Ich schloss mich zwei oder drei Tage ein, bis ich es beendet hatte und stand nur auf, um zu essen, auf die Toilette zu gehen und mit Conan, meinem Hund, spazieren zu gehen. Ich war wie geblendet von diesem Buch, das am Ende über und über mit meinen Bemerkungen versehen war. Also kaufte ich noch ein Exemplar, um eine saubere, neue Ausgabe zu besitzen. Dieses Exemplar ließ ich völlig intakt, für den Notfall, und stellte es in Zellophanhülle verpackt ins Regal. Aber ich brauchte natürlich noch ein weiteres Buch, um damit im Büro arbeiten zu können. Also kaufte ich noch ein Exemplar. Wenn ich mich im Büro langweilte, schlug ich wahllos irgendeine Seite von Mises' Buch *Human Action* auf, ging an den Kapitelanfang, las das ganze Kapitel und unterstrich und kommentierte wieder wichtige Passagen. Das tat ich über mehrere Tage hinweg. Irgendwann gab es keine leere Seite mehr. Ich hatte »Human Action« ein weiteres Mal gelesen.

Mises hat daher enormen Einfluss auf mich ausgeübt. Ich habe auch seine Meisterwerke *Die Gemeinwirtschaft* und *Die Theorie des Geldes und der Umlaufmittel* gelesen. Und es gibt ein weiteres wunderbares Buch von ihm, das viele der Probleme zu verstehen hilft, mit denen wir Liberalen konfrontiert sind: *Die Wurzeln des Antikapitalismus.* Es erklärt, warum viele Menschen den Kapitalismus der freien Marktwirtschaft hassen. Meine Mises-Lektüre ergänzte ich mit Huerta de Sotos Vorträgen auf YouTube und begann, an liberalen Treffen teilzunehmen.

Die Lektüre Hayeks empfand ich anfangs teilweise als schwierig, wobei Abhandlungen wie *Preise und Produk-*

tion mir leichter fielen. Von Anfang an genossen habe ich *Der Weg zur Knechtschaft*, ein Werk, das ich oft zitiere, wie auch *Die Anmaßung von Wissen* und den beeindruckenden Aufsatz *Der Atavismus der sozialen Gerechtigkeit*, dessen Lektüre vielen Menschen guttun würde.

Durch die Lektüre Rothbards bin ich unweigerlich zum Anarchokapitalisten geworden. Sobald ich anfing, Rothbard, Jesús Huerta de Soto, Walter Block und Hans-Hermann Hoppe zu lesen, war das eine Einbahnstraße, ich konnte nicht mehr zurück.

Währenddessen stieg die argentinische Inflation immer weiter. Ich begann, an Fernsehsendungen teilzunehmen und die Ideen der Freiheit zu verteidigen. Anfangs war es wie in dem Film *Gladiator*. Alle waren gegen mich. Ich debattierte mit 15 Leuten, die den Staat und den Sozialismus verteidigten. Die Kirchneristen waren ziemlich rücksichtslos, wenn man mit ihnen diskutierte. Wie bei vielen Linken üblich, hetzten sie vier oder fünf von ihnen auf mich. Und wenn ich versuchte, rein rational sonst doppelt gemoppelt zu argumentieren, redeten sie einfach über mich hinweg. So war ich gezwungen, die Stimme zu erheben, um die Argumentation voranzubringen. Dies führte wiederum dazu, dass sie mich beschuldigten, in Fernsehdebatten zu schreien.

Durch diese titanischen Schlachten im Fernsehen gewann ich an Popularität. Und als irgendwann die Pandemie kam, war es, als würde es in der Gesellschaft »klick« machen. Als wir im Lockdown eingesperrt waren, kam es zu einer Neubewertung der Ideen der Freiheit. Viele meiner Anhänger sind junge Leute. Junge Menschen sind weniger der Gehirnwäsche durch das öffentliche Bildungswesen ausgesetzt. Dabei ist es unwichtig, ob es sich um staatliche oder private Bildungseinrichtungen handelt, denn die Inhalte werden in beiden Fällen vom

Staat vorgegeben. Der Staat steckt das Feld ab. Der Zugang zu bestimmter Literatur wird blockiert. Keinem Politiker gefällt es, wenn die Bürger Rothbard lesen. Denn stellen Sie sich mal vor, die Bürger würden die Einkommensquelle der Politiker in Frage stellen. Und da die Politiker die Macht haben, nutzen sie das Gewaltmonopol, damit die Bürger keinen Zugang zu diesen Ideen haben.

Junge Menschen sind zudem Rebellen gegen den Status quo. Der Status quo in Argentinien war sozialistisch. Die natürliche Rebellionstendenz der jungen Leute entdeckte dabei den Liberalismus. Und aus irgendeinem Grund gefiel den Jugendlichen, was ich tat. Während der Pandemie, als diese jungen Menschen bei ihren Eltern oder Großeltern eingesperrt waren, begannen sie mit diesen über »den Milei« zu sprechen.

Derweilen führte ich unermüdlich den Kampf um die besseren Ideen. Dieser Kulturkampf, den ich im Fernsehen, Radio und mittels Vorträgen führte, geriet jedoch in Gefahr, als mir offen mit Zensur gedroht wurde. Wenn wir jedoch weniger im Fernsehen präsent wären, dann könnten wir auch keine Karten für Vorträge mehr verkaufen, was damals unsere Haupteinnahmequelle war. Unser Einkommen war in Gefahr. Die Entscheidung, in die Politik zu gehen, war mithin gar nicht so romantisch. Meine Schwester Karina (el Jefe) und ich erkannten, dass die einzige Möglichkeit, die Dinge zu verändern, darin bestand, sich politisch zu engagieren und den Staat von innen heraus zu bekämpfen.

Wenn Sie sich in Argentinien ein argentinisches Fußballspiel anschauen, ist das sehr schön. Sie sehen fröhliche Fans, viele Farben und Fahnen und hören Gesänge. Ein wahres Spektakel. Doch egal, wie sehr die Leute auf den Rängen schreien und singen und sich schmücken, der Ball bewegt sich nicht von allein. Jemand muss auf das Spielfeld gehen und den Ball schießen. Wenn wir es nicht sind, kommt die andere Mannschaft und schießt ihre Tore ohne Gegenwehr.

Der Kulturkampf, die Debatte der Ideen, ist sehr wichtig. Was im akademischen Bereich geschieht, ist sehr wichtig. Doch ohne politischen Kampf führt das zu nichts. Um zur Fußballmetapher zurückzukommen: Die andere Mannschaft ist auf dem Spielfeld, sie schießt aufs Tor und trifft immer wieder. Ihr ist es egal, was auf der Tribüne geschieht. Daher ist der einzige Weg, den Vormarsch des Sozialismus, des Etatismus, des Kollektivismus, des Konstruktivismus aufzuhalten, sich diesen frontal entgegenzustellen und den Kampf anzunehmen, nicht nur auf dem Gebiet der Kultur, sondern auch in der politischen Arena.

Dabei gibt es auch Synergieeffekte, denn zweifellos ist das akademische Wissen, das ich mir im Laufe der Zeit angeeignet habe, ein wichtiger Leitfaden. Die Theorie der Österreichischen Schule ist fundamental. Sie ist wie ein Kompass, der mich bei jeder meiner Entscheidungen leitet.

Am Anfang meines Politikabenteuers frohlockten unsere Gegner, dass meine Unterstützung sehr begrenzt sein. Meine ersten Erfolge seien ein Nachbarschaftsphänomen. Doch nicht alle unterschätzten uns. Damals war es Dr. Patricia Bullrich, mit der ich später bei der Präsidentschaftswahl konkurrierte und die heute als meine Ministerin für Innere Sicherheit die Verbrecher in die Knie zwingt, die sagte: »Wir sollten ihn ernster nehmen. Dass jemand vor 20 000 Menschen über Hayek spricht, das ist nicht normal.«

Offensichtlich war also etwas im Gange. Untypisch für unser Phänomen war zudem der Verkauf von Büchern bei unseren Veranstaltungen. Die Bücher waren allesamt Bücher der Österreichischen Schule. Als Teil der Kampagne kam meine Schwester zudem irgendwann auf die Idee, dass ich auf Marktplätzen Vorlesungen halten könnte, weil mich die Menschen als Professor schätzten. Und so unterrichteten wir auf den Marktplätzen.

All das war nicht nur Teil der Kampagne, sondern auch Teil des Kulturkampfes, den wir führen, und der uns zur Präsidentschaft gebracht hatte. Wir sollten die Kraft der Ideen niemals unterschätzen, sondern müssen die Ideen der Freiheit mit Leidenschaft verteidigen, denn wir glauben zu Recht an diese Ideen. Sie funktionieren. Die Politkaste hat uns in den ersten Monaten unserer Präsidentschaft zu blockieren versucht. Sie hat für keines unserer Gesetze gestimmt. Doch trotz aller Hindernisse, aller Destabilisierungsversuche, aller Angriffe auf uns, kommen wir voran. Wir bringen die Inflation unter Kontrolle und die Wirtschaftstätigkeit erholt sich. Gerade ist das *Ley Bases* endgültig angenommen worden. Die größte Strukturreform Argentiniens. Fünfmal so groß wie die Staatsreform unter Präsident Carlos Menem.

Das heißt, die Ideen der Freiheit sind so stark, dass sogar die ganze politische Kaste, die Mehrheit der argentinischen Politik, die alle gegen uns sind, die versuchen, unser Reformprogramm zu verhindern, und die im Laufe der Geschichte verschiedene Regierungen zu Fall gebracht haben, sie nicht aufhalten können. Wir siegen dank der Ideen der Freiheit.

Doch das ist nicht alles. Die Kraft der Ideen der Freiheit ist so groß, dass der als Nachbarschaftsphänomen verlachte Erfolg längst weltweit für Aufsehen sorgt. Der Kulturkampf ist längst global geworden. Überall erlangen wir Aufmerksamkeit, halten Reden und bekommen Preise, wie jüngst in Hamburg die Hayek-Medaille von der deutschen Hayek-Gesellschaft.

Dass jetzt ein Buch von Philipp Bagus mit dem Titel *Die Ära Milei* in deutscher Sprache erscheint, ist ein weiteres Zeichen dafür, dass der Kulturkampf global geworden ist. Es ist eine Anerkennung für unsere gemeinsame Arbeit im Kampf für die Ideen der Freiheit.

¡Viva la libertad, carajo!

Javier Milei, am 28.06.2024

I

Wer ist Javier Milei?

Der Himmel ist grau. Es ist recht kalt für die Jahreszeit in Madrid, als ich am 19. Januar 2024 die Paketabholstation betrete. An der Kioskkasse wartend, höre ich eine vertraute Stimme. Hinter der Theke ertönt die Stimme des argentinischen Präsidenten Javier Milei. Die Frau an der Kioskkasse hört YouTube-Videos von Javier Milei, während sie auf Kundschaft wartet und kassiert. In dem Video geht es um die Wiederherstellung von Recht und Ordnung in Argentinien.

Als ich an der Reihe bin, frage ich, ob sie gerade Milei höre. Ich bin nicht zum ersten Mal bei ihr, um Paketsendungen abzuholen. Die Frau, wahrscheinlich die Eigentümerin, ist eine kleine untersetzte Südamerikanerin. Indigen. Über 60. Etwas mürrisch und lustlos. Spröde im Umgang.

Als sie den Namen Milei vernimmt, verändert sich ihr Gesicht. Zum ersten Mal sehe ich sie lächeln. »Ja, er gefällt mir«, antwortet sie. Ich halte ihr mein Handy vor die Nase, mit einem Selfie von mir mit Milei. Wieder verändert sich ihr Gesicht. So muss pures Staunen aussehen. Sie schaut mich an, als sei ich ein Wesen von einem anderen Planeten.

Aus meiner Sicht ist es kein Wunder, dass ich Javier Milei kenne. Schließlich ist die Anzahl der Anhänger der Österreichischen Schule, einer Denkschule der Ökonomie, der wir beide angehören, sehr überschaubar. Auch unter den hispanischen Anhängern der Österreichischen Schule kennt man sich.

Für mich ist es vielmehr ein Wunder, dass sich auch jemand wie diese Frau mit diesen Themen beschäftigt – zumindest am Rande. Eine indigene, ältere Frau, über deren Bildungsniveau ich nur spekulieren kann, die aber wahrscheinlich nie eine Universität von innen gesehen hat, führt sich YouTube-Videos von Javier Milei zu Gemüte, in denen er über die Österreichische Schule, Mises, Hayek, den Libertarismus und den Anarchokapitalismus spricht. Eigentlich Themen, die ich für nicht massentauglich hielt.

Ich frage neugierig, warum ihr denn Milei gefalle. Sie nennt zwei Gründe. Milei sei nah an den Menschen. Und er kümmere sich um die Belange der Armen.

Ich will wissen, ob sie Argentinierin sei. Ihr Akzent und Aussehen deuten eigentlich nicht darauf hin. Sie sei aus Bolivien, sagt sie. Eigentlich könnten die Bolivianer die Argentinier nicht sonderlich leiden. Argentinien hätte Bolivien in einem Krieg Land geraubt. Aber den Milei, den würde sie trotzdem mögen.

Ungläubig verabschiede ich mich. Von jetzt an wird sie mir immer ein Lächeln schenken.

Das Phänomen Javier Milei ist noch größer und bedeutender als gedacht. In einem kleinen Kiosk in einem Vorort von Madrid lauscht eine indigene, aus bescheidenen Verhältnissen stammende Bolivianerin den Worten von Javier Milei über die Ideen der Freiheit. Milei ist dabei, den Kulturkampf zu gewinnen.

Sein kometenhafter Aufstieg zum argentinischen Präsidenten und Hoffnungsträger einer globalen Politikwende ist das faszinierendste politische Ereignis der jüngeren Geschichte. Einer der unglaublichsten und spektakulärsten Politikerfolge überhaupt. Ein Anarchokapitalist als Präsident eines Landes. Wie ist das möglich?

Milei kam aus dem Nichts. Ja, er hatte sich in Argentinien einen Namen gemacht als streitlustiger, unterhaltsamer, teilweise unflätig schimpfender Talkshowgast. Aber er ging als Quereinsteiger in die Politik. 2021. Ohne Struktur. Ohne Partei. Von Null. Und wird im peronistischen Argentinien, einem jahrzehntelang vom Sozialismus geprägtem Land, der erste liberal-libertäre Präsident der Welt.

Im Wahlkampf hielt er Vorlesungen über Ökonomie auf Marktplätzen. Er verschob die Koordinaten der öffentlichen Debatte, dominierte den Wahlkampf, brachte Freiheit, Abschaffung der Zentralbank und radikale Reformen in den öffentlichen Diskurs.

Milei ist nicht der erste liberale Reformer. In Deutschland reformierte Gerhard Schröder erfolgreich den Arbeitsmarkt mit seiner Agenda 2010. Aber Schröder tat dies nicht, um ein Wahlversprechen einzulösen. Er tat es, weil er nicht anders konnte. Die libertären Reformen eines Ludwig Erhard, die Währungsreform und die Einführung der Marktwirtschaft waren eine Schocktherapie. Aber Erhard hatte dafür nicht in einem Wahlkampf Werbung gemacht, sondern die Gunst der Stunde genutzt, um das durchzusetzen, was er für richtig hielt. Zum Glück für Deutschland.

Das Erstaunliche ist daher nicht so sehr, dass Milei noch radikalere Reformen als Erhard vorschlägt. Das Einzigartige ist, dass er diese Reformen im Wahlkampf angekündigt hat und dafür gewählt wurde.

Das Phänomen Milei wirft bedeutsame Fragen auf. Wie konnte ein Außenseiter aus dem Nichts der erste liberal-libertäre Präsident der Geschichte werden, mit einer radikalen libertären Staatskritik? Nüchtern betrachtet, ist das ein Wunder.

Und was sind genau Mileis Ideen? Was ist der Libertarismus, inwieweit unterscheidet er sich von anderen liberalen Strömungen? Und was genau ist der Anarchokapitalismus, zu dem sich Milei bekennt? Außerdem, was ist unter dem von Milei so oft beschworenen Kulturkampf zu verstehen, der in Lateinamerika in aller Munde ist?

Javier Milei schickt sich an, den Kampf um die besseren Ideen in alle Welt zu tragen. Seine fulminante Rede vor der versammelten Politik- und Unternehmerelite auf dem World Economic Forum (WEF) in Davos im Januar 2024, sein gefeierter Auftritt auf der Conservative Political Action Conference (CPAC) in den USA im Februar und sein Konterfei auf dem Cover des TIME Magazine im Mai werfen weitere Fragen auf. Wird das Phänomen Milei global? Formt sich ein neues globales Bündnis gegen die woke, linke Leitkultur? Ein Bündnis für Wahrheit und Freiheit?

Die Linken schalten in den Panikmodus. Sie haben existenzielle Angst, dass Milei mit seiner Politik erfolgreich ist. Sie versuchen alles, um einen Erfolg Mileis zu verhindern. Kommt es zu einer Trendwende in einer Welt, die in den vergangenen Jahrzehnten immer schneller nach links in den Etatismus abgedriftet ist? Befinden wir uns inmitten einer liberalen Revolution?

Und was lässt sich aus dem Phänomen Milei für Deutschland lernen? Inwieweit lässt sich Mileis so erfolgreiche Strategie kopieren, weltweit, aber vor allem in Deutschland? Wie lässt sich eine Politikwende gestalten, mit libertären Ideen, mit den besseren Ideen? Milei hat gezeigt, dass eine solche Wende machbar ist. Die Zeit ist reif. Es lebe die Freiheit. ¡Viva la libertad, carajo!

1. Familiäres Umfeld und Lebensweg

Javier Gerardo Milei

Javier Gerardo Milei erblickt am 22. Oktober 1970 im Stadtteil Palermo von Buenos Aires das Licht der Welt.[1] Seine Schwester Karina folgt ihm zwei Jahre später. Ihre Eltern gehören zur Mittelschicht. Vater Norberto Horacio ist Busfahrer, die Mutter Alicia Luján Lucich unterstützt und ist Hausfrau. Oft arbeiten sie an Feiertagen, vermitteln ihren Kindern den Wert von harter Arbeit, Anstrengung und Sparsamkeit. Vater Norberto steigt auf, kauft einen eigenen ersten Bus. Als Karina geboren wird, kauft er den zweiten und wird erfolgreicher Unternehmer.

Seine erste große Inflation erlebt Milei 1982. Die Inflation schüttelt die Lebensverhältnisse durcheinander. Menschen, die heute reich sind, sind morgen verarmt und umgekehrt; insgesamt werden alle ärmer. Dem aufmerksamen Jungen wird schnell klar: Dollar, Inflation, Wirtschaft beeinflussen den Lebensstandard. Und um die Zusammenhänge zu verstehen, muss man wissen, wie die Ökonomie funktioniert. Im zarten Alter von 11 Jahren beschließt Javier daher, Ökonomie zu studieren. Politik interessiert ihn hingegen nicht.

In seiner Jugend ist Milei Torwart, spielt von 1983 bis 1989 für den Club Atlético Chacarita Juniors.[2] Die Mannschaft steigt bis in die vierte Liga auf. Milei schafft es in den Profikader. Schwester Karina erzählt von einem stimmungsgeladenen Finale. Als Gasttorwart wird Milei gnadenlos ausgepfiffen und beschimpft. Aber Nervosität ist ihm ein Fremdwort. Bis heute bleibt er in den schwierigsten Situationen gelassen. Auf dem Spielfeld scheint es, als sporne ihn die feindliche Atmosphäre besonders an. Er macht eines seiner besten Spiele. Nach dem gewonnenen Finale braucht er Geleitschutz gegen die wütende Menge.

Ein Torwart ist besonders, er ist anders als die anderen Spieler. Er darf die Hände benutzen, macht sein eigenes Training, feiert die Tore allein, wird hinter seinem Rücken beleidigt und trägt besondere Verantwortung. Denn versagen einem Stürmer die Nerven, fällt kein Tor und das war es dann. Versagt ein Torwart, dann klingelt es direkt. Milei übernimmt gerne die Verantwortung. Er möchte immer der Beste sein. Und je mehr sie ihn angreifen, desto stärker wird er.

Auch als Sänger der Band Everest übernimmt Milei Verantwortung. Sie spielen bei Auftritten vor allem Lieder der Rolling Stones, aber auch eigene Kompositionen. Mileis Vorbild ist Mick Jagger. In der Jugend imitiert er gerne Jaggers Tanzkünste. Lederjacke und wilde Haare passen noch heute zum Auftreten eines Rockstars. Seine musikalische Leidenschaft hat sich entwickelt. Heute gefällt ihm besonders die Oper, vor allem die italienische Oper. Bellini und Donizetti haben es ihm angetan.

Im Jahr 1988 schreibt sich Milei an der Universität von Belgrano ein, um Ökonomie zu studieren. Zunächst bringt er Studium und Fußball unter einen Hut. Er trainiert sechs Stunden am Tag. Als Milei im Juni 1989 während der Hyperinflation unter Präsident Raúl Alfonsín mit seiner Mutter einkaufen geht, sieht er, wie die Verkäuferinnen höhere Preise auszeichnen. Die Leute stürzen sich trotzdem auf die Waren. Höhere Preise, trotzdem höhere Nachfrage? Das passt so gar nicht zu dem, was Milei im Studium hört. Irgendetwas stimmt dort nicht. Milei beschließt, die Torwarthandschuhe an den Nagel zu hängen, um sich intensiver seinem Ökonomiestudium zu widmen. Mit 20 Jahren veröffentlicht er seinen ersten Artikel zu einem Thema, das ihn bis heute nicht loslässt: Hyperinflation.

Im Studium bekommt Milei es mit der Neoklassik zu tun. Angebots- und Nachfragekurven. Gleichgewichtsanalysen. Politisch ordnet sich Milei zu dieser Zeit links der Mitte ein. Er ist Postkeynesianer; er glaubt, die Inflation sei multikausal zu erklären, der Staat müsse die Wirtschaft regulieren und die Zentralbank eine wichtige Rolle in der Wirtschaft spielen.

Er gibt seinen Kommilitonen bezahlten Nachhilfeunterricht. Im Jahr 1993 schließt er sein Studium mit einer der besten Abschlussnoten seines Jahrgangs ab. Sein Schnitt ist 9,43 von 10. Nach seinem Ökonomiestudium an der Universität von Belgrano belegt er einen Master in Wirtschaftstheorie am IDES (Instituto de Desarrollo Económico y Social). Er verdingt sich als Assistenzprofessor und ab dem Jahr 2000 lehrt er Mikroökonomik, Makroökonomik, Wachstumstheorie, Geldtheorie, Finanzwirtschaft und Mathematik für Wirtschaftswissenschaftler an der Universidad de Buenos Aires und an der Universidad Argentina de la Empresa. Zudem übernimmt er Beraterjobs, arbeitet als Ökonom für HSBC und Administradoras de Fondos de Jubilaciones y Pensiones (AFJP), Fondsgesellschaften im argentinischen Rentensystem. Dann wird Milei Chefökonom bei Estudio Broda, einer Unternehmensberatung.

Als Milei seinen zweiten Master in Ökonomie an der Universidad Torcuota di Tella macht, schwört er dem

Keynesianismus ab. Milei wird orthodoxer Neoklassiker. Er ist ein technischer Ökonom, mathematisch gewandt. Ihn fasziniert die Real Business Cycle Theory und die zugrundeliegende Mathematik.[3] Als Chefökonom von Broda schreibt er akademische Papiere. Heute wird ihm nach eigenen Aussagen schwindelig, wenn er daran denkt, wie er damals über reale Wechselkurse oder Fiskalpolitik dachte.

Seine berufliche Entwicklung ist das eine. Doch was für ein Mensch ist Javier Milei? Zunächst ist er ein begeisterter Ökonom. Das ist auch das einzige Wort in seinem Twitterprofil. Noch heute als argentinischer Präsident steht dort »Economista«. Mileis Leidenschaft ist es, die Grundlagen der Ökonomie zu verbreiten. Ökonomie zu lesen und zu studieren, das macht ihn glücklich, es ist geradezu seine Obsession.

Milei ist ein Tierfreund, ein Hundefreund. Die Liebe seines Lebens ist nach eigenen Aussagen: Conan. Ein englischer Mastiff, den er adoptiert. Als er einmal seinen Job verliert, bleibt ihm nur das Geld der Abfindung. Vorrang hat für ihn, dass es Conan gut geht. Am Futter für den Mastiff wird daher nicht gespart, während Milei von einer Pizza am Tag lebt. Er vernachlässigt sich und wiegt schließlich 120 Kilo. Er ist unten angekommen, nur Conan und Schwester Karina halten bedingungslos zu ihm. Doch dank der Zuneigung Conans und seiner Leidenschaft für die Ökonomie ist er glücklich. Denn er kann schreiben. Dann geht es mit seiner Karriere wieder aufwärts.

Er bekommt eine neue Anstellung bei Corporación América, einem Unternehmen von Eduardo Eurnekian, einem der reichsten Unternehmer Argentiniens. Von dort gelingt ihm der Sprung in die Medien. Ab 2012 schreibt er Kolumnen in Zeitungen. Im Jahr 2014 beginnt sein kometenhafter Aufstieg in den Medien. In diesem Jahr veröffentlicht er mit Diego Giacomini und Federico Ferrelli sein erstes Buch für ein breites Publikum mit dem Titel *Politica Económica Contrarreloj* (Wirtschaftspolitik im Wettlauf mit der Zeit). Sein erster noch schüchterner Auftritt im Fernsehen datiert auf den 28. April 2015. Milei ist noch völlig unbekannt. Doch seine Fernsehkarriere nimmt Fahrt auf. Er streitet und verteidigt die Ideen der Freiheit, lässt sich nicht unterkriegen. Wenn jemand keine Ahnung hat, sagt er gerade heraus: »Esel«. Milei hat Unterhaltungswert. Seine Auftritte erzielen hohe Einschaltquoten. Schon 2018 kommt er auf der Liste der 100 einflussreichsten Argentinier auf Platz 43. Mit riesigem Abstand ist er der am meisten interviewte Volkswirt im argentinischen Fernsehen und ein Star in den Sozialen Netzwerken. Milei wird zum unwiderstehlichen Medienprodukt.

Auch intellektuell entwickelt Milei sich weiter. Im Zuge der Finanzkrise 2008 liest er erneut die Ökonomen John Maynard Keynes und Milton Friedman. Er intensiviert sein Interesse an der Wachstumstheorie, liest Adam Smith, Paul Romer, Robert Lucas, Robert Solow, Robert Barro, Xavier Sala i Martín, Phillippe Aghion und Peter Howitt. Doch gänzlich befriedigen kann ihn diese Lektüre nicht. Die Monopoltheorie der Neoklassik impliziert, Großunternehmen seien schlecht. Dabei waren es Großunternehmen, die in der industriellen Revolution durch ihre Massenproduktion Millionen von Menschen aus der Armut gehoben haben. Milei ist frustriert. Er hatte als Post-Keynesianer begonnen, war dann Neokeynesianer und Neoklassiker geworden und hatte sich auf die Theorie des Wirtschaftswachstums spezialisiert.[4] Doch dann fällt ihm ein Artikel von Murray Rothbard in die Hände, ins Spanische übersetzt von Alberto Benegas

Lynch (Sr.).[5] Es ist ein Kapitel aus Murray Rothbards Abhandlung *Man, Economy and State*. Er verschlingt die 140 Seiten in drei Stunden. Danach ist die Welt für Milei eine andere. Er sagt zu sich, »alles, was ich die letzten 20 Jahre über Markstruktur gelehrt habe, ist falsch.« *Man, Economy and State* ist seiner Meinung nach eines der wundervollsten Werke überhaupt.

Milei ist elektrisiert. Er plündert sein Bankkonto und fährt zu *Unión Editorial*, einem Verlag, der auf Bücher der Österreichischen Schule spezialisiert ist. Er erwirbt auf einen Schlag 20 Bücher. Er verschlingt alles, was »österreichisch« ist und wird Ökonom der Österreichischen Schule. Das ist 2014. Es ist die Zeit, in der er mit seinem Buch *Política Económica Contrarreloj* bekannt wird.

Als eines seiner ersten Bücher liest er Ludwig von Mises *Human Action*. Daraufhin bestellt er alle bei Unión Editorial erhältlichen Bücher von Mises, den er heute für den bedeutendsten Ökonomen der Geschichte hält. Er liest *Human Action* dreimal. Für Milei ist das Werk eines der wundervollsten Bücher überhaupt.[6] Dann kommen die Bücher von Friedrich A. von Hayek an die Reihe. Nach Rothbards *Man, Economy and State* verschlingt er *Power & Market*. Die Lektüre von Rothbard macht ihn zum Anarchokapitalisten. Er entdeckt Henry Hazlitts Buch *Economics in one Lesson*. Ein Kunstwerk. Er liest Carl Menger, Miguel A. Bastos und Jesús Huerta de Soto. Ein Radiozuhörer legt ihm Huerta de Sotos YouTube-Vorlesungen ans Herz. Milei wird ein großer Bewunderer.

Seine Bewunderung für Jesús Huerta de Soto ist in einem viral gegangenen YouTube-Kurzvideo zu sehen. In diesem Video aus dem Jahr 2021 überraschte Huerta de Soto Milei im Rahmen eines Zoom-Meetings. Milei kann sich vor Glück und Bewunderung kaum halten und ruft immer wieder »Profesor«. Das Ganze spielte sich während meines Seminars im Rahmen unseres Masterprogramms zur Ökonomie der Österreichischen Schule an der Universidad Rey Juan Carlos ab, an der auch Huerta de Soto Professor für Wirtschaftspolitik ist. Milei war als Gastredner eingeladen und erzählte uns, warum er in die Politik gegangen war. Das Video des Seminars ist auch auf YouTube verfügbar. Milei erwähnt sowohl dieses Seminar als auch die YouTube-Vorlesungen Huerta de Sotos in seinem Beitrag für die von David Howden und mir herausgegebene Festschrift für Professor Huerta de Soto (Milei 2023). Im Oktober 2022 traf ich dann Milei zum ersten Mal persönlich. Wir speisten mit Karina zusammen in seinem Hotel in Madrid. Spätestens seit seinem Sieg bei den Vorwahlen am 13. August 2023 stehen wir regelmäßig in telefonischem Kontakt, der manchmal auch der Übermittlung von Nachrichten zwischen Milei und Huerta de Soto dient. Im Februar 2024 organisierte ich zusammen mit Bernardo Ferrero ein Interview von Milei in Rom mit Mediaset und überbrachte ihm auf Wunsch von Huerta de Soto Bücher von Mises und Hayek, damit er sie dem Papst überreiche, was Milei auch tat. Wiederholt hat Javier Milei auf X und auch in einer Rede bei der Fundación de la Libertad am 25. April 2024 mein Buch *In Defense of Deflation* empfohlen, woraufhin ich mehrere Interviews im argentinischen Radio und Fernsehen gegeben habe. Dadurch konnte ich auch den Kontakt zwischen Milei und der Hayek-Gesellschaft vermitteln, die die Hayek-Medaille unter großer medialer Beachtung an Milei am 22. Juni 2024 in Hamburg verlieh.

Durch die Lektüre der Österreichischen Werke wird Milei liberal-libertär. Mit der Österreichischen Schule findet er, was er gesucht und gebraucht hat. Die Seele der Ökonomie. Die Freiheit. Es gibt Gesellschaftsmodelle, die allen Menschen Essen, Unterkunft und Freizeit garantieren, aber diese Dinge gibt es auch im Gefängnis, sagt Milei. Er liebt die Freiheit. Lieber Freiheit mit Risiko als eine ruhige Zeit als Sklave.

Und wie ist der Mensch Milei sonst? Milei ist ein Workaholic. Er geht in seiner Arbeit auf. Zugleich ist er lebensfroh und optimistisch. Leben bedeutet für ihn Freude ohne Ende. Es gibt aber auch nicht so angenehme Momente. Aus denen gilt es, etwas zu lernen. Milei ist dem Leben und Gott dankbar. Hätte er noch einen Tag zu leben, würde er ihn mit seiner Schwester Karina, seinem Neffen Aaron und seinen Hunden verbringen, mit Conan, Murray, Milton, Robert und Lucas.[7] Die letzteren vier sind nach den Ökonomen Murray Rothbard, Milton Friedman und Robert Lucas benannt. Und wenn er dann noch Zeit hätte, an diesem letzten Tag seines Lebens, dann würde er ein Buch über Ökonomie lesen. Das ist das Wichtigste in seinem Leben. Für nichts anderes lohnt es sich zu leben.

Quereinsteiger

Zuerst ignorieren sie dich, dann lachen sie über dich, dann bekämpfen sie dich und dann gewinnst du.

Mahatma Gandhi

In den 2000er-Jahren ist Liberalismus ein Schimpfwort in Argentinien. Daher versteckt sich der Liberalismus in Think Tanks und Stiftungen. Manchen ist es geradezu peinlich, in akademischen und medialen Debatten als liberal bezeichnet zu werden. Die Kennzeichnung »liberal« wird zu einer Art Beschimpfung.

Dann kommt aus dem Nichts Javier Milei. Er schreibt Kommentare in Zeitungen und wird ins Fernsehen eingeladen. Lautstark und kompromisslos erhebt sich seine Stimme gegen den Sozialismus. Die Zeit ist reif. Die

Menschen wollen etwas anderes nach den Kirchnerjahren, den Präsidentschaftsjahren von Néstor Kirchner und Cristina Fernández de Kirchner. Und auch das Intermezzo von Mauricio Macri hatte die meisten enttäuscht.

2019 wird Milei in einer Fernsehdebatte an den Kopf geworfen, er solle, wenn doch alles so falsch sei, seine eigene Partei gründen und Wahlen gewinnen. Gesagt, getan. Den eigentlichen Anstoß für Mileis Eintritt in die Politik liefern jedoch andere Ereignisse.

Denn unter Libertären gilt ein Gang in die Politik als anrüchig. Politik ist ein schmutziges Geschäft. Politik korrumpiert. Die libertäre Devise lautet: Halte Dich fern von der Politik und setze Deine Energie dazu ein, die öffentliche Meinung zu ändern. Halte Vorträge und Vorlesungen, schreibe Bücher und Zeitungsartikel. Dann ändert sich die öffentliche Meinung. Die Politiker richten ihre Fähnlein nach dem Wind der öffentlichen Meinung und werden dann der liberalen Richtung folgen. Aber zerstöre nicht Dein Leben, indem Du in die Politik gehst.

Auch Milei ist dieser Meinung. Politik ekelt ihn an. Und er weiß, Politik und Macht korrumpiert. Noch 2019 auf einer Feier in New York sagt ihm der große argentinische Liberale Alberto Benegas Lynch (Jr.): »Du wirst doch nicht in die Politik gehen. Wir brauchen Dich für den Kulturkampf.« Milei antwortet: »Nein, keine Sorge, Professor!«

Doch die Lage im Kulturkampf verschärft sich. Der linke Mainstream sieht in Milei und den liberalen Ideen eine Gefahr. Leandro Santoro, ein Politiker der Kirchner-Partei *Frente de Todos*, spricht von einem gefährlichen Denken, beschwert sich über einen antipolitischen, aggressiven und hyperindividualistischen Diskurs. Die Linken fordern Zensur. Die Zahl der liberalen Ökonomen, die in den Medien Gehör finden, verringert sich drastisch.

Milei rettet die Quote, die seine Auftritte bringen. Doch auch er wird weniger eingeladen. Die liberalen Ideen im Kulturkampf sind in Gefahr. Ohne liberale Stimme geht der Kulturkampf verloren.[8]

Es gibt weitere Ereignisse. Bei einem Essen mit einem befreundeten Ehepaar erscheint dessen Sohn, ein Fan Mileis, mit Stimmzetteln, legt sie auf den Tisch und fragt: »Und wer vertritt die Ideen Mileis?« Milei tut, was er selten macht. Er schweigt.

Auf YouTube findet sich ein Video aus dem Jahr 2019, in dem eine ältere Frau in einem Kuchenlädchen in Buenos Aires mit Tränen in den Augen Milei gesteht: »Sie sind die letzte Hoffnung, dass mein Sohn das Land nicht verlässt.« Milei kann nicht aufgeben. Die Leute bauen auf ihn. Zwar widert ihn die Politik an, und es ist einfacher für ihn auf Konferenzen zu gehen, doch die Menschen fordern auf Veranstaltungen: »Schmeiß die Politiker mit einem Arschtritt raus.«

Milei geht in sich. Nach Beratung mit dem Menschen, dem er am meisten vertraut, seiner Schwester Karina, entscheidet er sich. Er wagt den Sprung in die Politik. Milei kennt die Gefahren. Als ich ihn bei unserer ersten Begegnung im Oktober 2022 frage, ob er nicht Angst habe, von der Politik korrumpiert zu werden, und der Versuchung erliegen könnte, von der kompromisslosen Verteidigung der Freiheit abzurücken, um an der Macht zu bleiben, antwortet er: »Das Risiko ist es wert.« Denn wenn er nicht in die Politik geht, ändert sich auch nichts.

Ihm ist auch klar, was sein politisches Abenteuer für ihn persönlich bedeutet: Benachteiligungen, Verschmähungen, Beleidigungen, Schmutzkampagnen. Am 22.10.2020, seinem 50. Geburtstag, verkündet er seinen Anhängern auf dem Plaza Holanda in Buenos Aires seine Entscheidung. Er tritt an.

Oft gehen Quereinsteiger in die Politik, indem sie einer schon bestehenden Partei beitreten. Nicht so Milei. Er startet von Null, gründet die *Partido Libertario* (die libertäre Partei). Auf YouTube-Videos ist dieser Start festgehalten. Milei steht auf der Straße und spricht in ein Mikrofon. Er sammelte Unterschriften zur Parteigründung. Er bittet live darum, an eine bestimmte Straßenkreuzung in Buenos Aires zu kommen. Vor allem Jugendliche folgen seinem Aufruf. Es werden immer mehr Mitglieder. Milei holt Victoria Villarruel als seine Vizekandidatin an Bord. Ein kluger Schachzug. Der Rocker und die Konservative. Ein Erfolgsduo.

Die Politkaste reagiert. Sie versucht ihn aus dem Spiel zu nehmen, damit er nicht antreten kann. Sein Gegner Horacio Rodriguez Larreta kauft Parteien auf. Es kommt zu einer weiteren Neugründung *Republicanos Unidos*. Eine weitere liberale Partei, um die liberalen Stimmen zu spalten. Die Liberalen sollen sich streiten. An der Spitze von *Republicanos Unidos* steht der liberale Ricardo López Murphy. Ein alter Bekannter Mileis. Unterstützt wird Murphy von Larreta und der Partei *Juntos por el Cambio*. Larreta macht sich Hoffnung auf die Präsidentschaft. Er will Milei ausschalten. Die Menschen sollen denken, Stimmen für Milei seien verlorene Stimmen.

López Murphy kauft sich mit viel Geld Unterstützer. Dahinter stecken wieder *Juntos por el Cambio* und Larreta. Es gibt Verräter in Mileis Umfeld. Sie wechseln die Seiten. Die Bestechungsversuche machen selbst vor Milei nicht halt. Es kommt zu einem Treffen. Sie legen ihm 300 000 Dollar auf den Tisch. Damit er seine Kandidatur zurückzieht. Sich aus der Politik verabschiedet. 300 000 Dollar. Mileis Antwort: »Kannst Du behalten.«[9]

Das Vertrauen in Milei aus seinem Umfeld steigt. Er ist die Führungspersönlichkeit, der Geld egal ist. Es geht ihm um die Sache. Es ist Zeit für eine neue politische Kraft.

Die bürokratischen Hürden für eine neue Partei sind enorm. Immer neue Steine werden Milei in den Weg geworfen. In letzter Sekunde wird die Kandidatenliste eingereicht. Es bleiben 48 Stunden bis zum Wahlkampfauftakt auf dem Plaza Holanda. Die Devise im Lager von Milei: »Wenn genug Leute kommen, dann machen wir eine Kampagne.« In den sozialen Medien rufen Milei und seine Gruppe zur Teilnahme am Wahlkampfauftakt auf.

Es kommt der 7. August 2021. Das Menschenmeer überrascht alle. Auf Videos sind argentinische Fahnen zu sehen, aber auch die gelben Gadsdenflaggen mit ihrer Aufschrift »Don't tread on me« (Tritt nicht auf mich), benannt nach ihrem Schöpfer, dem amerikanischen Revolutionär und freiheitlichen Patrioten Christopher Gadsden (1724–1805). Die Menschen sind spontan gekommen. Um die 5000. Sprechchöre von »libertad, libertad« untermalen die Stimmung, die an ein Volksfest erinnert. Die eingeladenen Medien sind nicht gekommen. Milei spricht vor seinem Parteienbündnis *La Libertad Avanza*. Dieses sei gekommen, um die Politiker mit Fußtritten aus dem Amt zu jagen. Alle Infiltrationen, Verräter, Abhörmaßnahmen und Geldumschläge hätten sie nicht stoppen können. Jetzt sei die Stunde der Ideen der Freiheit gekommen. Natürlich würden Politiker über die liberalen Ideen sagen, das ginge gar nicht. »Scheiß auf, ›das geht nicht‹!«, brüllt Milei der Menge entgegen. »Ich bin nicht in die Politik gegangen, um Lämmer zu führen, sondern um Löwen zu wecken.« Dann dreimal sein »Viva la libertad, carajo«, auf das die Menge jedes Mal enthusiastisch mit »viva« antwortet. Milei schließt seine Rede mit der Feststellung, dass der Anfang des Wiederaufbaus Argentiniens mit dem heutigen Tag begonnen habe. Die Menge tobt und feiert; sich, Milei und die Ideen der Freiheit. Der Sprung in die Politik ist geglückt.

Karina Milei kommentiert später diesen 7. August 2021: »Man kann die Sonne nicht mit den Händen verdecken.« Denn trotz des Medienboykotts gelangen Aufnahmen der Ereignisse in die Sozialen Netze und somit in die Öffentlichkeit. Im digitalen Zeitalter ist das Totschweigen einer neuen Massenbewegung unmöglich. Die Medien merken, sie stehen im Abseits und drängen zurück ins Spiel. Sie können nicht anders, als von nun an den Wahlkampf von *La Libertad Avanza* in den Mittelpunkt ihrer Berichterstattung zu stellen.

Da die Parteienallianz und die Listen erst in letzter Sekunde geschlossen wurden, muss die Kampagne improvisiert werden. Es ist ohnehin kein Geld da, weder für Meinungsforschungsinstitute noch für Wähleranalysen oder Werbeprofis. Keine Großspenden, keine Unterstützung durch ausländische Mächte oder Regierungen, kein Staatsapparat. Die traditionellen Medien, vom Staat durch die sogenannte »Pauta« bezuschusst, stehen geschlossen gegen Milei.[10]

Nichts davon, was die etablierten Parteien machen, macht Milei. Die Libertären haben kein Geld, nur ihre Überzeugungen und Kreativität. Und die Gewissheit, für die besseren Ideen einzutreten und Argentiniens letzte Hoffnung zu sein. Es ist ein epischer Kampf David gegen Goliath – Milei gegen den Staat.

Milei beginnt seine Freiheitsspaziergänge. Er zieht zu Fuß an der Seite mit Villarruel und begleitet von libertären Mitstreitern durch die Straßen. Sie skandieren »Libertad«. Es ist der 13. August 2021 und der offizielle Beginn der Kampagne zu den Wahlen der Provinz von Buenos Aires. Die Leute auf der Straße schließen sich spontan an. Sie sind der Politiker müde, die sie betrügen und berauben. Vor allem junge Freiwillige sind dabei und engagieren sich, sie sehen in Milei ihre letzte Chance, die ihnen das Auswandern erspart. Sie würden gerne bleiben.

Milei, das fällt bei Ansicht der Videos der Freiheitsspaziergänge auf, ist sehr nah bei den Menschen. Selfies, Umarmungen, Gespräche prägen das Bild. Er geht in Geschäfte und spricht mit den Leuten, die ihn aus dem Fernsehen kennen und ihm ihre Unterstützung versprechen. Die Unterstützung der Wähler verfestigt sich mit Körperkontakt. Milei ist bei den Menschen, er ist wie einer von ihnen und kennt ihre Bedürfnisse. Ganz anders als die alteingesessenen Parteien, die teure Berater anheuern, die ihnen erklären, wie der Durchschnittswähler denkt. Mileis Bewegung ist der Durchschnittswähler.

Bei den Spaziergängen schließen sich immer mehr Menschen an. Ein exponentielles Wachstum. Bei den ersten Umfragen kommt seine Partei auf stolze 8 Prozent. 19 Prozent bei den unter 35-jährigen. López Murphys alternative liberale Partei, die ihm Stimmen abspenstig machen soll und durch große Geldmittel gesponsort wird, steht höher, liegt bei 13 Prozent. Murphy ist ein trojanisches Pferd, Angestellter von Larreta. Murphy ist ein Stoß in den Rücken von Milei. Schließlich kennen die beiden sich. Murphy hat sogar ein Vorwort zu einem Buch Mileis verfasst.

Die Kaste ist nervös. Zum ersten Mal unterstützen die jungen Wähler, sonst dem linken Kirchnerismus ergeben, nicht die Peronisten, sondern in großen Zahlen Milei. Cristina Kirchner sieht sich gezwungen, in ihren Diskurs den Begriff der Freiheit aufzunehmen. Die wahre Freiheit sei die Freiheit der anderen, so Kirchner.

Mileis Kampagne nimmt an Fahrt auf. Sie mobilisiert über die Sozialen Netzwerke. Die etablierte Politklasse hat Angst. Während der Covidkrise hatte sie ihr Gesicht gezeigt. In der Coronazeit verarmte die breite Bevölkerung und die Politiker wurden immer reicher. Politiker erhielten bei den Impfungen Vortritt. Der Unterschied zwischen Politikklasse und dem Rest der Bevölkerung wurde deutlicher denn je. Während die Politiker in dem Präsidentenwohnsitz *Quinta de Olivos* heimlich rauschende Feste feierten, war der Rest der Bevölkerung im Lockdown eingesperrt. Der Skandal flog auf. Die Leute hatten genug.

Milei spricht immer wieder von der Politkaste, die sich auf Kosten der hart arbeitenden und rechtschaffenen Bevölkerung bereichert. Die Kaste, das sind die beiden großen Partei-Bündnisse: *Juntos por el Cambio*, gegründet von Mauricio Macri, Präsident Argentiniens von 2016–2019, und *Frente de Todos*, das peronistische Bündnis des Präsidentenpaars Nestor Kirchner (2003–2007) und Cristina Fernández de Kirchner (2007–2015). Cristina Kirchner ist Vize-Präsidentin unter Alberto Fernández (2019–2023).

Diese Kaste möchte den Status quo erhalten, wettert Milei. Sie besitzt Privilegien auf Kosten der hart arbeitenden Bevölkerung. Geben die Politiker mehr Geld aus, als sie einnehmen, um Stimmen zu kaufen, gibt es ein Staatsdefizit. Um das zu begleichen, druckt die Zentralbank Geld. Es kommt zur Inflation. Die Hälfte der Bevölkerung lebt auf Kosten der anderen Hälfte. Milei gelingt es, die ökonomischen Zusammenhänge von Staatsdefizit, Stimmenkauf und Inflation der breiten Bevölkerung verständlich zu machen. Die Kaste in der Person von Horacio Larreta oder Axel Kicillof bezeichnen sich selbst als Keynesianer. Sie behaupten, der Staat müsse noch mehr ausgeben, die Inflation sei die Schuld der Unternehmer, die die Preise erhöhten. Ihnen glauben immer weniger.

Wieder warnt Präsidentenberater Leandro Santoro vor den Libertären. Sie seien gut ausgebildet. Der größte Fehler sei es, sie zu unterschätzen.

Derweil zieht der charismatische Javier Milei mit einem Megafon durch die Straßen und wirbt für weniger Staat, geringere Steuern und Staatsausgaben. Die Menschen, die ihm folgen, stimmen das Lied »La casta tiene miedo« an, »Die Kaste hat Angst«. Milei hat einen akademischen Hintergrund, solide Argumente, eine gewinnende Emotionalität. Sein Enthusiasmus für die Ideen der Freiheit steckt an.

Der erste Werbespot seiner Partei zeigt den Unterschied zur Politklasse. Gedreht wird in der Halle des Jugendfußballklubs von Javier Milei, die der Verein kostenlos überlässt. Die Botschaft des Spots ist klar. Die Politklasse lebt auf Kosten der Bürger. Mit *La Libertad Avanza* soll sich das ändern.

Mileis Konkurrentin María Eugenia Vidal, unterstützt von Larreta, spricht nicht über die Probleme der Leute. In ihrem Spot geht es darum, sich selbst zu beweihräuchern. Die Kirchnerpartei filmt einen gigantischen Spot, aber er wirkt irreal. Die Leute glauben die Aussagen nicht, der Spot wirkt wie teure Propaganda. Wahrheit und Ehrlichkeit sind immer noch wichtig bei der Werbung. Und auf Wahrheit und Ehrlichkeit setzt *La Libertad Avanza,* nicht auf perfekt inszenierte Manipulation und Verführung, obwohl sie mit Milei einen Showman und den extrovertiertesten und unterhaltsamsten Kandidaten haben.

Der nächste geniale Schachzug erfolgt vor laufenden Kameras: Falls Milei gewählt wird und das Parlament ihm nicht erlaubt, auf seine Abgeordnetendiät zu verzichten, dann, so verspricht er, wird er seine Diät im Internet verlosen. Er möchte nicht das Geld der Steuerzahler, er möchte kein Parasit sein. Ein Marketinggeniestreich. Über 2 Millionen Argentinier melden sich zur Verlosung an. Die Aktion macht weltweit Schlagzeilen.

Die Gelder, welche die Politkaste ausgibt, um Milei aufzuhalten, sind enorm. Larreta gibt auf Kosten der Steuerzahler jeden Tag Umfragen in Auftrag. Doch es gibt perfidere Mittel. Als Milei sich entschließt, in die Politik zu gehen, beauftragt er eine Person mit der Untersuchung, ob es bei ihm Leichen im Keller gibt, die gegen ihn verwendet werden können. Die beauftragte Person berichtet: »Ich habe eine gute und eine schlechte Nachricht. Die gute Nachricht ist, dass ich keine Leichen gefunden habe. Die schlechte Nachricht lautet, sie werden etwas erfinden. Und das ist viel problematischer, als würde es eine Leiche geben. Denn darauf könnten wir uns vorbereiten. Jetzt wissen wir nicht, was sie erfinden werden.«

Fake News werden in Umlauf gebracht. Über Mileis Vater, über seine Schwester. Das kommt nicht unerwartet. Das sind die Spielregeln der Politik. Spielst Du oder spielst Du nicht? Wenn Du spielst, wird derartiges passieren, denn Politik ist das schmutzigste Geschäft, das es gibt. Milei kann sein Auto nicht unbewacht abstellen. Zu groß ist die Gefahr, dass sie ihm Drogen ins Auto schmuggeln. Sein Müll wird durchwühlt; seine Krankenakte durchsucht. Geld wird ausgegeben, um Personen aus seinem Umfeld zum Verrat zu bewegen oder um ihn in den sozialen Netzwerken systematisch zu diffamieren. In Kampagnen wird er als »gefährlicher Verrückter« dargestellt und als »gefährlicher Faschist«. Sie können nichts Schlechtes über den Liberalismus sagen, den größten Gegner des Faschismus. Also lügen sie. Doch die Menschen durchschauen das Spiel. Das macht Javier Milei noch stärker.

In einer Kampagne wird Milei sogar als neuer »Hitler« diffamiert. Seine Gegner sind sich nicht zu schade, die Verbrechen der Nazis zu banalisieren, um so vielleicht ein paar Prozentpunkte mehr zu bekommen. Doch sie haben nicht mit den Juden gerechnet, die Milei öffentlich zu Hilfe kommen. Schließlich hat Milei einen Rabbiner, Axel Wahnish, mit dem er alle 14 Tage spirituelle Gespräche führt, stundenlang. Der Rabbiner schickt ihm Themen zu, die sie dann intensiv diskutieren. Milei konstatiert ein intensives spirituelles Wachstum. Das beglückt ihn. Und die jüdische Gemeinschaft Argentiniens verteidigt Milei.

Milei wird in allen Gesellschaftsschichten verehrt. Überall, wo er seine Spaziergänge macht, ist er bekannt und beliebt, auch und gerade in den ärmsten Vierteln von Buenos Aires. Der Liberalismus hilft den Armen, den hart und ehrlich Arbeitenden. Je mehr Menschen ihn kennen, desto mehr wählen ihn.

Am 5. September 2021 ist das Wahlkampfende der Vorwahlen. Wieder muss Mileis Partei gegen die Staatsbürokratie kämpfen, um die Veranstaltung möglich zu machen. Man will der Veranstaltung die Erlaubnis entziehen; Straßen sollen blockiert werden. Schließlich wird die Veranstaltung doch genehmigt. Für einen Tag, an dem die Nationalmannschaften Brasiliens und Argentiniens ein Fußballspiel austragen. Trotzdem ist die Halle voll.

Die Leute lieben Javier Milei. Er wird wie ein Rockstar gefeiert. Trotz des Argentinienspiels ist die Stimmung großartig. Wie auf einem Volksfest. Milei fragt, warum die Politiker so sehr die Freiheit fürchten. Seine Antwort: Weil sie mit dem aktuellen Modell gut leben können. Die freien Länder sind viel reicher als die unfreien. Dann zitiert er große liberale Denker und Ökonomen:

Carl Menger, Eugen von Böhm-Bawerk, Friedrich A. von Hayek, Murray Rothbard, Milton Friedman, Ayn Rand, Robert Nozick und Israel Kirzner. Kirzner habe gezeigt, der Kapitalismus ist nicht nur produktiver, sondern auch das einzige gerechte System. In Anspielung auf Milton Friedman und zur Begeisterung der Menge schreit er: »Der Sozialismus ist immer und überall ein totalitäres Phänomen.« Wieder gibt es ein Fahnenmeer und Partystimmung. Beim obligatorischen »¡Viva la libertad, carajo!« bebt der Saal.

Bei den Vorwahlen dann die Überraschung. Ein Wunder. Aus dem Stand erhält Milei 13,7 Prozent der Stimmen. Mehr als die »Pseudoliberalen« unter López Murphy mit 11 Prozent, die mit viel Geld und von den Medien angeschoben worden waren. Der unerwartete Erfolg macht Mileis Parteienbündnis zur ersten liberalen Kraft Argentiniens. Und zur dritten Kraft in Argentinien hinter *Juntos por el Cambio* und *Frente de Todos*.

Vor allem im armen Süden der Hauptstadt kann Milei Stimmen gewinnen. Vielmals wird der Liberalismus als Partei der Reichen und Unternehmer verschrien. Die Linken präsentieren sich als Verteidiger der Armen. Doch Milei ist besonders in den ärmsten Vierteln stark, die sonst fest in der Hand des Peronismus sind. Wie kein Zweiter versteht er es, das liberale Programm runterzubrechen und zu erklären, warum besonders die rechtschaffenen Armen vom Liberalismus profitieren. Und sie glauben Milei. Und Milei sagt immer, was er will, wie er will. Authentizität ist unbezahlbar. Und deshalb auch nicht käuflich.

Im zweiten Teil des Wahlkampfs steht ihm mit María Eugenia Vidal eine professionelle Politikerin, genau das Gegenteil von Milei, gegenüber. Innerhalb von einer Woche kann sie das Gegenteil sagen, was sie zuvor gesagt hat. Javier Milei hingegen ist authentisch, auch wenn – und gerade wenn – er ausflippt und viel schreit. Und ja, »ich bin gefährlich«, sagt er, »gefährlich für die politische Klasse«. Er bekämpft den Grundsatz der professionellen Politiker. Nach ihnen entsteht überall, wo es ein menschliches Bedürfnis gibt, ein Recht, dieses Bedürfnis zu befriedigen. Das Problem dabei: Dieses »Recht« muss irgendjemand bezahlen. Und die menschlichen Bedürfnisse sind unendlich und die Ressourcen begrenzt.

Milei dominiert auch den weiteren Wahlkampf, gewinnt laut Umfragen die Fernsehdebatte der Kandidaten. Er setzt die Themen. *Juntos por el Cambio* kopiert seinen Werbespot. Nicht nur Inhalt, auch Form und Ästhetik der Botschaft. *Juntos por el Cambio* fordert plötzlich eine unabhängige Zentralbank, möchte den Mietpreisdeckel abschaffen und tritt für weniger Steuern ein. Vidal unterschreibt öffentlich ein Papier, in dem sie sich verpflichtet, keine Steuern zu erhöhen und keine neuen Steuern einzuführen. Die anderen Parteien übernehmen liberale Positionen. Sie verkleiden sich als Liberale, um keine weiteren Stimmen an Javier Milei zu verlieren. Sogar Cristina Kirchner beteuert nun, der Kapitalismus sei das effizienteste Wirtschaftssystem. Milei hat den Schwerpunkt der öffentlichen Debatte verschoben.

Milei bleibt weiterhin das Original wie auch originell. Auf Anregung von Karina entschließt er sich zu öffentlichen Vorlesungen. Über Ökonomie. Titel: *Libres para aprender – Frei, um zu lernen.* Die Politik möchte die Bürger dumm halten. Milei geht dagegen an. Er erklärt, wie die Inflationssteuer besonders die Armen belastet. Ein Erhöhen der Geldmenge erhöht die Preise. Weil die Politiker fälschlicherweise denken, dass die Preise steigen, weil die Unternehmer mehr Gewinne machen wollen, führen sie Preiskontrollen ein. Der Kulturkampf, das Überzeugen und Verbreiten der Ideen und Werte der Freiheit, geht als Vorlesung auf der Straße in die nächste Runde. Teilnehmer nehmen bis zu zweistündige Busfahrten auf sich, um keine Vorlesung zu verpassen. Die Anstrengung trägt Früchte. In Umfragen bezeichnen 65 Prozent der Argentinier die Geldmengenerhöhung als Ursache der Teuerung.

Mileis Kampagne wird von einem Heer von Freiwilligen unterstützt, das Pamphlete, Aufkleber und Zettel verteilt. Die Freiwilligen sind bestens ausgebildet durch seine vielen Fernsehdebatten, seine Reden, seine Vorlesungen. Viele haben die von ihm immer wieder empfohlenen Bücher studiert. Dezentral, über die sozialen Medien, macht das Heer von Freiwilligen Wahlkampf. Während andere Parteien hunderttausende Dollar für ihre Kampagnen in den Sozialen Medien ausgeben, hat Javier Milei gar keine Ausgaben für Community Manager und dergleichen. Die sozialen Medien spielen Milei in die Karten. Sie lassen die Lügen der Politik schnell auffliegen. Behauptungen lassen sich mit wenig Aufwand nachprüfen.

Die libertäre Bewegung macht engagierten Wahlkampf. Am 7. November 2021 ist die Abschlussveranstaltung der Wahlen. Alberto Benegas Lynch (Jr.), der Grandseigneur des argentinischen Liberalismus, hält eine Rede, zeigt seine Unterstützung. Die Menschen sind freudig. Viele sind gekommen. Fahnen werden geschwenkt. Volksfeststimmung. Dann kommt Milei. Wie ein Rockstar badet er in der Menge. Er wird umarmt, grüßt mit der Hand. Handys schießen Fotos. Die Veranstaltung zeigt, der Liberalismus hat eine Stimme. Und es gibt sehr viele Liberale. Eine Stimme für *La Libertad Avanza* ist nicht verschenkt. Der Liberalismus von Milei ist nicht mehr der ängstliche, zurückhaltende, auf sich bezogene, abgehobene, intellektuelle Liberalismus. Es ist ein Liberalismus, der laut ist, der Zähne zeigt, der sich nicht dafür entschuldigt, libertär zu sein, und der selbstbewusst ist. Passend dazu im Hintergrund bei der Abschlussveranstaltung das Bild eines riesigen Löwen.

Auf dem Podium spricht Milei das Publikum direkt an: »Freie Seelen«, »ich werde Löwen aufwecken« und »die Kaste hat Angst.« Er spricht vom Licht am Ende des Tunnels, von der Freiheit, davon, dass er ins System geht, um es von innen heraus zu bekämpfen. Es soll Schluss sein mit dem Status quo. Und es braucht Mut, um gegen die Kaste zu kämpfen. Er ruft dem Publikum zu: »Seid Protagonisten, nehmt den Kampf auf, helft mir, Argentinien zu verändern.« Die Menge tobt, sie ruft »Freiheit, Freiheit, Freiheit,« während Milei sie von der Bühne aus mit wuchtigen Armbewegungen anfeuert.

Der 14. November 2021. Wahltag. Tag der Wahrheit. Im Luna Park, in dem Milei vor seine Anhänger tritt, ist die Stimmung ausgelassen. Überall argentinische Fahnen und gelbe Gadsden-Fahnen. Auch Fahnen mit einem Löwen. »Olé, olé, olé, olé, Milei, olé« – grölt die Menge.

Juntos por el Cambio erziehlt 47 Prozent der Stimmen, *Frente de Todos* 25 Prozent und *La Libertad Avanza* kommt aus dem Nichts auf 17 Prozent. Ein unglaublicher Triumpf. Die Feier ist ausgelassen. Die Menge singt, »die Kaste hat Angst«. »Früher hat man sich geschämt, liberal zu sein, heute sind wir stolz, liberal zu sein«, ruft Milei.[11] »Wir haben die Debatte gewonnen und stehen im Mittelpunkt.« Milei und Villarruell werden Abgeordnete im Parlament.

Aber das ist, so Milei, nur der erste Schritt zum Wiederaufbau Argentiniens. Jetzt haben die rechtschaffenen Bürger ein Lautsprecher im Parlament. Milei kann öffentlich machen, was drinnen passiert. Er beendet seine

Rede mit dem Nachsprechen der Definition des Liberalismus von Alberto Benegas Lynch (Jr.), die er immer wiederholt. Gemeinsam spricht die Halle: »Liberalismus ist der uneingeschränkte Respekt des Lebensentwurfs anderer, der auf dem Grundsatz der Nichtaggression, auf dem Recht auf Leben, Freiheit und Eigentum beruht.« Sie kennen das auswendig. Wie immer schließt Milei mit einem dreifachen kehligen »Viva la libertad, carajo«. »Ab morgen geht es um die Präsidentschaft 2023.«

Präsident

Milei hält, was er verspricht, und verlost seine Abgeordnetendiät monatlich im Internet. Zwei Millionen Argentinier melden sich für die Verlosung an. Die Aktion macht Schlagzeilen und kommt auf die Titelblätter von 30 Zeitungen.

In den Präsidentschaftswahlkampf geht Milei mit dem positivsten Image aller Politiker. Er ist bereit, sein Leben für die Freiheit zu geben. Das sagt er auch im Interview mit Tucker Carlson, das ihn im September 2023 schlagartig weltweit berühmt macht.[12] Die Leute sind aufgewacht und entwickeln Begeisterung für die liberalen Ideen. Sie glauben wieder an die Freiheit. Zwar ist der Staat mächtig und das politische System kann bestechen, kann Geld anbieten. Aber die Kraft der Ideen ist auch mächtig. Und die liberalen Ideen sind die besseren Ideen. Aber Milei hat den Freiheitsfreunden eine Stimme gegeben. Der Liberalismus ist nicht mehr elitär, sondern populär.

Bei den PASO, den Vorwahlen, bei denen sich die Kandidaten der jeweiligen Parteien präsentieren, erhält Milei völlig überraschend und gegen alle Prognosen und Umfragen mit knapp 30 Prozent die meisten Stimmen. Milei selbst hätte schon 22 Prozent für ein Wunder gehalten. Milei gewinnt die Vorwahl ohne einen einzigen Gemeinderats- oder Stadtratsabgeordneten, ohne Internetwerbung, mit lediglich zwei Parlamentsmitgliedern, gestützt auf jugendliche Anhänger, Freunde und Influencer, die meisten davon in ihren 20ern. Ein politisches Erdbeben.

Bei *Juntos por el Cambio* setzt sich Mitte-Rechts-Vertreterin Patricia Bullrich (17 Prozent) gegen Mileis alten Bekannten, den weiter links stehenden Horacio Rodriguez Larreta (11 Prozent) durch. Wirtschaftsminister Sergio Massa von *Unión por la Patria*, dem Kirchnerbündnis, kommt auf 21 Prozent. Die Vorwahl bestimmt, welche Kandidaten bei den Präsidentschaftswahlen antreten dürfen. Und sie führt vor Augen, dass Milei eine gute Chance hat, Präsident zu werden. Eine Stimme für ihn ist nicht verschenkt.

Im Wahlkampf setzt Milei auf die altbewährten Spaziergänge, jetzt mit Kettensäge, die ihm auf einer Veranstaltung aus dem Publikum gereicht wird. Eine Kettensäge aus dem Volk und für das Volk, um es von staatlichen Ketten und dem wuchernden Staat zu befreien. Weil die politischen Gegner begonnen hatten, bei den Spaziergängen systematisch zu provozieren, kündigt er die Spaziergänge nicht mehr an. Er taucht spontan an einem Ort auf. Und die Menschen schließen sich ihm an.

Massa und Bullrich geben riesige Summen an Steuergeldern für ihre Kampagnen aus.[13] Sie erhalten enorme Spenden von Unternehmern, die wie üblich auf Privilegien hoffen. Sie stützen sich auf teure Berater, ein Heer von Parteimitgliedern, staatliche Subventionen, Provinz- und Gemeinderatsabgeordnete sowie die von der Politik abhängig gewordene Klientel. Massa erhält auch internationale Unterstützung von Staaten, die dem Forum von São Paulo nahestehen.

Eine gewaltige Schmierenkampagne mit infamen Lügen startet gegen Milei. Er verkaufe Listenplätze, kommuniziere mit seinem verstorbenen Hund und sei überhaupt verrückt (»el loco«). Diese Vorwürfe sind noch der harmlosere Teil der Kampagne. Doch Milei lässt sich nicht beeindrucken, bleibt stoisch ruhig.

In der ersten Fernsehdebatte der Präsidentschaftswahl am 1. Oktober 2023 schießt sich Milei vor allem gegen Bullrich ein. Bullrich kommt aus dem bürgerlichen Lager. Gelingt es Milei gegen den Peronisten Massa in die Stichwahl zu kommen, hat er große Chancen. Insgesamt ist sein Auftreten ruhiger und staatsmännischer als während seiner TV-Karriere. Er ist obenauf. In den Umfragen nach der Sendung sehen ihn die Zuschauer mit 48 Prozent vorne, vor Bullrich mit 20 Prozent und Massa mit 15 Prozent. Fünf Tage später gewinnt er auch die zweite Debatte.

Bei der ersten Runde der Präsidentschaftswahl am 22. Oktober, Mileis 53. Geburtstag, gibt es den ersten kleinen Rückschlag. Einige seiner Anhänger hatten schon von einer absoluten Mehrheit geträumt. Doch wieder erhält er 30 Prozent der Stimmen. Sergio Massa gewinnt mit knapp 37 Prozent der Stimmen und liegt damit vor Milei.

Dennoch, es ist noch nichts verloren. Milei war bei seinem Eintritt in das Präsidentschaftsringen davon ausgegangen, er gewinne, falls er in die Stichwahl käme. Die Lager der Macristen und Kirchneristen stehen sich zu unversöhnlich gegenüber. Sein Kalkül: eines der verfeindeten Lager gibt ihm in der Stichwahl seine Stimme.

Entscheidend bei der ersten Runde ist daher, dass Milei vor Patricia Bullrich bleibt, die 24 Prozent der Stimmen erhält. Somit kommt Milei gegen Wirtschaftsminister Sergio Massa in die Stichwahl. Die Rechnung ist einfach. Wer mit der amtierenden Regierung und dem

Kirchnerismus unzufrieden ist, wird Massa nicht wählen. Trotz der harschen Debatte zwischen den beiden im Wahlkampf geht Milei auf Bullrich zu. Noch am Wahlabend des 22.10. wirbt er gemeinsam für den Wechsel. Es kommt zur Versöhnung. Bullrich und ihr Vizekandidat Luis Alfonso Petri empfehlen ihren Wählern in der Stichwahl für Milei zu stimmen.[14] Einzelne Libertäre werfen Milei daher vor, mit der Kaste zu paktieren.

Die Spannung steigt. Wird Milei die Bullrich-Petri-Stimmen bekommen? Oder werden deren mehr sozialdemokratische Wähler zu Massa überlaufen? Schmutz- und Angstkampagnen gegen Milei erreichen einen neuen Höhepunkt. Die Medien sind voll davon. Kaum ein YouTube-Video wird nicht von Anti-Milei-Werbung unterbrochen. Milei wird als ruchloser Kapitalist dargestellt, der sofort das staatliche Bildungs- und Sozialwesen privatisieren wolle, was Milei in der Fernsehdebatte am 12. November 2023 abstreitet. Die Debatte findet ein paar Tage nach dem Duell der Vizekandidaten, Victoria Villarruel und Agustín Rossi statt. Villarruel gewinnt das Duell souverän, laut Umfragen 85 Prozent zu 15 Prozent.

In der finalen Fernsehdebatte am 12. November 2023 mit einer Einschaltquote, die dem WM-Finale Argentinien gegen Frankreich gleichkommt, gibt sich Milei wiederum moderater als zu seinen TV-Zeiten. Er appelliert an alle Argentinier, die für einen Politikwechsel sind und vom Kirchnerismus genug haben, ihn zu wählen. Zur Überraschung vieler Beobachter wird der sonst so aggressive Milei in der entscheidenden Debatte in die Defensive gedrängt. Die Medien jubeln, »Massa hat gewonnen.« Selbst enge Freunde von Milei sind enttäuscht.[15] Alles scheint verloren. Dann stellt sich jedoch in den Zuschauerumfragen etwas anderes heraus. In den Augen der großen Mehrheit der Zuschauer hat Milei die

Debatte gewonnen. Während Medien und Politikexperten die rhetorischen Kniffe des Politprofis Massa wertschätzen, stellen die einfachen Leute Ehrlichkeit an die erste Stelle. In der Debatte geht es für Milei darum, möglichst viele der Bullrich-Wähler zu gewinnen. Diese waren zuvor von der aggressiven Art abgestoßen, mit der Milei seine Argumente hervorbrachte, von seinem rauen Ton und den Beleidigungen. Milei gilt bei diesen Wählern als Hitzkopf, ungeeignet für das Präsidentenamt. Massa versucht daher, Milei aus der Reserve zu locken, damit dieser explodiert. Doch Milei bleibt ruhig.

Dann ist da noch auf den letzten Metern der Einfluss des »Plan Platita«. Massa tut alles, um die Wahl zu gewinnen. Er lässt die Zentralbank Argentiniens ungeheure Mengen Geld drucken für Einmalzahlungen an Staatsdiener, Arbeitslose, Rentenerhöhungen und Subventionen. Er will Stimmen kaufen. Die Inflation steigt immer weiter, doch das ist ihm egal. Hauptsache gewinnen.

Am 13. November 2023 findet in Córdoba Mileis Wahlkampfabschluss statt, vor 500 000 Menschen. Mit dabei Patricia Bullrich und der Influencer und Politologe Agustín Laje. Die zweite Runde, die Stichwahl, findet am 19. November 2023 statt. Am Wahlabend ist die Stimmung zum Zerreißen gespannt. Erste Umfragen nach Schließung der Wahllokale sehen Milei vorne. Darauf folgen die ersten Hochrechnungen. Kurz danach greift Massa zum Telefon. Er gratuliert Milei zum Sieg. Milei gewinnt mit 56 Prozent der Stimmen, dem höchsten Sieg in einer Stichwahl seit 1983. Das Wunder ist Wirklichkeit geworden. Die Welt hat ihren ersten liberal-libertären Präsidenten.

2. Die Situation Argentiniens vor Mileis Präsidentschaft

Argentinien hat mit Javier Milei den ersten liberal-libertären Präsidenten der Welt. Er bezeichnet sich als Anarchokapitalisten und Anhänger der Österreichischen Schule der Nationalökonomie. Auch wenn wir im Verlauf diese Begriffe noch genauer erklären wollen, eines schon vorab: Milei ist ein radikaler Staatskritiker. Er will den Staat letztlich beseitigen.

Wie aber konnte jemand, der den Staat beseitigen will, zum Präsidenten eines Staates werden? Ist das kein Widerspruch? Wie konnte ein radikalkapitalistischer Diskurs erfolgreich sein? Mit nachdrücklicher Betonung der Kürzungen, des Sparens, des Subventionsabbaus und der harten Arbeit? Seit wann gewinnt der Spruch »Das Geld ist alle« Wahlkämpfe? Und das alles in einem der antikapitalistischsten Länder der Welt. Argentinien landete im Jahr 2021 im Ranking der Marktfreundlichkeit nur auf Rang 64 von 76.[16] Das voranstehende Kapitel über den Aufstieg von Javier Milei hat schon einige Antworten angedeutet. Das nun folgende Kapitel macht den systematischen Versuch, das Politikwunder nachzuvollziehen.

Argentinien am Boden

Ein Grund für Mileis Triumph ist die Wut der Argentinier. Keine blinde, irrationale Wut, sondern eine informierte. Wut darüber, dass ihr Land immer weiter in Armut und Elend abgeglitten ist. Vor Mileis Wahl stand das Land am Abgrund. Nach Daten der Weltbank lebten im September 2023 40,1 Prozent der Argentinier in Armut, weitere 9,1 Prozent in extremer Armut. Die Inflation beschleunigte sich im Laufe des Jahres 2023 und lag im Oktober bei 143 Prozent. Um die Wiederwahl zu sichern und Stimmen zu kaufen, hatte die argentinische Regierung die Basisgeldmenge auf 13 Prozent des Bruttoinlandsprodukts (BIP) erhöht. Innerhalb eines Jahres hatte sie die Geldbasis versechsfacht. Das Land stürzte auf eine Hyperinflation zu. Zum Amtsantritt von Javier Milei im Dezember 2023 stiegen die Preise auf 25,5 Prozent gegenüber dem Vormonat. Annualisiert sind das 211 Prozent.

Dabei hatten die Argentinier alles probiert. Sie hatten Peronisten zum Präsidenten gewählt, und auch Politiker der *Unión Civica Radical*, ja sogar einer neuen Partei, der *Juntos por el Cambio* von Mauricio Macri, hatten sie die Chance gegeben. Doch das Ergebnis war immer das Gleiche: Korruption, Vetternwirtschaft, Inflation und Verarmung. Die Argentinier wollten kein »immer weiter so«, sondern etwas völlig Neues probieren. Und dieses Neue, das verkörperte Javier Milei.

Die Leidensgeschichte der Argentinier ist lang und zieht sich über Jahrzehnte. Dabei ist Argentinien Ende des 19. Jahrhunderts eines der reichsten Länder der Welt. Auf die liberale Verfassung von 1853 folgte ab 1860 ein rasantes Wachstum, die argentinische Belle Époque. Zusammen mit den USA, Kanada, Großbritannien und Australien führt Argentinien, das flächenmäßig etwa fünfmal so groß wie Spanien ist, damals das Ranking der reichsten Länder an. Argentinien ist am Ende des 19. Jahrhunderts, gemessen am Pro-Kopf-Einkommen, reicher als alle europäischen Länder – mit Ausnahme Großbritanniens.[17] Auch reicher als Deutschland. Wie attraktiv das

Land in dieser Zeit war, lässt sich schon daran ablesen, dass es eines der beliebtesten Einwanderungsländer war. Und an dem Sprichwort »Il est riche comme un Argentin.«

In den *Maddison Historical Statistics* von 2018 taucht Argentinien für das Jahr 1896 sogar an erster Stelle auf; vor den USA, Belgien, Australien und Großbritannien. Im Jahr 1910 macht das BIP von Argentinien die Hälfte des lateinamerikanischen aus. Auch vor Ausbruch des Ersten Weltkriegs ist Argentinien, gemessen am Pro-Kopf-Einkommen, eines der reichsten Länder der Welt; vor Deutschland und Frankreich. Die argentinischen Löhne sind höher als die in Europa. Zu Beginn des Ersten Weltkriegs ist Argentinien zudem ein Außenhandelsriese. Vor allem landwirtschaftliche Produkte werden ausgeführt, Industrieprodukte eingeführt. Die Summe von Exporten und Importen beläuft sich auf über 100 Prozent des BIP. In den letzten Jahrzehnten lag diese Summe nur noch bei 20–30 Prozent.

Noch bis in die 1920er-Jahre steht Argentinien vorne auf der Liste der reichsten Länder. 1962 liegt Argentinien beim Pro-Kopf-Einkommen noch vor Ländern wie Österreich, Italien, Japan oder Spanien. Heute kommt Argentinien allerdings nur noch auf 40 Prozent des Pro-Kopf-Einkommens der 12 europäischen Kernländer; ein schleichender, relativer Abfall von 60 Prozent.

Zwar sind Statistiken mit Vorsicht zu genießen, besonders bei weit zurückliegenden Daten. Dennoch ist der Trend eindeutig. In den 1930er-Jahren mit der Weltwirtschaftskrise beginnt Argentiniens Abstieg. Zunächst langsam. Als Handelsnation ist Argentinien stark vom Einbruch des Welthandels und dem aufkommenden Protektionismus betroffen. Ende der 1920er-Jahre beginnt auch die Einführung des Fürsorgestaats.[18] 1930 kommt es zu einem faschistischen Staatsstreich durch das Militär. Argentinien beginnt mit Autarkiebestrebungen. Man versucht, die Importe zu substituieren, indem man die eigene Industrie auf Kosten der Landwirtschaft subventioniert. Die Staatsausgaben steigen rasant. 1935 wird die Argentinische Zentralbank gegründet und der Goldstandard aufgelöst, um der Aufwertung des Pesos, bedingt durch das aus Europa nach Argentinien fließende Kapital, entgegenzuwirken und die Exporte zu fördern. 1943 folgt ein erneuter Staatsstreich. Mit dabei der junge Militär Juan Domingo Perón, der Arbeitsminister wird. Als Arbeitsminister implementiert Perón eine kollektivistische Agenda. Bei den nächsten Wahlen 1946 wählen die Argentinier Perón mit großer Mehrheit zum Präsidenten.

Perón war 1939 nach Italien entsandt worden. Von dort schreibt er in die Heimat über seine Erfahrungen im faschistischen Italien. Er äußert sich lobend über Ordnung, Disziplin, Patriotismus und Arbeitsmoral, die er in Mussolinis Regime vorfindet. Für Mussolini bedeutet Faschismus: »Alles im Staate, nichts außerhalb des Staates, nichts gegen den Staat.« Und: »Der Liberalismus leugnete den Staat im Interesse des Individuums; der Faschismus bejaht wieder den Staat als das wahre Wesen des Individuums ... Für den Faschisten befindet sich alles innerhalb des Staates und nichts Menschliches oder Geistiges existiert – oder besitzt irgendeinen Wert – außerhalb des Staates. In diesem Sinne ist der Faschismus totalitär und der faschistische Staat, als Zusammenfassung und Einheit aller Werte, deutet, entwickelt und beherrscht das ganze Leben des Volkes.«[19]

Für Perón ist Mussolini ein großer Staatsmann. Ein Vorbild. Auch von Hitlers Kollektivismus ist Perón angetan.[20] Er bewundert die moralischen Werte des Nationalsozialismus.

Die drei Grundprinzipien des Peronismus sind politische Souveränität, wirtschaftliche Unabhängigkeit und soziale Gerechtigkeit. Oder in anderen Worten: Nationalismus, Autarkie und Umverteilung. Der Staat ist der soziale Gleichmacher, der, gestützt auf Gewerkschaften und soziale Bewegungen, kollektive Handlungen normiert.

Der Peronismus ist eine populistische Ideologie, die sich heute quer durch alle traditionellen argentinischen Parteien zieht. Er will den Kapitalismus ersetzen, auf den die liberale Verfassung von Juan Bautista Alberdi (1810–1884) und José Benjamín Gorostiaga (1823–1891) aus dem Jahr 1853 gebaut und der den kometenhaften Aufstieg Argentiniens ermöglicht hatte. An die Stelle des Kapitalismus soll eine sozialistische Wirtschaft rücken, die den Reichtum umverteilt. Schon als Arbeitsminister setzt Perón auf typische sozialistische Rezepte. Er führt bezahlten Urlaub ein, ein staatliches Rentensystem und Mindestlöhne. Die Gewerkschaftsbewegung ist politischer Verbündeter. Sie wird großzügig subventioniert. Die staatliche Armenhilfe wird ausgebaut; staatliche Schulen und Krankenhäuser aus dem Boden gestampft. Die Privatinitiative wird zugunsten des Staates immer weiter zurückgedrängt. Die *Fundación Eva Perón*, die Stiftung von Peróns vom Volk geliebter zweiten Ehefrau Eva, ergänzt den umverteilenden Fürsorgestaat. Die Stiftung finanziert sich durch Steuern und »freiwillige« Beiträge von regimenahen Unternehmen, die im Gegenzug Staatsaufträge und Subventionen erhalten. Der Protektionismus schützt mit dem Staat verbandelte Unternehmen, zum Nachteil der Konsumenten. Perón verstaatlicht Unternehmen und schließt eine Allianz mit den Gewerkschaften. Der Arbeitsmarkt verkrustet. Regulierungen unterhöhlen zunehmend das Privateigentum. Vettern- und Günstlingswirtschaft breiten sich aus. Eine staatliche Krankenversicherung ergänzt den Fürsorgestaat. Es ist vor allem das Konzept der »sozialen Gerechtigkeit«, das Argentinien von seinem Erfolgskurs abbringt und in den Abgrund führt. Nicht umsonst kritisiert Milei dieses Konzept so hartnäckig.

Juan Perón bestimmt drei Jahrzehnte lang die Geschicke Argentiniens. Während seiner ersten Amtszeit kommt es zu sozialen Unruhen. Das Militär putscht 1955. Die peronistische Partei wird verboten. 1966 folgt ein weiterer Staatsstreich und eine Militärdiktatur bis 1973. Perón kehrt aus dem Exil zurück und bleibt bis zu seinem Tod 1974 Präsident. Ihm folgt seine dritte Ehefrau Isabel Perón, bis es von 1976–83 erneut zu einer Militärdiktatur kommt. Die 1970er-Jahre sehen bürgerkriegsartige Zustände. Marxistische Gruppen überziehen das Land mit Anschlägen, Entführungen und Bomben. Die Militärregierung lässt Oppositionelle verschwinden. Die physische Unversehrtheit ist zusehend gefährdet.

Die Demokratie kehrt zurück mit Präsident Raúl Alfonsín, der von 1983–1989 regiert. Alfonsín ist ein Linker und ähnelt in seiner Weltsicht seinen Zeitgenossen François Mitterrand oder Felipe González. Schon 1985 sind 50 Prozent der Produktionsmittel in staatlicher Hand. Die Folgen sind katastrophal. Immer wieder kommt es zu Stromausfällen. Ein Telefon ist ein Luxus. Alfonsíns Regierungszeit endet 1989 im Desaster und jener Hyperinflation von 648 Prozent,[21] die Milei motiviert, sich vom Fußball ab und ganz dem Ökonomiestudium zuzuwenden.

Unter der Präsidentschaft von Carlos Menem, 1989–1999, kommt es zu neoliberalen Reformen.[22] Menem gehört zwar der peronistischen Partei an, entstammt jedoch ihrem Mitte-Rechts-Flügel. Er stabilisiert und modernisiert das Land. Es sind die ersten marktwirtschaftlichen

Reformen, seitdem das Land von der rechten Bahn abgekommen ist. Der Arbeitsmarkt wird reformiert, die Wirtschaft dereguliert, Staatsunternehmen privatisiert. Die Privatisierung des staatlichen Fernsehens verbessert die Meinungsfreiheit. Indes werden die Staatsunternehmen an staatsnahe Unternehmer gegeben. Die Vetternwirtschaft geht weiter.

Die Inflation wird gestoppt und 1992 ein Currency-Board eingeführt. Von 1946–1991 hatte die Durchschnittsinflation 225 Prozent betragen. Die Argentinier hatten zwei Hyperinflationen durchlitten. Nun besteht ein fester Wechselkurs. Die Argentinier können einen Peso gegen einen Dollar eintauschen. Die Zentralbank darf neue Pesos nur im Tausch gegen Dollars ausgeben.

Die 1990er-Jahre sind gute Jahre für Argentinien. Das jährliche Wachstum beträgt 7,5 Prozent. Die Armut sinkt drastisch. Die Einführung der Konvertibilität verhindert, dass die Staatsausgaben durch Inflation finanziert werden. Doch das Hauptproblem wird nicht angegangen. Menem verringert die horrenden Staatsausgaben nicht. Die Klientel, die am Staatstropf hängt, soll weiter bedient werden. Die Partie geht weiter. Die Staatsausgaben steigen von 703 Millionen Dollar im Jahr 1995 auf 3285 Millionen Dollar im Jahr 1999.

Zunächst ersetzen die Einnahmen aus Privatisierungen die Notenpresse. Auch die Mehrwertsteuer wird erhöht. Schließlich wird das Defizit durch Kredite vom Internationalen Währungsfonds (IWF) beglichen. Für die mit der Regierung verbundenen Politiker und Familien ist das lukrativ. Bei jedem IWF-Kredit ist eine Beratungsgesellschaft dazwischengeschaltet. Mit den Kommissionen für die Kreditabschlüsse werden Millionen gemacht. Berater, Subventionen, Vergünstigungen, Nepotismus und Kumpanei bleiben bestehen.

Trotz hoher Popularität muss Menem 1999 abtreten. Die Präsidentschaft ist gesetzlich auf zwei Mandate begrenzt. Fernando de la Rúa gewinnt 1999 die Präsidentschaftswahl gegen Eduardo Duhalde. Während de la Rúa politisch Mitte-Links einzuordnen ist, steht Duhalde für Mitte-Rechts. Duhalde war Menems Vizepräsident, bevor er Gouverneur von Buenos Aires wurde. Dort etablierte Duhalde das System der Manzaneras. Die Manzaneras erhalten Essen zugeteilt, das sie nach eigenem Gutdünken in ihrer Nachbarschaft verteilen und damit politische Abhängigkeiten schaffen. Die Manzaneras sind Duhalde später nützlich. Denn 2001 zieht der IWF die Reißleine und dreht den Kredithahn zu. Argentiniens Party ist vorbei. Die Defizitkrise wird zur Schuldenkrise. Die Zentralbank verkauft ihre Reserven. Es kommt zur Kapitalflucht. Im Dezember dann der Corralito. Bankruns. Das Abheben von Dollarguthaben wird eingeschränkt. Die Konvertibilität ist gescheitert. Am 19. und 20. Dezember 2001 kommt es zu schweren Unruhen. Supermärkte werden überfallen. Mittendrin in den Unruhen: die Manzaneras. Es gibt 39 Tote und 500 Verletzte. Ein Helikopter rettet de la Rúa von seinem Amtssitz der Casa Rosada. Ein Bild, das sich in das kollektive Gedächtnis der Argentinier einbrennt. 20 Tage nach dem Aufheben der Konvertibilität des Pesos in Dollar tritt de la Rúa zurück.

Es folgen mehrere Übergangspräsidenten in kürzester Zeit. Adolfo Rodríguez Saá bleibt gerade mal eine Woche im Amt und verkündet den Default der internationalen Kredite. Nachdem das Schuldenproblem aus der Welt geschafft ist, erklärt sich Duhalde im Januar 2002 bereit, die Präsidentschaft zu übernehmen. Er wertet den Peso um 300 Prozent ab.

Bei den nächsten Wahlen darf Menem, der sich mittlerweile mit Duhalde überworfen hat, wieder antreten.

Eine Ausnahmeregelung ermöglicht die Kandidatur von zwei Mitgliedern der peronistischen Partei. Duhalde verbündet sich mit dem bis dahin unbekannten Néstor Kirchner, der ursprünglich dem Mitte-Rechts-Spektrum der Partei entstammt. Bei den Wahlen schickt Duhalde als Kandidaten Néstor Kirchner vor. Duhalde hofft, Kirchner kontrollieren zu können. Im ersten Durchgang erhält Menem mit 25 Prozent mehr Stimmen als Kirchner mit 22 Prozent, beschließt aber, nicht zur Stichwahl anzutreten, da er annimmt, die Restwähler würden in der Stichwahl vornehmlich für Kirchner votieren.

So kommt Néstor Kirchner 2003 an die Macht. Um sich vom Einfluss Duhaldes zu lösen, macht er einen Politikschwenk nach links. Kirchner demontiert Menems Neoliberalismus. Er erhöht den Mindestlohn, Renten- und Sozialhilfe. Preise werden reguliert. Es geht Richtung Sozialismus lateinamerikanischer Prägung. Dem Modell Venezuelas, Brasiliens und Kubas. Hin zum Forum von São Paulo. Günstlingswirtschaft und Umverteilung sprießen. Durch den Default auf die Schulden und den Boom der Rohstoffpreise, vor allem den guten Preis des Exportschlagers Soja, gibt es mehr Ausgabenspielraum. Im Jahr 2003 steht der Sojapreis bei 200 Dollar pro Tonne, 2008 schon bei 600 Dollar und 2012 bei 650 Dollar. In der Regierungszeit von Mauricio Macri (2015–2019) fällt er auf 300 Dollar zurück.

Kirchner konsumiert das Kapital der Menem-Jahre. Trotzdem müssen zusätzliche neue Kredite und die Inflation bemüht werden. Kirchner weiß, dass es zu einer wirtschaftlichen Krise kommen muss. Dann möchte er nicht im Amt sein. Er tritt nicht wieder an. Doch seine Ehefrau Cristina Fernández de Kirchner ficht die kommende Krise nicht an, sie tritt zur Präsidentschaftswahl an. So schlägt ab 2007 die Stunde von Cristina Kirchner.

Ihre Amtszeit ist eine Fortsetzung des populistischen Peronismus, nun mit linksradikalen Einschlägen. 2008 führt die Ankündigung einer 50-Prozent-Steuer auf die Exporte von Soja und Weizen zu Unruhen. 2012 verstaatlicht die Regierung die Ölfirma YPF. Die Zahl der Staatsbediensteten steigt während der Kirchnerjahre von 2003–2015 um 1,5 Millionen. Ideologisch wird es woke. Die gleichgeschlechtliche Ehe wird eingeführt, die Gender-Ideologie subventioniert. Gleichzeitig wird die Pressefreiheit unterminiert. Korruption und Kirchner sind für viele Argentinier Synonyme.

Nach zwei Mandaten von Cristina Kirchner und einer massiven Verarmung ist die Zeit reif für einen Wechsel. Kirchner schickt Daniel Scioli ins Rennen, der 2015 Mauricio Macri unterliegt. Der neue Präsident Macri schürt große Erwartungen auf einen »Wechsel«, entpuppt sich aber als Feigling. Seine Regierungszeit wird zum Flopp. Macri erliegt dem Irrglauben, ohne Kürzungen aus dem Haushaltsloch kommen zu können. Statt die Staatsausgaben zu senken, erhöht er die Auslandsverschuldung Argentiniens beim IWF um 50 Milliarden Dollar. Privatisierungen bleiben aus. Auch den Wokeismus bremst er nicht. Seine graduellen Reformen schlagen nicht an. Entsprechend häufig sind die Proteste.

Obwohl sie 2019 wieder antreten könnte, geht Cristina Kirchner nur als Vizepräsidentschaftskandidatin an den Start. Sie schickt Alberto Fernández vor, den sie aus dem Hintergrund kontrollieren möchte. Denn es gibt Wähler, die nie Kirchner wählen würden. Diese Wähler hassen Kirchner noch mehr als Macri, würden aber Alberto Fernández wählen. Die Rechnung geht auf und Fernández kommt 2019 an die Macht.

Fernández setzt auf einen Ausbau der »Frauenrechte« mit einem neuen Abtreibungsgesetz und auf Hilfspakete für Arme. Schon 2019 liegt die Inflation bei 50 Prozent. Dann kommt die Pandemie, mit einem der längsten und brutalsten Lockdowns, Massenbankrotten und überproportional vielen Coronatoten (150 000 Tote).[23] Fernández möchte sich nicht von Kirchner kontrollieren lassen. Die Regierung ist instabil. Der Einzige, der eine gute Presse hat, ist Wirtschaftsminister Sergio Massa, der eher der Mitte zuzuschreiben und ein innerparteilicher Gegner Cristina Kirchners ist.

Vor der Präsidentschaftswahl 2023 sind der Ärger und die Wut auf den Kirchnerismus in der Bevölkerung kolossal. Das Land ist am Ende. Weder Kirchner noch Férnandez haben Erfolgsaussichten bei der Wahl. In letzter Stunde entscheidet sich Kirchner, ihren innerparteilichen Gegenspieler Sergio Massa zu unterstützen. Die drei Präsidentschaftskandidaten Patricia Bullrich, Sergio Massa und Javier Milei sind damit Symbol für das Ende des Kirchnerismus.

Der Kirchnerismus ist in den Augen vieler Argentinier für den Absturz der letzten 20 Jahre verantwortlich. Im Jahr 2023 liegt Argentinien beim kaufkraftbereinigten Pro-Kopf-Einkommen hinter Russland und Bulgarien auf Platz 65. Mit der Hälfte des portugiesischen Niveaus steht Argentinien nur knapp vor Weißrussland. Und damit auf dem Niveau von 1974.

Während vor hundert Jahren Argentinien ein Einwanderungsland war, ist es heute umgekehrt. Allein in Spanien leben mehr als 500 000 Argentinier. Dafür ist Argentinien immer noch reich, aber nunmehr an Staatsbankrotten, kaum ein Land hat mehr vorzuweisen. Es gab zwei Hyperinflationen ohne Krieg. Der Peso hat 13 Nullen verloren.

Zwar stellt die produktive argentinische Landwirtschaft Lebensmittel für die Ernährung von 400 Millionen

Menschen her, doch bei einer Steuerlast von 60 Prozent zieht der Staat umgerechnet Lebensmittel für 240 Millionen Menschen ein. Dennoch leiden 5 Millionen Argentinier Hunger, weil die Politkaste sich die Ressourcen einverleibt.[24] 50 Prozent der Argentinier leben in Armut, 10 Prozent in extremer Armut, 60 Prozent der Kinder müssen mit einer Mahlzeit am Tag auskommen.[25] Auch andere Daten sind katastrophal. Der Drogenkonsum ist der zweithöchste in Südamerika. Beim Korruptionsindex kommt Argentinien auf Rang 98, auf einem Niveau mit Äthiopien, Albanien und Weißrussland. Beim Index der wirtschaftlichen Freiheit, erhoben von der US-amerikanischen Heritage Foundation, kam Argentinien im Jahr 2022 auf den Rang 144 von 177 Ländern und liegt damit zwischen den Komoren und Haiti.[26]

Um die Wahl noch zu gewinnen, warf die Vorgängerregierung mit Wirtschaftsminister Massa 2023 mit Geld um sich. Ende 2023 lag die annualisierte Inflationsrate bei 211 Prozent. Damit die ausgegebenen Pesos die Inflation nicht noch weiter anheizten, zog die Zentralbank einen Teil der Pesos wieder ein, durch die Ausgabe von verzinsten Verbindlichkeiten. Auf diese zahlte die Zentralbank im Dezember 2023 annualisierte Zinsen in Höhe von 133 Prozent. Um diese Zinsen zu zahlen, druckte die Zentralbank neues Geld. Monatlich waren das, nur um die Zinsen zu bezahlen, 30 Prozent der Geldbasis. Dementsprechend wartete in der Zentralbank eine Zeitbombe auf den neuen Präsidenten. Eine Hyperinflation schien unausweichlich.

Kurzum: Die Argentinier waren nach den Kirchnerjahren verzweifelt und wütend ob ihres Abstiegs. Die Verarmung, die Verschwendung, die politischen Ränkespiele, die Vetternwirtschaft – all das ließ die Bereitschaft für Veränderungen wachsen. Und zwar für grundlegende

Veränderungen. Als Milei kam und versprach, in 35 Jahren aus Argentinien wieder eine wirtschaftliche Supermacht zu machen, trat er offene Türen ein.

Fehler der argentinischen Politik – Gunst der Stunde

Faktoren für Javier Mileis Erfolg sind – wie gesehen – das Versagen und die Fehler der argentinischen Politik. Sie hat das Land derart heruntergewirtschaftet, dass sich die Menschen nach einem Außenseiter und einem Politwechsel sehnten.

Zudem haben die etablierten Politiker des Landes Milei zunächst unterschätzt. Sie hielten den Außenseiter und Polit-Rookie für einen Witz. Niemand hätte dem exzentrischen, aufbrausenden TV-Ökonomen mit dem anarchischen Haar zugetraut, zur Gefahr für die eingesessene Politik zu werden. Weder Mauricio Macri, Ex-Präsident und Gründer der Partei *PRO* noch Cristina Kirchner mit ihrer Partei *Frente de Todos* sahen Mileis Aufstieg als ernste Herausforderung – im Gegenteil. Macri wollte durch Milei seinen Parteirivalen Laretta schwächen. Kirchner sah Milei als Möglichkeit, die Opposition zu teilen und Macris Partei Stimmen abzunehmen.[27] Sie sahen den Tsunami, der auf die argentinische Politik zuraste, nicht kommen.

Hinzu kommen konkrete taktische Fehler. Wer am Ende der unbeliebten und mit ihren Reformvorhaben gescheiterten Macri-Regierung gefragt hätte, wer der nächste Präsident Argentiniens würde, der hätte meist als Antwort erhalten: »Wen auch immer Cristina Kirchner aufstellt.« Kirchner, die später wegen Korruption verurteilt wurde, stellte Alberto Fernández auf. Dessen Unbeliebtheit erreichte nach der Pandemie einen Höhepunkt. Und wer 2021 gefragt hätte, wer 2023 Präsident würde, hätte von vielen als Antwort bekommen: »Wen auch immer Macri aufstellt.«

Macri wollte nicht selbst an die Macht, sondern aus dem Hintergrund die Geschicke der Nation durch einen von ihm gesteuerten Kandidaten lenken. Doch er war zu siegessicher und arrogant. Statt seinen Parteirivalen Horacio Rodriguez Larreta aufzustellen, der als Bürgermeister von Buenos Aires über eine eigene Basis verfügte, stellte sich Macri hinter Patricia Bullrich, die auf weniger eigene Unterstützer zählen konnte und daher, einmal im Amt, auch einfacher von Macri zu beeinflussen gewesen wäre. Argentinienkenner sagen, dass Laretta mit Macris Unterstützung die Präsidentschaftswahlen in der ersten Runde gewonnen hätte. Bullrich tat es nicht, sondern landete hinter Milei, der daraufhin gegen Massa in die Stichwahl ging.

Nur weil Macri seinen Konkurrenten Laretta kleinhalten wollte, setzte er auf die weniger profilierte Bullrich. Da Macri mehr Unterstützer hatte als Laretta, setzte sich zwar Bullrich parteiintern durch, scheiterte indes bei den Präsidentschaftswahlen. Es ist also auch dem Egoismus von Macri zu verdanken, dass Javier Milei die Wahl gewann.

Auch die Besonderheiten des argentinischen Wahlsystems haben einen Anteil am ersten libertären Präsidenten. In Deutschland ist ein Sieg eines Quereinsteigers in dieser Weise nicht möglich. Doch in Argentinien wird der Präsident direkt vom Volk gewählt. Zunächst gibt es Vorwahlen (PASO). In den Vorwahlen treten die Kandidaten an, um zu bestimmen, welche Partei welchen Kandidaten ins Rennen schickt. Wenn eine Partei nur einen Kandidaten hat, ist das Ergebnis klar. Die Macri-Partei hatte mit Bullrich und Laretta zwei Kandidaten. Da Bullrich mehr Stimmen als Laretta erhielt, wurde sie Kandidatin. In der ersten Runde der Präsidentschaftswahl gab es keinen Kandidaten, der eine absolute Mehrheit oder mehr als 10 Punkte Vorsprung auf den Zweitplatzierten erhielt. Es kam zur Stichwahl (Balotaje).

Milei bekam in der ersten Runde mehr Stimmen als die drittplatzierte Bullrich. Durch das Erreichen der Stichwahl boten sich Milei gute Chancen. Denn *Juntos por el cambio*, die Parteienkoalition, deren wichtigster Bestandteil Macris *PRO* war, und die Kirchnerpartei *Unión por la Patria* (Nachfolger von *Frente de Todos*) gelten als politische Erzfeinde. Die Lager stehen sich in den Augen der Wähler diametral gegenüber.

Wäre Milei gegen Bullrich in die Stichwahl gekommen, hätte er auf die Unterstützung der *Unión por la Patria*-Wähler hoffen können. In der Stichwahl gegen Massa konnte er auf die Wähler bauen, die Bullrich unterstützten, einen Wechsel wollten und den Kirchnerismus verabscheuen. Schlüssel für Mileis Sieg war dabei die offizielle Unterstützung durch Bullrich und Macri. In der Stichwahl gab es dann eine komfortable Mehrheit gegen den Kirchnerismus und seinen Kandidaten Sergio Massa. Bullrich wurde in Mileis Kabinett Ministerin für Sicherheit. *PRO*-Kollege Toto Caputo übernahm den wichtigen Posten des Wirtschaftsministers.

Im argentinischen System hat auch die Wahl des Vizepräsidenten eine besondere Bedeutung. Ein nicht zu vernachlässigender Punkt für Mileis Triumph ist daher die kluge Wahl seiner Vizepräsidentin Villarruel. Der Rocker Milei und die konservative Dame bildeten im Wahlkampf ein attraktives, sich ergänzendes Duo. Der aufbrausende und fluchende Libertäre Javier Milei wurde von der Konservativen Victoria Villarruel geerdet. Villarruel, auch Eiserne Lady genannt, kommt aus einer Militärsfamilie und steht für Recht und Ordnung sowie gegen Wokeismus und Progressismus. Die argentinische Linke ist zwar lauter, doch die schweigende Mehrheit der Bevölkerung ist eher konservativ. Villarruel hat daher viele der bürgerlichen Wähler angezogen, denen *PRO* zu progressiv und politisch korrekt war. Über das gelungene Bündnis von Libertären mit Konservativen wird noch ausgiebig die Rede sein.

Covid-19, die Jugend und die Sozialen Medien

Die Wut auf die argentinische Politik wurde noch durch ein Ereignis potenziert, das die ganze Welt beben ließ und das normale Leben zum Einsturz brachte. Die Covid-Krise. Die Covid-Dystopie war ein Wendepunkt, weltweit und auch in Argentinien. Argentinien ist besonders schlecht durch die Coronazeit gekommen. Von März 2020 bis Dezember 2022 litten die Argentinier unter dem längsten Lockdown der Welt. Härteste Maßnahmen gingen mit miserabelsten Ergebnissen einher. Hätte Argentinien so viele Tote zu beklagen gehabt, wie es durchschnittlich in anderen Ländern gewesen sind, so wären es 30 000 Tote gewesen. Argentinien hatte aber 120 000 Tote. 90 000 kreidet Milei daher der Regierung an.[28]

Durch die lange Zeit der erzwungenen Kasernierung wuchs der Unmut in der Bevölkerung, die sich zunehmend dem wirtschaftlichen Ruin gegenübersah. Der Unterschied zwischen der politischen Kaste und dem Rest der Bevölkerung schälte sich klarer heraus. Das »Klassenbewusstsein« wuchs.

Als am Anfang der Coronazeit die Bevölkerung in Umfragen einen Lockdown präferierte, überboten sich die Politiker mit Forderungen nach Restriktionen. Die Opposition wurde erst kritisch, als die Meinungsumfragen sich drehten. Ein handfester Skandal entstand, als durchsickerte, Präsident Alberto Fernandéz habe im Präsidentenpalast Olivos eine Geburtstagsfeier für seine Frau veranstaltet, während er beinahe zeitgleich im Fernsehen Moralvorträge hielt und Bürgern drohte, welche die Restriktionen nicht einhielten. Die Doppelmoral war nicht zu übersehen. Fotos von den feiernden und sich amüsierenden Politikern gingen viral. Und das in einer Zeit, in der die Argentinier noch nicht einmal ihre Angehörigen beerdigen durften.

Der Unterschied zwischen Normalsterblichen und Herrschern wurde auch bei der Impfung deutlich. Politiker erhielten eine VIP-Impfung. Sie hatten Vorrang, während Normalsterbliche auf ihre Impfung warten mussten. Wer in Corona eine tödliche Bedrohung sah, interpretierte die bevorzugte Zuteilung an Politiker und Verwandte als willkürliche staatliche Entscheidung über Leben und Tod. Auch die staatliche Propaganda wurde während der Covid-Zeit immer offensichtlicher. Die Menschen merkten, die Verfassung schützt sie nicht.

Armut und Unmut stiegen mit der Länge des Lockdowns an. Viele kleine und mittelständische Unternehmen gingen pleite. Während die Bevölkerung verarmte, erhöhten die Politiker die Steuern, um ihre Gehälter und Privilegien zu erhalten. Die Inflation zog an.

In der Isolation der Covid-Dystopie wurde der Wert der Freiheit wichtiger, individuelle Selbstbestimmung rückte in den Mittelpunkt. Man schätzt die Freiheit erst, wenn man sie verliert. Wer Grundfreiheiten verliert, macht sich seine Gedanken und ist für Argumente empfänglich, welche die Freiheit kompromisslos verteidigen. Überhaupt gab es in der Covid-Zeit viel Muße, um zu lesen oder Videos anzuschauen. Und in den sozialen Medien war Javier Milei in Argentinien der lautstärkste Verteidiger der Freiheit. Mileis Schreie im Fernsehen repräsentierten den Unmut der Bevölkerung. Ohne die Pandemie wäre die Unterstützung für Milei nicht so rasant gewachsen und möglicherweise wäre er nicht Präsident geworden. Zumindest nicht 2023.

Besonders die Jugend litt unter Freiheitsentzug in einem Alter, in dem der Kontakt mit Gleichaltrigen für die Entwicklung so wichtig ist. Jugendliche sind meist flexibler im Geiste. Sie sind am kürzesten mit etatistischen Ideen infiziert worden. Das Phänomen Milei beginnt tatsächlich mit der Jugend, die immer rebellisch und gegen den Status quo ist. In den 1980er- und 1990er-Jahren war es angesagt, links zu sein. Doch heute ist der Status quo woke, gegendert, politisch korrekt und links. Heute ist es angesagt, anti-etatistisch, anti-sozialistisch, anti-woke und freiheitlich zu sein. Die Revolution ist liberal.

So fanden jene Jugendlichen, die besonders unter dem Covid-Regime litten, in Milei eine Stimme, die ihre Sprache benutzt, die unterhaltsam, streitwillig und authentisch ist. Milei sagt, was er denkt. Er ist für die Jugend Rächer, Superheld und Rebell. Das Revolutionäre ist heute der Anarchokapitalismus.

In Fernsehdebatten trat Milei wie ein Gladiator gegen eine Übermacht von Gegnern an. David gegen Goliath. Milei als Gegenspieler des Sozialismus. Er ist politisch inkorrekt. Zugleich politisch kohärent. Er bringt fundierte Argumente, die die Jugendlichen in der Schule und an den Universitäten, an Lehrern und Professoren probieren. Sie stählen sich im Kampf der Ideen. Sie verstehen die Argumente der Freiheit. Milei nennt in Auftritten gezielt immer wieder die Namen der Autoren seiner Argumente: Mises, Hayek, Rothbard, Hoppe, Huerta de Soto, Benegas Lynch. Er gibt den Jugendlichen eine Leseliste an die Hand. Und wenn sie Huerta de Soto googlen, stoßen sie auf YouTube auch auf seine Vorlesungen.

Normalerweise sind es die Eltern, die den Jüngeren Wahlempfehlungen geben. Bei der Wahl 2023 sollte es anders sein. Es sind die Jugendlichen, die ihren Eltern Videos von Milei vorspielen und sie darum bitten, für Milei zu stimmen.

Es ist mithin nicht nur die Wut auf die Situation in Argentinien, die Milei an die Macht spült. Es ist keine reine Wutwahl. Die Wahl ist Ausfluss eines tiefen Verständnisses der Ideen der Freiheit und ihrer Vorteile. Milei hat seine Unterstützer über Jahre kultiviert. Und sie haben sich selbst weitergebildet. Es ist diese tiefe Überzeugung der Überlegenheit der Ideen der Freiheit, die Milei Popularität und viele Stimmen beschert. Das erklärt, warum trotz eines der größten Sparprogramme der Geschichte Mileis Popularität nach seinem Regierungsantritt nicht zurückging, sondern stieg.

Eng verbunden mit der Jugend sind die Sozialen Medien. Zwar wurde Milei durch seine Auftritte in den traditionellen Medien bekannt, doch das Phänomen Milei entwickelt sich aus Kurzvideos von Mileis polemischen Fernsehauftritten, die in den sozialen Medien viral gehen. Heute informieren sich immer weniger Menschen über die staatstreuen und von linken Journalisten dominierten und tendenziösen Massenmedien. Die sozialen Medien werden immer wichtiger. Der Vorteil: Im Internet ist alles zu finden und kann alles hinterfragt werden. Im Wahlkampf konnte Milei folglich seine Beliebtheit und Reichweite in den Sozialen Medien zu seinen Gunsten ausspielen.

Milei, der seinen Twitteraccount selbst verwaltet, ist auch als Präsident auf X äußerst aktiv. Die Sozialen Netze geben ihm die Möglichkeit, direkt mit dem Volk zu kommunizieren, vorbei an den vom Establishment kontrollierten Medien. Eine Armee von motivierten Followern retweetet seine Tweets. Die Sozialen Medien garantieren ihm so Autonomie. Und er bekommt auch Dinge mit, von denen er sonst abgeschirmt wäre.

Seine Kampagnenfähigkeit in den Sozialen Medien ist eindrucksvoll. Denn es sind freiwillige Enthusiasten, die ihn unterstützen. Während Massa 74 Millionen Dollar, Juan Schiaretti 19 Millionen Dollar und Bullrich 2,3 Millionen Dollar für Werbung im Wahlkampf ausgeben, stehen bei Javier Milei 0 Dollar zu Buche. Ein Heer von Freiwilligen machte für ihn Kampagne, gebildet durch intensive Lektüre und libertäre YouTube-Videos, spontan und kostenfrei.

3. Mileis libertäre Angriffstaktik

Bei aller Politikverdrossenheit, bei allem Unmut und bei allen Fehlern der Konkurrenz, brauchte es noch eine weitere Zutat für die Fügung des ersten libertären Präsidenten: einen einzigartigen Kandidaten. Javier Milei ist gleichzeitig der normalste und schrillste aller Kandidaten. Er ist der unterhaltsamste, lustigste und authentischste. Selbst Kritiker bescheinigen ihm eine einzigartige Persönlichkeit.[29] Milei lässt niemanden unberührt. In welchem Programm er auch auftritt, die Quoten sind gesichert. Er ist polemisch, undiplomatisch, frontal und explosiv. Er liefert Schlagzeilen. Milei ist ein Showman.

Milei kam zwar als Quereinsteiger in die Politik, allbekannt war er jedoch schon zuvor. Sein Schreien, seine Flüche, seine Extravaganz und seine Wutausbrüche, aber auch seine rhetorische Schlagfertigkeit haben ihn berühmt gemacht. Als Präsidentschaftskandidat ist er nicht mehr so aufbrausend wie früher, sein explosiver Charakter ist indes immer noch zu spüren.

Erfrischend sind seine Ehrlichkeit und seine Demut. Die Menschen fühlen, er möchte sie nicht belügen. Er spricht auch unbequeme Wahrheiten aus.[30] Ein weiterer Vorteil: Er hat keine Politikerfahrung und ist politisch absolut unbefleckt. Nicht einmal an der Universität taucht er bei einer Studentenvertretung auf.

Milei badet gerne in der Menge, geht in den Nahkampf, macht Spaziergänge, singt, umarmt, klatscht ab und macht Selfies. Das ändert sich auch nicht, als er Präsident wird. Bis ihn Sicherheitsbedenken ausbremsen, fliegt er nicht den teuren Präsidentenjet, sondern Linie, und macht Selfies mit den Passagieren.

Die Menschen merken, Mileis Herzlichkeit ist nicht aufgesetzt. Es ist kein Wahlkampftrick, der ihm Volksnähe bescheinigt. Javier ist so. Er ist kein abgehobener, arroganter Politiker, der die Bedürfnisse der Menschen nicht kennt. Nein, es ist der Javier von nebenan, der verrückte Vogel, der nolens volens in die Politik geht und seine Abgeordnetendiät verlost, weil er kein Diebesgut einstreichen will.

Milei ist konsistent und glaubwürdig. Die Menschen sind nicht dumm, sie blicken hinter die Fassaden der Politischen Korrektheit, der konstruierten Kandidaten und Kampagnen. Sie sehen in Milei einen ehrlichen, authentischen und aufrichtigen Menschen, auch wenn oder gerade weil er exzentrisch ist. Milei sagt, was er denkt und macht, was er sagt. Im Wahlkampf erklärt er, wie schlecht die Situation Argentiniens ist und was zu machen wäre. Es sei kein Geld da und es lägen einige schwere Monate vor Argentinien, danach ginge es dann aber schnell aufwärts. Die Menschen mögen Wahrheit. Trotz oder gerade wegen der Ankündigung drastischer Einschnitte wird Milei gewählt.

Zwar hat Milei das Auftreten eines Rockstars, der in seiner Lederjacke als charismatischer und authentischer Redner seine Zuhörer begeistert. Aber er stellt sich nicht in den Mittelpunkt. Er stellt sich zurück, bezeichnet seine Schwester Karina als »Moses.« Karina ist »el Jefe«: der Boss. Wer etwas von Milei will, wird an Karina verwiesen. In biblischer Anlehnung erzählt er im Fernsehen von Aaron, den der rhetorisch nicht so geschickte Moses vorschickt. Moses ist der Planer. Moses ist Karina, Milei ist Aaron, gesteht er unter Tränen. Er ist nur ein guter Redner, ein guter Kommunikator. Milei kämpft auch nicht für sich, sondern für die Freiheit anderer. Er ist bereit, für die Ideen der Freiheit zu sterben, wie er 2023 im Interview mit Tucker Carlson erklärt. Ohne Freiheit ist das Leben nicht lebenswert.

Milei ist zudem jemand, der Fehler eingesteht und sich entschuldigt, wie er es mehrmals bei Papst Franziskus macht, den er Vertreter des Bösen auf Erden genannt hatte. Er hat auch freimütig zugegeben, dass er zu Beginn seiner akademischen Laufbahn auf dem Holzweg des Keynesianismus war. Auch später, als er der Neoklassik zuneigte, lag er falsch, bis er die Österreichische Schule fand. Milei kann seine Auffassung ändern, wenn er merkt, er liegt falsch. Wichtig sei es nach seiner Meinung, aus Erfolgen und Misserfolgen gleichermaßen zu lernen. Authentisch ist er, wenn er weint oder wenn er über seine Schwester als dem »Boss« spricht oder an der Klagemauer in Jerusalem. Oder wenn er emotional wird, wenn er über seine geliebten Hunde Milton, George, Lucas und Murray spricht. Die Menschen nehmen ihm das ab. Das ist der echte Javier Milei. Das ist nichts Künstliches. Ihm fliegen die Herzen zu. Auch weil die korrupte verlogene Politklasse, die nur auf Stimmen schaut, bei den Argentiniern Ablehnung und Ekel erzeugt. Javier Milei wird nicht gewählt, weil er das geringste Übel ist, sondern aus Enthusiasmus und Überzeugung.

Libertäres Marketing

Die liberal-libertären Ideen, die Ideen der Freiheit, sind die besseren Ideen. Die etatistischen oder sozialistischen Ideen sind nicht nur theoretisch falsch, sie haben sich, wo sie ausprobiert wurden, als ein Desaster erwiesen: wirtschaftlich, sozial und kulturell. Die sozialistischen Länder sind arm und rückständig. Venezuela, Kuba oder

Nordkorea sind mahnende Beispiele. Der Unterschied des Wohlstands und der Lebensqualität zwischen der Bundesrepublik Deutschland und der Deutschen Demokratischen Republik war so groß, dass die Sozialisten eine Mauer bauten, damit ihre Untertanen nicht mit den Füßen abstimmten und die DDR entleerten. Der Mauerbau war eine Bankrotterklärung des Sozialismus. Hunderte bezahlten ihren Fluchtversuch an der innerdeutschen Grenze mit dem Leben. Insgesamt hat der Sozialismus allein im 20. Jahrhundert über 150 Millionen Menschen auf dem Gewissen.[31] Desgleichen ist der Sozialismus ein kulturelles Desaster. Er zerstört Familien, Religion, das soziale Miteinander, das gegenseitige Vertrauen. Die Künste verwelken, der technologische Fortschritt bleibt aus. Auch ästhetisch ist, wie Milei nicht müde wird zu zeigen, der Kapitalismus dem Sozialismus haushoch überlegen. Die Tristesse von ostdeutschen Plattenbauten kontrastiert die Architektur Westdeutschlands und die Wolkenkratzer des kapitalistischen New Yorks.

Dennoch haben die Linken die ideologische Hegemonie gewonnen. Sie sind die Guten und an der Macht. Sie haben ihre Ideen einfach besser verkauft, indem sie an Gefühle und niedere Instinkte appelliert haben. Anders lässt sich die Dominanz der sozialistischen Ideen in der öffentlichen Meinung nicht erklären. Das liberal-libertäre Marketing muss besser werden. Hier gibt es viel von Javier Milei zu lernen, denn sein überragendes Marketing hat einiges zu seinem Wahlsieg beigetragen.

Milei ist an Freiheit und nicht an Macht interessiert. Sein Marketing ist daher dezidiert anti-politisch. In diese Richtung zielt sein bekannter Ausspruch: »Ich bitte um Deine Stimme, nicht um Macht über Dein Leben zu erlangen, sondern um Dir die Macht über Dein Leben zurückzugeben.« Die Übermacht des Staates und der Medien erschrecken ihn nicht. Häufig zitiert er einen Bibelspruch aus dem 1. Buch der Makkabäer (3, 19): »Denn der Sieg im Kampf liegt nicht an der Größe des Heeres, sondern an der Kraft, die vom Himmel kommt.« Die Kräfte des Himmels werden zum Wahlslogan. Fortan sollen die Himmlischen Heerscharen Argentinien begleiten.

Ebenso wiederkehrend ist seine Aussage, er sei nicht gekommen, um Lämmer zu führen, sondern um Löwen zu erwecken. Auf Wahlkampfveranstaltungen spricht er das Publikum als »Löwen« oder »freie Seelen« an. Sein »Es lebe die Freiheit, verdammt!« (»¡Viva la libertad, carajo!«) wiederholt er dreifach, worauf jedes Mal das begeisterte Publikum mit »Viva« antwortet.

Symbolik ist bei politischen Bewegungen nicht zu unterschätzen, und das Mileische Marketing vernachlässigt die Symbolik nicht. Auf den Wahlkampfveranstaltungen sind neben libertären Gadsdenflaggen mit der Aufschrift »Don't tread on me« und Argentinienfahnen auch riesige Löwenflaggen zu finden. Legendär ist seine Kettensäge. Sie symbolisiert, wie er die Kaste und den Staat brachial zurechtstutzen möchte. Seine Haarpracht hat ihm den Spitznamen »El peluca« (die Perücke) eingebracht. T-Shirts und anderes Merchandising gibt es in reichlicher Auswahl.

Viral ging auch sein »A fuera«-Video. »A fuera« heißt so viel wie »weg damit«. Das Video symbolisiert die Abschaffung von Ministerien. Ein wütender Milei reißt von einem Pinboard befestigte Schilder mit Namen der Ministerien und schmeißt sie energisch über seine Schulter, während er »a fuera« ruft. »A fuera« wird zum geflügelten Wort für die Abschaffung von Staatsbehörden und Ämtern.

Auch bei einem Herzstück von Mileis Reformvorhaben kommt Symbolik zum Tragen: dem Währungswettbewerb inklusive Dollarisierung und Abschaffung der inflationistischen Zentralbank. Diese Reform erlaubt es den Menschen, die Währung für ihre Tauschgeschäfte frei zu wählen. Solange die Pesos gesetzliches Zahlungsmittel sind, sind die Menschen gezwungen, diese als Bezahlung zu akzeptieren. Aber die Pesos werden von der argentinischen Zentralbank gedruckt. Ein großer Teil der argentinischen Dekadenz rührt aus dem für die Politik so typischen Arrangement, das in Argentinien besonders skandalös ausgelebt wird. Denn die argentinische Regierung kaufte sich Unterstützung und Stimmen im großen Maße. Dabei gab sie mehr Geld aus, als sie mit Steuern einnahm. Das resultierende Staatsdefizit wurde dadurch finanziert, dass die argentinische Zentralbank die Staatsanleihen mit neu gedruckten Pesos erwarb. Diese indirekte Staatsfinanzierung durch die Zentralbank gibt es auch in Europa, wenngleich in bescheidenerem Umfang und etwas indirekter. Die Europäische Zentralbank (bzw. das Eurosystem) kauft die Staatsanleihen nicht direkt von den Regierungen, sondern von den Banken, welche die Staatsanleihen im Wissen kaufen, sie an die EZB weiterreichen zu können. Alternativ akzeptiert die EZB auch Staatsanleihen als Sicherheiten für neue Zentralbankkredite ans Bankensystem (Refinanzierungskredite), welche auch die Geldmenge erhöhen.[32]

Die exzessive Ausnutzung dieser versteckten Besteuerung über Inflation erklärt die hohen Inflationsraten Argentiniens. Diese monetären Zusammenhänge sichtbar zu machen und die damit einhergehende Umverteilung einem breiten Publikum näherzubringen, ist eines von Javier Mileis größten Anliegen.[33]

Um dauerhaften Währungswettbewerb zu schaffen und die Rückkehr ins inflationäre Regime zu versperren, möchte er die Zentralbank schließen. Der im Wahlkampf vorgestellte Plan sieht vor, die Verbindlichkeiten der Zentralbank, hauptsächlich Pesos, gegen Dollars zu tauschen. Verkürzt wird das »Dollarisierung« genannt. In der Tat horten viele Argentinier bereits Dollars und rechnen auch schon mit ihnen. Durch den Tausch von Pesos gegen Dollars entleert sich die Zentralbankbilanz. Die Zentralbank kann geschlossen werden. Milei spricht von einer physischen Zerstörung, von einem Niederbrennen der Zentralbank. Sie bedeute Raub und sei böse. Die physische Zerstörung ist auch symbolisiert in einem Video, in dem er mit verbundenen Augen einen Modellbau der Zentralbank mit einem Holzstab zertrümmert. Typisches Milei-Marketing.

Milei möchte eine hundertprozentige Reservedeckung der Banken. Das bedeutet, wenn ein Kunde eine Sichteinlage bei einer Bank einzahlt, muss die Bank dieses Geld als Reserve vorhalten und darf das Geld nicht weiterverleihen, wie es bei einem Teildeckungsbankwesen üblich ist. Die Buchgeldschaffung aus dem Nichts wird unterbunden. Die Volldeckung verhindert eine Wiederholung des Corralitos (Bankruns) von 2001, der sich in das kollektive Gedächtnis der Argentinier eingebrannt hat. Denn mit der damaligen Bargeldbeschränkung gingen soziale Katastrophen und Unruhen einher. Die Argentinier wollten ihre Pesos in Dollars umtauschen. Die Banken hatten aber nicht genug Dollars, weil sie nur eine Teildeckung vorhielten. Mit einer Volldeckung sind immer genug Dollars vorhanden, um alle auszubezahlen. Neben den Geschäftsbanken, die mit einer Volldeckung operieren, soll es auch die Investmentbanken geben, welche Investitionen finanzieren, indem sie sich Geld beim Publikum leihen, um es dann in aussichtsreiche Projekte zu investieren.[34]

Auch die Kultur ist Teil von Mileis Marketing, da sie ja der Austragungsort des Kampfes der Ideen ist. Wieder gibt Milei Anschauungsunterricht, diesmal in Form eines eigenen Theaterstücks: *El consultorio de Milei (Das Sprechzimmer von Milei).* Eine Rede Mileis angepasst ans Theater. Eine Mischung aus Humor, VWL-Vorlesung und Konjunkturkommentar. Das Stück wird anderthalb Jahre aufgeführt. Der Saal ist immer voll. Während im Hintergrund Bilder der Ökonomen Mises, Hayek, Rothbard und Friedman zu sehen sind, beschimpft Milei ein Schild mit der Aufschrift »Zentralbank«, nennt sie »Hurensohn«. Am Ende wird unter dem Gejohle der Zuschauer ein Modell der Zentralbank zertrümmert. Die Theateraufführung stammt aus seiner vorpolitischen Zeit.

Ebenso aus dieser Zeit stammt ein Video, in dem er im Kostüm von Capitán/General Ancap (*An*-archo *Cap*-italism) zur Melodie des Trinklieds aus der Verdi Oper »La traviata« seinen Fiskalsong mit »A gastar y gastar y gastar« anstimmt. Was so viel heißt wie: Ausgeben und Ausgeben und Ausgeben. Wenn die Einnahmen nicht ausreichen, wendet man sich an die Zentralbank, die das mit der Notenpresse finanziert und Preisinflation erzeugt. Die Zentralbank betrügt die Argentinier.[35] Auf die Frage, ob er für die Abschaffung der Zentralbank sei, stellt Milei die Gegenfrage: »Sind Sie für Diebstahl?« So geht Aufklärung für die Massen. Übrigens gibt es auch eine Rockversion des Songs. Auch den argentinischen Rocksong »Panic Show« von La Renga mit dem Text »Ich bin der Löwe der vergessenen Welt« singt Milei bei Auftritten.[36]

Im Politikmarketing fehlt auch nicht die Javier Milei-App und das Javier Milei-Spiel, in dem der Spieler auf dem Weg in die Freiheit »Linke« (Zurdos) ausschalten muss.[37] Das Spiel ist voll mit libertären Symbolen, Musik, Flüchen, Kampagnensprüchen und politischen Gegnern, die es durch Ausweichen oder Beschuss zu besiegen gilt.

Das Resultat des Milei-Marketings spricht für sich. Vor noch wenigen Jahren liefen argentinische Jugendliche mit Hemden ihres Landsmanns Che Guevara herum und trugen damit das Gesicht eines Terroristen, Mörders, Soziopathen, Homophoben und Rassisten auf ihrer Brust. Heute ist das anders. Heute tragen die Jugendlichen Hemden mit dem Konterfei des Anarchokapitalisten Javier Milei. Kurzum: Das Marketing von Milei ist eindrucksvoll. Er spielt auf allen Ebenen, begeistert vor allem die Jugend. Diese rebelliert gegen den etatistischen Status quo und die Politische Korrektheit. Milei vermittelt vor allem auch, dass es Spaß macht, dabei und libertär zu sein.

Rhetorisches Genie

Milei bietet ein Narrativ, das die gesamte soziale Welt und seine Probleme erklärt. Diese umfassende Erklärungskraft macht die Stärke dieses Narrativs aus und ist ein großer rhetorischer Vorteil. Der Staat ist nicht die Lösung, sondern das Problem. Die Lösung der sozialen Probleme heißt: weniger Staat. Das Narrativ ist einfach, kohärent, neu, faszinierend, anders und überzeugend. Einerseits ist es intuitiv und mit dem Alltagsverstand (Common Sense) erfassbar. Andererseits wird das Narrativ durch ausgefeilte Theorien großer Denker des Libertarismus und der Österreichischen Schule der Nationalökonomie gestützt.

Zudem besitzt Milei großes rhetorisches Geschick. Er ist sehr schlagfertig, provokativ, unterhaltsam und gewinnt Debatten. Er ist seinen Gegnern intellektuell überlegen. Er ist Akademiker und hat den Kanon der »österreichisch«-libertären Literatur nicht nur gelesen und verinnerlicht, er besitzt auch die Gabe, diese Ideen und Theorien allgemeinverständlich zu erklären und argumentativ einzusetzen. Seine Bildung und die Kontrolle der Materie werden sofort offensichtlich. Und die meisten Bürger wollen Fachleute und keine fachfremden Politprofis, keine Studienabbrecher, die nichts in ihrem Leben geleistet haben. Sie wollen Experten, die sich auskennen, Fachliteratur zitieren, beherrschen und verständlich erklären können.

Milei besitzt die Fähigkeit, komplexe Zusammenhänge, Theorien und Konzepte, wie sie die Österreichische Schule der Nationalökonomie bereitstellt, durch Beispiele und Erklärungen für ein Massenpublikum herunterzubrechen und populär zu machen, ohne deren Gehalt zu verwässern. Jeder kann seine Ausführungen verstehen. Er liebt es, die Ideen der Freiheit in einfacher Sprache zu verbreiten. Seine Vorträge und Reden berühren die Zuhörer emotional und erzürnen die Konkurrenz. Er ist der geborene Popularisierer.

Seine rhetorische Strategie in Debatten ist lautstark, streitlustig und wird teilweise als beleidigend empfunden (wenn die Wahrheit überhaupt beleidigend sein kann). Er lässt sich von den linken Meinungsmachern nicht einschüchtern oder kleinreden. Zur Not schreit er einfach lauter als die Linken und unterbricht sie, um ihnen ins Gesicht zu sagen, dass sie Esel sind, eine absolute Dummheit verzapft haben und keine Ahnung haben. Sie sollten erst einmal Hayek, Mises und Rothbard lesen, empfiehlt Milei. Im Rededuell nennt er die ihm gegenübersitzenden Politiker geradeheraus Lügner, Parasiten und Diebe.[38] Denn Steuern sind Diebstahl.

Wiederkehrende Muster

Mileis Wahlkampfauftritte erinnern an Rockkonzerte seiner Lieblingsband, den Rolling Stones. Aber nicht nur von der Ästhetik her. Inhaltlich dürfen weder bei den Stones noch bei Milei die Klassiker fehlen. Ein Klassiker ist jene Definition des Liberalismus, die Milei vom »österreichischen« Ökonomen Alberto Benegas Lynch (Jr.) übernommen hat: »Liberalismus ist der uneingeschränkte Respekt des Lebensentwurfs anderer, der auf dem Grundsatz der Nichtaggression, auf dem Recht auf Leben, Freiheit und Eigentum beruht.«[39] In der längeren Fassung folgt noch der Nachsatz »und dessen grundlegende Institutionen Privateigentum, Märkte ohne staatliche Eingriffe, freier Wettbewerb, Arbeitsteilung und soziale Kooperation sind.«

Diese Definition wiederholt Milei in jedem zweiten Interview, sie fehlt auch in fast keiner Rede. Bezeichnend ist ein YouTube-Video, das ihn bei einer Wahlkampfveranstaltung zeigt, wie er gemeinsam mit dem Publikum die Definition zitiert, wie das Vater Unser. Die beeindruckende Konsequenz ist, dass 14-jährige argentinische Jugendliche, diese komplexe Definition des Liberalismus auswendig Wort für Wort aufsagen können.

Auch den wohlfahrtssteigernden Effekt der Freiheit betont er mit den immer gleichen Textbausteinen und Daten, die er in Reden, Debatten und Interviews einbringt. Er beruft sich auf den Index der wirtschaftlichen Freiheit, herausgegeben von der Heritage Foundation und dem Wall Street Journal. Die freien Länder sind achtmal reicher als die unfreien Länder, gemessen am Pro-Kopf-Einkommen. Und die 10 Prozent Ärmsten in den reichen Ländern sind immer noch reicher als 90 Prozent der Bevölkerungen der unfreien Länder. Milei schließt daraus, dass es besser ist, der Schwanz eines Löwen als der Kopf einer Ratte zu sein. Außerdem haben die freien Länder 25-mal weniger Arme und 50-mal weniger extreme Armut. Darüber hinaus leben die Menschen in den freien Ländern 25 Prozent länger als die Menschen in den unfreien.

Der Kapitalismus ermöglicht nicht nur mehr Wohlstand durch höhere Produktivität, er ist dem Sozialismus auch moralisch überlegen.[40] Daher entzaubert Milei den Sozialismus und vor allem das Konzept der »Sozialen Gerechtigkeit« aus ethischer Sicht. »Soziale Gerechtigkeit«, der Pfeiler des Peronismus und des modernen Fürsorgestaats, ist ungerecht, wie Milei immer wieder mit den gleichen Formulierungen argumentiert. »Soziale Gerechtigkeit« bedeutet, einer Person etwas zu stehlen, um es einer anderen Person zu geben. »Soziale Gerechtigkeit« bedeutet daher eine ungleiche Behandlung der Menschen vor dem Gesetz. Sie ist zutiefst ungerecht und führt über ihre Anreize dazu, den Wohlstand zu verringern, weil Produktivität bestraft wird. »Soziale Gerechtigkeit« ist ein Feigenblatt für Hass, Neid, Groll und Missgunst. Unter dem Vorwand, die Unterdrückten befreien zu wollen, wird ein Raubzug vorgenommen, der es den Politikern erlaubt, ihre Privilegien zu erhalten. Im Markt hingegen sind die Umgangsformen höflich. Milei wird nicht müde zu betonen, dass Steuern Diebstahl sind. Offensichtlich werden sie nicht freiwillig gezahlt. Daher nennt er auch Politiker »Diebe« (»ladrones«).

Gerne spricht er über die vier Möglichkeiten des Geldausgebens hinsichtlich Geldherkunft und Geldverwendung, die er von Milton Friedman übernommen hat.[41] Erstens kann ich mein eigenes Geld für mich ausgeben. In dem Falle weiß ich genau, was der Gegenwert kostet, und entscheide, ob sich die Ausgabe für mich lohnt. Zweitens kann ich mein Geld für andere ausgeben, um ihnen etwas Gutes zu tun. In dem Falle werde ich versucht sein, die Kosten zu minimieren. Drittens kann ich das Geld anderer für mich ausgeben. In dem Falle werden die Kosten steigen, es kommt zur Verschwendung. Viertens kann ich das Geld anderer für andere ausgeben. Das ist der Fürsorgestaat und zugleich die schlechteste Option. Oft wiederholt Milei auch den Satz: Der Staat ist nicht die Lösung, sondern das Problem, das so großes Elend gebracht hat.

Der Fürsorgestaat fördert zudem ein Anspruchsdenken. Wo ein Bedürfnis besteht, so wiederholt Milei, da entsteht ein Anspruch, dieses Bedürfnis zu befriedigen. Doch irgendjemand muss für diese Bedürfnisbefriedigung zahlen. Das Problem ist, dass die Bedürfnisse unbegrenzt sind. Unbegrenzte Bedürfnisse mit begrenzten Ressourcen zu befriedigen ist unmöglich. Der freie Markt regelt die Knappheit der Ressourcen über das Preissystem, aber die Lösung gefällt den Sozialisten nicht. Bei all den Beispielen fällt ins Auge, dass Milei die libertären Ideen mit den gleichen Formulierungen unermüdlich wiederholt.

Die Kaste

Das vielleicht effektivste Stilmittel von Milei ist sein wiederholter Angriff auf die politische Klasse oder kurz: die Kaste. Das sind die unnützen und parasitären Politiker, die gegen die anständigen und rechtschaffenen Bürger regieren. Die Unternehmer sind die Helden und kämpfen gegen die Gauner, die auf Kosten des Normalbürgers leben. Immer wieder spricht Milei von der Kaste als dem Hauptproblem Argentiniens. Es ist ein »wir gegen die da oben«, gegen »die politische Kaste, diese Hurensöhne.« (Milei 2022, S. 264)

Damit nimmt Milei die libertäre Klassenanalyse auf, wie sie die von ihm zitierten Ökonomen und Philosophen Murray Newton Rothbard und Hans-Hermann Hoppe entwickelten.[42]

In der marxistischen Klassenanalyse liegt ein Fünkchen Wahrheit, wie Hoppe zeigt. Denn es gibt einen gesellschaftlichen Klassenkampf. Die Geschichte der Menschheit ist die Geschichte des Kampfes einer kleinen Gruppe von Ausbeutern gegen die Ausgebeuteten. Die herrschende Klasse enteignet einen Teil der Produktion für ihre Konsumzwecke. Dabei ist die herrschende Klasse durch das Interesse geeinigt, ihre privilegierte Stellung zu verteidigen. Das Aufrechterhalten der privilegierten Stellung der Ausbeuter hängt vom Klassenbewusstsein der Ausgebeuteten ab. Können sich die Ausgebeuteten ihrer Situation bewusst werden und sich gegen ihre Unterdrücker zusammenschließen?

Der Staat reproduziert die Klassenstruktur durch ein System der Klassengerechtigkeit. Er unterhält einen ideologischen Überbau, um die Klassenherrschaft zu legitimieren. So weit so gut. Der Marxismus geht darin fehl, eine an sich richtige Klassenanalyse durch eine absurde Ausbeutungstheorie zu diskreditieren und damit die wahre Ausbeutung ideologisch zu legitimieren.

Der Kern der marxistischen Ausbeutungstheorie ist durch die Arbeitswertlehre begründet. Sie hat folgende Bestandteile: 1. Der Wert der Güter ist objektiv durch die in ihnen steckende Arbeit bestimmt. 2. Die Arbeiter erhalten nicht die vollen Verkaufspreise der von ihnen hergestellten Güter, sondern weniger. Die Differenz ist der Mehrwert, Zins oder Gewinn. Nehmen wir folgendes Beispiel: Der Arbeiter erhält einen Lohn, der Konsumgütern entspricht, die an drei Tagen hergestellt werden. Er arbeitet aber fünf Tage für diesen Lohn. Die zwei Tage

Mehrwert eignet sich der Kapitalist an. 3. Diese Ausbeutung wird durch abscheuliche Institutionen wie Privateigentum und Arbeitsverträge ermöglicht.

Die marxsche Ausbeutungstheorie, in der Unternehmer auf dem Rücken der Arbeiter einen unrechtmäßigen Gewinn erwirtschaften, ist noch heute tief im gesellschaftlichen Bewusstsein verankert, nicht nur in Argentinien. Auch in Deutschland hängen fast alle Parteien dieser Idee an und begründen damit die Arbeitsgesetzgebung zum Schutz der Arbeiter vor Ausbeutung, Privilegien für die Gewerkschaften oder auch Mindestlöhne. Die Auswirkungen dieser Theorie sind mithin von ungeheurer Tragweite.

Warum ist die marxsche Ausbeutungstheorie, die auf einer Vorgängerversion von Johann Rodbertus aufbaut, grundlegend falsch?[43]

1. Der Wert der Güter ist nicht objektiv, sondern subjektiv. Der Wert ist eine mentale Projektion auf die Gegenstände. Menschen sehen Gegenstände als nützlich oder als Mittel zum Erreichen von Zielen an. Ein Gegenstand wird erst dann zu einem Gut, wenn ein Mensch subjektiv diesen Gegenstand als mögliches Mittel zur Befriedigung seines Zieles ansieht.

2. Der Güterwert wird nicht durch die in ihnen steckende Arbeit bestimmt. Ich kann 10 000 Stunden lang an einem zusammenhanglosen Buch in einer von mir ausgedachten Kunstsprache schreiben. Wenn niemand dieses Buch als nützlich erachtet, wird es niemand kaufen, auch wenn es nach der marxistischen Wertlehre durch die in ihm steckenden 10 000 Arbeitsstunden sehr wertvoll sein müsste. Andersherum müsste ein Diamant, den ich im Urwald finde, und in

den ich keine Arbeit gesteckt habe, wertlos sein. Ist er aber nicht. Außerdem: Ein Whiskeyfass, das ein Jahr gereift ist, ist weniger wertvoll als das gleiche Fass, nachdem es 10 Jahre gereift ist. Obwohl die gleiche Menge Arbeit in dem Fass steckt. Das führt uns zum nächsten Punkt, dem Zeitfaktor.

3. Marx übersieht vollkommen die Kategorie der Zeitpräferenz. Handeln kostet uns Zeit. Je schneller wir ein Ziel erreichen, desto besser, denn unsere Zeit ist knapp. Daraus folgt, dass wir ein heute verfügbares Gut höher schätzen als ein Gut, das erst in der Zukunft verfügbar ist. Wir haben lieber 100 Euro heute als 100 Euro, die erst in 10 Jahren verfügbar sind.

Nun braucht jeder Produktionsprozess seine Zeit. Nehmen wir an, ein Arbeiter schneidert einen Anzug, und dieser Anzug wird nach Transport, Marketing und Beratung nach einem Jahr für 1000 Euro verkauft. Lassen wir der Einfachheit halber die Material-, Maschinen-, und sonstigen Produktionskosten unberücksichtigt.

Nehmen wir also an, die 1000 Euro sind nur dem Verdienst des Arbeiters zuzuschreiben. Trotzdem wird der Arbeiter an dem Tag, an dem er den Anzug fertigstellt, nicht 1000 Euro Lohn erhalten. Denn der Anzug wird zwar für 1000 Euro verkauft, jedoch erst in einem Jahr. Und 1000 Euro in einem Jahr sind heute weniger wert. Bei einem Zinssatz von 10 Prozent wäre das Produkt der Arbeit des Arbeiters heute etwa 910 Euro wert.

Würde der Arbeiter heute 1000 Euro bekommen, dann würde man ihm mehr bezahlen als er geleistet hat, denn 1000 Euro heute wären in einem Jahr 1100 Euro wert. Der Anzug wird aber nur für 1000 Euro verkauft.

Natürlich hätte der Arbeiter auch warten und nach einem Jahr 1000 Euro ausbezahlt bekommen können. Er hat es aber vorgezogen, sofort bezahlt zu werden.

Im freien Markt gibt es eine Tendenz: Jeder Arbeiter erhält als Lohn das abgezinste Wertgrenzprodukt seiner Leistung, in diesem Fall etwa 910 Euro. Die Erklärung ist ganz einfach. Würde der Arbeiter dauerhaft mehr erhalten, dann erleidet der Unternehmer einen Verlust und wird letztlich vom Markt verschwinden. Tendenziell fällt der Lohn bis das abgezinste Wertgrenzprodukt erreicht ist. Bezahlt umgekehrt der Unternehmer weniger als das abgezinste Wertgrenzprodukt, entsteht für den Unternehmer ein Gewinn. Dieser Gewinn lockt andere Unternehmer, die mehr für die Arbeit bieten. Der Gewinn erzielende Unternehmer selbst wird auch versucht sein, die Nachfrage nach der Arbeit dieses Arbeiters zu erhöhen. Er wird ihn fragen, ob er nicht länger arbeiten möchte, schließlich macht er einen schönen Gewinn. Die erhöhte Nachfrage lässt den Lohn steigen. Gleichzeitig wird durch die Mehrarbeit das Angebot an Anzügen steigen, deren Preis daraufhin tendenziell sinkt. Lohn und Anzugspreis nähern sich so lange an, bis das abgezinste Wertgrenzprodukt mit dem Anzugspreis übereinstimmt. Da Marx die Kategorie der Zeitpräferenz nicht berücksichtigt, meint er fälschlicherweise, der Unterschied zwischen dem Preis des Anzugs (1000 Euro) und dem Lohn (910 Euro) sei ungerechter Mehrwert und Ausbeutung.

4. Die Arbeitswertlehre ist zirkulär. Nach Marx wird der Wert der Güter durch die in ihnen steckende Arbeit bestimmt. Aber was bestimmt den Wert der Arbeit? Die Antwort von Marx: die Güter (Lebensmittel usw.),

die notwendig sind, um den Arbeiter zu unterhalten. Aber der Wert dieser Güter ist wiederum durch die in ihnen steckende Arbeit bestimmt. Ein Zirkelschluss.

5. Wenn es richtig wäre, dass der Unternehmergewinn aus der Ausbeutung der Arbeiter stammt, dann müssten sich im Kapitalismus die Gewinne in Bezug auf die Anzahl der beschäftigten Arbeiter angleichen. Ein Unternehmen mit zwei Arbeitern müssten den doppelten Gewinn eines Unternehmens mit nur einem Arbeiter machen. So müsste ein kleiner Bioladen mit zwei Angestellten (und einem Warengesamtwert von 10 000 Euro), einen doppelt so hohen Gewinn haben wie der Juwelier nebenan mit nur einem Angestellten (jedoch mit einer investierten Summe von 1 000 000 Euro). In der Realität beobachten wir, dass das nicht stimmt. Es gibt im Markt eine Tendenz, dass sich die Gewinne in Bezug auf das eingesetzte Kapital angleichen und nicht in Bezug auf die eingesetzte Arbeit. Dort, wo die Rendite auf das eingesetzte Kapital höher als der Durchschnitt ist, wird mehr investiert, was die Kosten für den Erwerb der Produktionsfaktoren steigen lässt und durch die erhöhte Produktion die Produktpreise fallen lässt, sodass die Kapitalrendite fällt. Wo die Kapitalrendite geringer als der Durchschnitt ist, geschieht es umgekehrt. Es wird weniger investiert. Die Kosten sinken wie auch die Produktion. Die geringere Produktion führt tendenziell zu höheren Preisen, sodass die Rendite wieder ansteigt.

Die marxistische Ausbeutungstheorie ist mithin von Grund auf falsch und der größte intellektuelle Betrug der Menschheitsgeschichte. Sie hat unendliches menschliches Leid gebracht. Die Marxsche Theorie ist auch längst widerlegt. Auch Javier Milei behandelt das Thema immer wieder, so auch in seiner historischen Rede von Davos. Dennoch hallt die Theorie in der Arbeitsgesetzgebung und im öffentlichen Diskurs nach.

Es gibt indes eine wissenschaftlich korrekte Ausbeutungstheorie: die »österreichisch«-libertäre. Es gibt eine systematische Ausbeutung von rechtmäßig erworbenem Eigentum. Der von Milei zitierte deutsche Soziologe Franz Oppenheimer zeigt, es gibt genau zwei Arten, um Eigentum oder Reichtum zu erwerben.[44] Die eine ist die wirtschaftliche Art, Reichtum zu erwerben. Das geschieht einmal durch die Aneignung von bislang freien Ressourcen, beispielsweise durch Urbarmachung (homesteading). Diese Möglichkeit ist heute weniger relevant, da praktisch die gesamte Welt von Menschen schon in Besitz genommen ist.[45] Es ist auch möglich, durch freiwilligen Tausch, Weiterverarbeitung eigener Rohstoffe und Güter oder Geschenke an Reichtum zu kommen. Produzieren, Sparen oder vertraglicher Tausch sind dabei die *wirtschaftlichen Mittel,* um Eigentum zu erwerben.

Man kann aber noch auf eine andere Art und Weise reich werden. Und zwar, indem man sich Eigentum mit Gewalt oder Gewaltandrohung verschafft. Diese Art und Weise, reich zu werden, nennt Oppenheimer *die politischen Mittel.* Der Dieb stiehlt das Eigentum des Produzenten. Wenn die Ausbeutung im großen Stil vor sich geht, haben wir es mit dem Staat zu tun. Die Ausbeuter bedienen sich mittels Steuern, Enteignungen oder der Notenpresse bei den Ausgebeuteten, die produzieren und vertragliche Tauschgeschäfte eingehen. Die Menschheitsgeschichte ist eine Geschichte des Kampfes zwischen in Banden oder Staaten organisierten Ausbeutern und den Ausgebeuteten. Zwischen Parasiten und rechtschaffenen Bürgern. Zwischen der Kaste und dem Rest der Bevölkerung, wie Milei es auszudrücken pflegt. Die Weltgeschichte erzählt die Siege und Niederlagen der Herrscher in ihrem Bemühen, sich Vermögen durch Enteignung anzueignen und von dem Versuch der Beherrschten, sich gegen diese Übergriffe zu wehren.

Was die Herrscher zu Fall bringen kann, das ist eine gewisse öffentliche Meinung oder – im marxistischen Jargon – ein Klassenbewusstsein. Die Herrscher bekommen Probleme, wenn sich die Ausgebeuteten ihrer Situation bewusst werden. Dieses Bewusstwerden ist das Ziel von Mileis Kulturkampf, auf den wir noch zu sprechen kommen. Die Unterdrückten müssen die Herrscherkaste und deren Interessen als solche klar erkennen. Ein Motiv Mileis, in die Politik zu gehen, war daher, die Interessen der Kaste aus dem Parlament heraus zu entlarven und von innen zu beleuchten. Die Unterdrückten müssen nicht nur den Unterschied zwischen Nettosteuerempfängern und Nettosteuerzahlern kennen, sondern auch die Mechanismen ihrer Ausbeutung verstehen. Und vor allem müssen sie die perfide Umverteilung über das Geldsystem begreifen. Genau da hat Milei in jahrelanger Aufklärungsarbeit angesetzt. Er hat Wörter wie »Steuern,« »Staat«, »Defizit,« »Inflation« und »Progressismus« in Sünden transformiert.

Ausbeutung produziert Opfer und die Opfer sind potenzielle Feinde der Herrscher. Die Ausgebeuteten lassen sich mit grober Gewalt nur dann kleinhalten, wenn ihre Anzahl in Relation zu den Ausbeutern gering ist. Im Falle des modernen Staates ist aber die Kaste selbst zu klein im Vergleich zur Gesamtbevölkerung, der Gruppe der Nettosteuerzahler und Inflationsopfer. Mit roher Gewalt allein können sich die Ausbeuter also nicht an der Macht halten. Sie brauchen die öffentliche Meinung.

Eine Mehrheit der Bevölkerung muss die Ausbeutung des Staates, beispielsweise die staatliche Steuererhebung, als legitim erachten und akzeptieren. Und in der Tat hält heute die Mehrheit der Bevölkerung Steuern für legitim, solange sie in einem demokratischen System auferlegt werden.

Die Akzeptanz des Systems muss nicht von aktivem Enthusiasmus geprägt sein, sie kann von Gleichgültigkeit, Unwissen bis zu passiver Resignation geprägt sein. Wichtig für die herrschende Klasse, für den Staat, ist, dass die Opfer der Ausbeutung kein ausgeprägtes Klassenbewusstsein entwickeln. Sie dürfen sich ihrer Situation nicht bewusst sein. Sie müssen zwar nicht frohen Mutes Steuern zahlen, aber sie sollten Steuern grundsätzlich akzeptieren und als notwendig betrachten. Sie dürfen sich nicht zu einer ideologischen Bewegung zusammenschließen und nach einer klassenlosen Gesellschaft streben, in der die systematische Ausbeutung der Vergangenheit angehört. Die Unterdrückten müssen glauben, sie seien der Staat.

Genau hier setzt Javier Milei an. Er versucht, ein Klassenbewusstsein der Ausgebeuteten zu erwecken. Er spricht von den Ausbeutern als der Politkaste (den Parasiten) und von den Ausgebeuteten als den rechtschaffenen Argentiniern – » los Argentinos de bien« (Milei 2022, S. 173). Er redet offen von einem Kampf der einen gegen die anderen. Sein Ziel ist eine ausbeutungsfreie Gesellschaft, der Anarchokapitalismus. Er möchte den Staat von innen zerstören: »Der Staat ist unser Feind« (Milei 2022, S. 169).

Milei wütet und empört sich gegen jedwede nicht vertragliche, nicht produktive Aneignung. Er bezeichnet Steuern als Diebstahl. Und Politiker als Parasiten und Diebe. Er strahlt eine tiefe Verachtung gegen die Ausbeuter aus. Und macht sie lächerlich. Nennt sie »Esel« (burros). Ruft auf Wahlkampfveranstaltungen: »Scheiß politische Kaste«. Er weiß: Wenn die Mehrheit der Bevölkerung ein Klassenbewusstsein entwickelt, gibt es Aussicht auf ein Ende der Ausbeutung.

Natürlich versucht sich die herrschende Klasse durch Zwang und Manipulation der öffentlichen Meinung zu schützen. Sie führt ein »öffentliches« Recht ein und stellt es über das Privatrecht. Der herrschenden Klasse sind Sachen erlaubt, die im Privatrecht nicht erlaubt sind. Die Kaste wird durch das öffentliche Recht geschützt. Der Staat ist selbst davon ausgenommen, das Eigentum anderer zu respektieren und Eigentum nur produktiv und vertraglich zu erwerben.

Zudem benutzt der Staat gezielt Umverteilung, um sich Gefolgschaft in der Bevölkerung zu sichern; unter dem Deckmäntelchen des Mantras der »sozialen Gerechtigkeit«. In Argentinien ist das besonders offensichtlich. Die Vettern- und Günstlingswirtschaft soll der herrschenden Klasse Unterstützung von Unternehmen und Gewerkschaften sichern. Der Staat versucht so, die Bevölkerung zu teilen, zu entzweien, und ein Aufkommen eines Klassenbewusstseins zu verhindern. Divide et impera. Die Öffnung des Staates für alle, die Demokratisierung, tut ein Weiteres, um die Illusion zu erzeugen, der Staat sei identisch mit der Bevölkerung, nach dem Motto: »Der Staat sind wir.« Dass diese Aussage absurd ist, ist offensichtlich. Wäre sie richtig, dann würde es keine Ausbeutung mehr geben, schließlich kann man sich nicht selbst ausbeuten.

Die Herrschaft, und das erkannten auch die Marxisten, wird durch Propaganda und Mystifizierung unterstützt. Die staatliche Propaganda verklärt Ausbeutung zur Freiheit, Steuern zur freiwilligen Zahlung und ungleiche Behandlung vor dem Gesetz zur »sozialen Gerechtigkeit«. Von dem einen stehlen, um dem anderen zu geben, sei sozial gerecht. Der »Gesellschaftsvertrag« wird zu einem echten Vertrag mystifiziert.[46] Die Bürger würden nicht beherrscht, sondern herrschen. Ohne Staat würde es kein Recht geben. Und die Armen würden verhungern.

All diese Mythen sind Teil des ideologischen Überbaus, der die Ausbeutung legitimiert. Milei weiß das. Und entmystifiziert diese Narrative, indem er von Ausbeutung, Parasiten, mit dem Staat verbandelten Unternehmern und Steuern als Diebstahl spricht. Dabei schreckt Milei auch nicht vor Kritik an staatsnahen Unternehmern zurück. Korruption und Staatsnähe sind in Argentinien besonders deutlich zu beobachten; die Offenlegung der Beziehungen fällt dort besonders leicht.

Es gibt, und das erkannten schon die Marxisten, ein enges Bündnis zwischen Staaten und Unternehmerestablishment. Je erfolgreicher ein Unternehmer, desto größer ist die Gefahr, dass er vom Staat durch Steuern ausgebeutet wird. Aber desto größer ist auch die Versuchung seitens des Unternehmers, sich mit der herrschenden Klasse zu verbünden, die Gewinne durch Privilegien zu mehren und das Unternehmen vom kapitalistischen Wettbewerb abzuschirmen.

Die Unternehmerelite hat den Anreiz, den Staat zu infiltrieren und Teil der Kaste zu werden. Besonders die Finanzelite, die Banken mit ihrem Privileg, Geld aus dem Nichts zu schaffen, ist ein Paradebeispiel für die Symbiose zwischen Finanzwirtschaft, Unternehmertum und Politelite. Milei möchte mit seiner Währungs- und Geldreform diesen Privilegien einen Riegel vorschieben. Er möchte das Privileg der Banken beenden, nur eine Teildeckung vorzuhalten. Die Geldschaffung aus dem Nichts würde dann der Vergangenheit angehören.

Mit seinem Narrativ der Kaste ist Javier Milei einem Drehbuch gefolgt, das Hans-Hermann Hoppe (1990, S. 90) derart beschreibt:

If in this situation of economic stagnation, crises, and ideological disillusion a positive solution is offered in form of a systematic libertarian philosophy coupled with its economic counterpart, Austrian economics, and if this ideology is propagated by an activist movement, then the prospects of igniting the revolutionary potential to activism become overwhelmingly positive and promising. Anti-statist pressures will mount and bring about an irresistible tendency toward dismantling the power of the ruling class and the state as its instrument of exploitation.

In einer tiefen wirtschaftlichen Krise hat Javier Milei libertäre und »österreichische« Argumente benutzt, um eine anti-etatistische Bewegung zu gründen, die ihn ins Präsidentenamt gespült hat. Im Weiteren wollen wir klären, was es mit dem Libertarismus und der Österreichischen Schule genau auf sich hat.

II

Die Symbiose des Paläolibertarismus

In diesem Kapitel wollen wir genauer auf Mileis Ideen eingehen. Wie tickt Javier Milei? Was treibt ihn an? Was sind die Ideen der Freiheit, für die er zu sterben bereit ist? Und was können wir daraus lernen? Was heißt es genau, wenn er von sich sagt, er sei der erste liberal-libertäre Präsident der Welt? Was bedeutet es, gleichzeitig philosophischer Anarchokapitalist und praktischer Minimalstaatler zu sein?

1. Liberale Strömungen

In der liberalen Denktradition gibt es unterschiedliche Strömungen. Ihnen ist gemein, dass sie zivile, ökonomische und politische Freiheiten hochhalten und verteidigen. Liberale aller Couleur setzen auf freie Märkte und wollen die Rolle des Staates in der Gesellschaft geringhalten. Liberalismus ist der Gegenentwurf zu jedweder Art von Kollektivismus. Er kämpft gegen Kommunismus, Sozialismus, Nationalsozialismus wie auch gegen die heutigen Fürsorgestaaten.

Doch worin unterscheiden sich die liberalen Strömungen? Und welcher ist Javier Milei zuzuordnen? Wir können drei Hauptströmungen unterscheiden.

Zunächst ist der klassische Liberalismus eines John Locke, Adam Smith oder Wilhelm von Humboldt zu nennen. Der klassische Liberalismus lehnt staatliche Eingriffe in die Wirtschaft ab. Die Freiheit des Individuums ist nicht zu beschränken, auch nicht vom Staat.

Viele moderne Vertreter des klassischen Liberalismus befürworten einen Minimalstaat, den Ferdinand Lasalle abwertend als Nachtwächterstaat bezeichnete. Liberale, die einen Minimalstaat verteidigen, werden auch Minarchisten genannt. Ein Minimalstaat ist nur für die Verteidigung der Eigentumsrechte zuständig. Er gewährt äußere und innere Sicherheit durch staatliche Polizei, Justiz und Armee. Nur für diesen Zweck sind Steuern legitim. Weder Bildung, Gesundheit, Renten oder Bedürftigenhilfe sind nach Auffassung der Minimalstaatler Staatsaufgabe. Diese Bedürfnisse können besser und billiger von der Zivilgesellschaft im Wettbewerb bereitgestellt werden. Zu den liberalen Vertretern des Minimalstaats zählen Denker wie die Philosophen Ayn Rand und Robert Nozick und Ökonomen wie Ludwig von Mises.

Vom klassischen Liberalismus setzt sich die zweite liberale Strömung, der sogenannte Neoliberalismus, ab. Er ging aus einem Treffen von Liberalen in Paris 1938 hervor, dem sogenannten Colloque Walter Lippmann. Der Neoliberalismus wird als Gegenspieler totalitärer Ideologien geboren. Er bekämpft den Sozialismus in seinen unterschiedlichen Spielarten. Jedoch sieht der Neoliberalismus den Laissez-faire-Ansatz des klassischen Liberalismus und einen Minimalstaat als nicht zielführend. Vielmehr setzt sich der Neoliberalismus für einen starken Staat ein, der Rahmenbedingungen setzt und so das ökonomische Leben flankiert. Zudem solle der Staat eine soziale Grundsicherung bereitstellen. Monopol- und Kartellbildung habe der Staat zu untersagen, Marktmacht zu begrenzen. Die Chicago-Schule mit Ökonomen wie Milton Friedman und der deutsche Ordoliberalismus mit Ökonomen wie Walter Eucken sind dem Neoliberalismus zuzuordnen. Klassische Liberale wie Ludwig von Mises konnten dem Neoliberalismus bisweilen wenig abgewinnen. Weil der Neoliberalismus zu viele Eingriffe in das Wirtschaftsleben gutheißt, sagte Mises in den 1950er-Jahren: »Ich habe mehr und mehr Zweifel daran, ob es möglich ist, mit dem Ordo-Interventionismus in der Mont Pèlerin Society zusammenzuarbeiten.«[47]

Nicht zur liberalen Denkrichtung zählt der amerikanische »Liberalism«. In den Vereinigten Staaten wurde der Begriff Liberalism von den Gegnern des Liberalismus usurpiert. Inhaltlich ähnelt er der europäischen Sozialdemokratie. Die Umdeutung des Begriffs Liberalismus ist ein langer Prozess und geht auf John Stuart Mill zurück, für den Freiheit nicht nur Abwesenheit von physischem Zwang, sondern auch Abwesenheit der »Tyrannei« der öffentlichen Meinung und der Traditionen war. Mill stellt sich damit gegen Religion, Tradition und soziale Normen. Dadurch wird der Staat von einer Gefahr für die Freiheit zu ihrem Gewährleister. Er muss Arbeiter und Konsumenten vor der Macht der Unternehmen schützen. Der Liberalism amerikanischer Prägung schafft einen großen Steuer- und Umverteilungsstaat.

Die amerikanischen Liberalen wie der Nobelpreisträger Milton Friedman benutzten daher nicht mehr den Begriff »liberal«, sondern gingen zum Begriff »libertarian« über. In Europa besitzt das Wort »liberal« noch seine ursprüngliche Bedeutung, wenn auch hier immer mehr Menschen den Begriff »libertär« verwenden, um die konsequenteren und radikaleren Liberalen zu beschreiben; also jene, die den Staat radikal beschränken möchten, wie die Minimalstaatler, oder jene, die ganz auf den Staat verzichten wollen, die sogenannten Anarchokapitalisten, die dritte liberale Strömung.

Anarchokapitalisten lehnen die Existenz des Staates grundsätzlich ab. Dafür führen sie ethische und ökonomische Gründe ins Feld. Aus ethischer Sicht erscheint die Initiierung von Gewalt gegen Unschuldige und die Gewaltandrohung zwecks Steuereintreibung nicht rechtfertigbar. Der Staat ist eine kriminelle Organisation wie die Mafia, nur legal und mit besseren Umgangsformen.[48] Die ökonomischen Überlegungen gehen von der Feststellung aus, dass der Staat der Gewaltmonopolist ist. Monopole sind aber immer schlecht, auch bei der Bereitstellung von Sicherheit. Sie führen zu immer höheren Kosten und geringerer Qualität. Denn der Monopolist wird nicht durch Wettbewerber diszipliniert. Der Monopolist kann den Preis seiner Leistungen selbst bestimmen, er braucht sich nicht an Kundenwünschen zu orientieren.

Geht es nach den Anarchokapitalisten, sollten alle sozialen Beziehungen freiwillig, gewaltfrei und ohne Androhung von Zwang sein. Der Apparat des Staats bedeutet Anwendung systematischen Zwangs und ist daher nicht legitim. Steuern sind Raub. Statt Staat und Zwang wollen die Anarchokapitalisten Markt und Freiheit. Politiker sollen sich nicht anmaßen zu bestimmen, was zu tun ist. Anarchokapitalisten wollen keine Politkaste, die sich auf Kosten der Produzenten bereichert. In der natürlichen, dezentralen Zivilgesellschaft ist jedermann seines Glückes Schmied. Bedeutende Vertreter des Anarchokapitalismus sind Murray Rothbard, David Friedman, Walter Block, Jesús Huerta de Soto und Hans-Hermann Hoppe.

Nun lassen sich Liberale nicht nur in Neoliberale, klassische Liberale und Anarchokapitalisten unterteilen, sondern auch hinsichtlich ihrer Rechts-Links-Orientierung. Zwar ist ein Rechts-Links-Schema durch seine Vereinfachung immer ein heißes Eisen. Das Schema kann jedoch nützlich sein, um die komplexe Realität greifbarer zu machen und Zeit zu sparen.

2. Das Rechts-Links-Schema

Das Benutzen des Begriffs »rechts« hat sich weltweit – vor allem aber in Deutschland – unglücklich entwickelt. Denn heute wird »rechts« gemeinhin mit »böse« gleichgesetzt. »Links« hingegen ist gut, mitfühlend, altruistisch und menschlich. Unter diesen Vorzeichen ist die Linke von vornherein moralisch überlegen. Sie steht für Gerechtigkeit und Idealismus, so die allgemeine Auffassung.

Die Definition »rechts = böse« und »links = gut« führt indes analytisch nicht weit, sondern in die Irre. Hitler wäre dann als rechts einzuordnen. In der Tat war es ein Geniestreich der Linken nach dem Ende des Zweiten Weltkriegs, dass der Nationalsozialismus nunmehr als rechte Ideologie angesehen wird. An diesem Coup leidet Deutschland bis heute. Spätestens in der Regierungszeit von Angela Merkel und ganz deutlich unter der Ampelregierung hat sich die Fatalität dieser Verdrehung gezeigt.

Denn jedwede Kritik an linker Politik ist rechts und damit böse. Jede Auffassung, die nicht links ist, jede antilinke Denkrichtung, ist böse. Diese Zuspitzung und Verdrehung macht verständlich, warum sich linke Politik in Deutschland durchsetzen konnte. Eine Opposition zu den Linken vermag sich schwerlich unter dem Schirm »rechts« zu formieren, ohne von vornherein als »böse« zu gelten. Ein gemeinsames Vorgehen auf Seiten der Rechten wird effektiv verhindert.

Indes nur auf mittlere Sicht. Denn das ungebremste Ausleben linker Politik treibt immer absurdere Blüten.

In der Logik des linken Denkens gefangen und abhängig geworden vom Erfolg der Strategie, muss die Linke das »in die rechte Ecke schieben« immer weitertreiben. Alle, die nicht links-radikal und woke sind, sind Nazis. Eine kurzfristig effektive Strategie, die aber langfristig die Opposition stärkt. Denn die Folge ist der kulturelle, gesellschaftliche und wirtschaftliche Abstieg. Und das führt nicht nur in Argentinien zu einer Gegenreaktion. Die erzwungene Gleichheit, der Kern linker Ideologie, ist eine Revolte gegen die Natur.[49] Die Reaktion auf die Revolte wird auch in Deutschland kommen. Früher oder später.

Übrigens konnte sich Milei, sei es bewusst oder unbewusst, gegen Naziunterstellungen weitgehend immunisieren. So liebäugelt er öffentlich damit, zum Judentum zu konvertieren und führt regelmäßig Gespräche mit dem Rabbiner Axel Wahnish, mit dem er gemeinsam die Tora studiert. Wahnish wurde von Milei zum Botschafter Argentiniens in Israel berufen. Milei hat zudem das Selbstverteidigungsrecht Israels unmissverständlich verteidigt. Seine erste Auslandsreise als argentinischer Präsident führte ihn nach Israel. Seine Unterstützung des Staates Israel, vor allem im Gazakrieg, hat ihm Lob, aber auch Kritik von libertärer Seite eingebracht.

Doch gibt es ein sinnvolles Rechts-Links-Schema jenseits der stupiden Unterscheidung »böse und gut«? Ein Schema, das politische Strömungen, ihre Unterschiede und Urauffassungen greifbar macht? Ein Schema, das für die politische Analyse taugt?

Eine hilfreiche Annäherung finden wir bei Erik Maria Ritter von Kuehnelt-Leddihn (2009):

> »Rechts« steht für Persönlichkeit, Vertikalität, Transzendenz, Freiheit, Subsidiarität, Föderalismus und

> Vielfalt, »Links« für Kollektivismus, Horizontalismus, Materialismus, Gleichheit-Nämlichkeit, Zentralismus und Einfalt (in beiden Sinnen des Wortes).

Kuehnelt-Leddihn (2009b) folgert aus dieser Definition weitere Eigenschaften und Charakterzüge der linken Ideologie: Materialismus, Zentralismus, Totalitarismus, Versorgungsstaat, Antiliberalismus, Antitraditionalismus, staatliche Kontrolle von Erziehung und Unterricht, Gleichschaltung der Massenmedien, Abschaffung oder Relativierung des Privatbesitzes, Hass auf Minderheiten, Verherrlichung der Mehrheit, Populismus, Anfeuerung von Massenhysterien, Politisierung des gesamten Lebens, Kampf gegen »Privilegien«, Mobilmachung des Neids und weitere. Rechts ist das Gegenteil davon.

Im Zentrum der Unterscheidung Rechts-Links stehen die Begriffe Freiheit und Gleichheit. In seinem Klassiker *Gleichheit oder Freiheit. Demokratie – ein babylonischer Turmbau?*[50] erklärt Kuehnelt-Leddihn, warum Freiheit und Gleichheit politische Gegensätze sind. Freiheit ist rechts und Gleichheit ist links. Rechts ist, was wahrhaftig richtig ist für den Menschen und das ist Freiheit. Nur in Freiheit kann der Mensch, dieses vielschichtige Rätsel der Natur, eine Persönlichkeit und ein Selbstwertgefühl entwickeln und spirituell wachsen. Der Mensch braucht dafür die Unabhängigkeit seiner Person. Er benötigt Raum und Platz, in dem er sich entwickeln und ausleben kann. Er braucht, vor allem zu Beginn, die Geborgenheit der Familie. Die Rechte verteidigt persönliche Freiheit sowie frei und organisch gewachsene Institutionen, was auch einen Respekt für Traditionen beinhaltet. Sie steht für freies Denken, traditionelle, echte Werte und eine ausgewogene Sicht der menschlichen Natur. Der Mensch ist weder Teufel noch Engel.

Die Linke steht für die gegensätzlichen Prinzipien. Für Uniformität und Gleichheit. Sie hasst Abweichungen, Unterschiede, Schichten und Hierarchien. Indes, die Natur ist ungleich.[51] Gleichheit kann man nur künstlich erzwingen. Der Staat ist dafür das bevorzugte Instrument der Linken. Nur Sklaven sind gleich. Nationalismus und Rassismus wollen alle Mitglieder der herrschenden Gruppe gleichmachen. Daher stehen in diesem Schema Nationalismus und Rassismus links.[52] Zugleich hält die Linke die westliche Kultur für rassistisch und sexistisch.

Die Abgrenzung von Gleichheit und Freiheit erweitert der argentinische Intellektuelle Agustín Laje durch eine weitere Dimension. Nach Laje (2022, S. 400 ff.) steht die Linke für soziale Konflikte, die Rechte für Harmonie. Für die Linke bedeutet Ungleichheit immer Hierarchie und damit Ausbeutung, die der Staat zu beseitigen habe. Es gibt Ungleichheit und Hierarchie in der Familie, in Unternehmen, in Kirchen, in der gesellschaftlichen Stellung. Überall sieht die Linke daher Ausbeutung und soziale Konflikte, die der Staat zugunsten von mehr Gleichheit bereinigen soll. Die Linke steht daher auch gegen die traditionelle Familie und damit den Zement, der die Gesellschaft zusammenhält. Denn Familie bedeutet Hierarchie. Um alle gleich zu machen, will die Linke die Kinder möglichst früh aus ihren Familien holen und staatlich erziehen.

Die Rechte hingegen betrachtet organisch gewachsene, soziale Beziehungen als harmonisch. Nicht jede Ungleichheit bedeutet eine Hierarchie. Die Rechte hat auch gar kein Problem mit Hierarchien, wenn sie natürlich und Ausfluss von Freiheit sind. Ungleichheit ist Teil der Realität, die es zu akzeptieren gilt. Unterschiede sind Teil der natürlichen und harmonischen Ordnung.

Nach rechter Auffassung sind es gerade organische, natürliche und funktionale Hierarchien, die ein harmonisches Funktionieren der Gesellschaft erst möglich machen. Bestes Beispiel ist die traditionelle Familie. Es gibt in ihr eine natürliche Hierarchie und Ungleichheit zwischen Eltern und Kindern. Das Kind braucht die Autorität der Eltern. Ähnlich besteht eine Hierarchie in der Kirche zwischen Priestern und Gläubigen.

Auch aus ökonomischer Sicht sind Unterschiede etwas Positives. Damit es zu einem Tausch kommen kann, müssen die Tauschpartner die betreffenden Güter unterschiedlich bewerten. Und zwar im umgekehrten Sinne. Nur wenn Person A das Gut X höher bewertet als Gut Y, und Person B das Gut Y höher als Gut X, kann es überhaupt zum Tausch kommen.

In einer Marktwirtschaft spezialisieren sich die Marktteilnehmer, was die Produktivität enorm anhebt. Wer sich in der Milchproduktion spezialisiert, wird viel Milch haben und wenig Hemden. Umgekehrt steht es bei demjenigen, der sich als Schneider auf die Hemdenproduktion spezialisiert. Er wird viele Hemden und wenig Milch haben. Dadurch wird der Tausch für beide Parteien attraktiv. Der Milchbauer tauscht Milch gegen das Hemd des Schneiders. Beide stellen sich besser. Sie ergänzen sich. Die marktwirtschaftliche Arbeitsteilung beruht auf Komplementarität und damit Ungleichheit. Die Ungleichheit ist nicht etwas Negatives, sondern ermöglicht beiderseitiges Ergänzen, freiwilligen Tausch und einen höheren Lebensstandard.

Die Linke hingegen betrachtet Unterschiede als Ausfluss eines unterdrückerischen Systems, wie es der Kapitalismus sei, die Kirche oder das Patriarchat. Sie möchte alle Gleichmachen mit Hilfe der Zwangsgewalt des Staates. Gewachsene Institutionen, die eine Struktur und Hierarchie implizieren, sollen verschwinden: *tabula rasa*. Nach dem Aufräumen mit den Hierarchien möchte die Linke mittels Social Engineering ihr eigenes

Ideal erschaffen. Dieser linke Konstruktivismus geht mit einer ethischen Selbstbestimmung einher. Nicht die traditionellen Werte und Normen oder gar die Kirche haben Autorität. Das Individuum bestimmt selbst, was gut und böse ist. Diese ethische Selbstbestimmung endet in moralischem Relativismus.

Der Linken und dem Sozialismus ist die Individualität ein Dorn im Auge. Institutionen wie das Privateigentum, die Familie und die Religion bilden, stützen und stärken die menschliche Individualität und bilden daher einen natürlichen Widerstand gegen den Vormarsch des Sozialismus. Individualität und Persönlichkeit wurden und werden von der griechischen Kultur und im Christentum gestärkt (der Mensch richtet sich an Gott als Person).[53] Daher möchte der Sozialismus Persönlichkeit und Individualität sowie religiöse Transzendenz und jegliche Hierarchie, die die Persönlichkeit definieren und der Gleichheit entgegenstehen, schwächen.[54] Stattdessen sollen die Individuen eine (ethnische oder sexuelle) Gruppenidentität annehmen. Was gut und schlecht ist, ist nicht mehr universell, sondern wird in der Machtdynamik zwischen diesen Gruppen bestimmt.[55]

Die Linke lehnt sich mit ihrem Kampf für die Gleichheit nicht nur gegen die biologische Realität auf, sondern auch gegen die ontologische Struktur der Realität, gegen das Universum selbst. So forderte der Neomarxist Herbert Marcuse eine umfassende Verneinung der existierenden Struktur der Wirklichkeit und ihre Transformation – zur Verwirklichung ihres wahren Potentials.

Die Linke verneint wie ein verwöhntes Kind die Struktur der Realität selbst, um ihre wilden Fantasien durchzusetzen. Die egalitären Fantasien haben indes das Potential, die gesamte Welt zu zerstören, die sie verneinen und transzendieren wollen. Die linke Ideologie ist zutiefst antihuman und unethisch, weil sie die Struktur des Menschen und des Universums verneint. Das Ausleben ihrer Fantasien bedeutet die Zerstörung der Zivilisation.[56]

Die Einordnung des Nationalsozialismus

Nach dieser kurzen Standortbestimmung von rechts und links ist schnell klar, dass nicht nur die Kommunisten, sondern auch die Nationalsozialisten links einzuordnen sind. Kommunismus und Nationalsozialismus sind erbitterte Konkurrenten auf der linken Seite des ideologischen Spektrums. Nicht umsonst prangt der Sozialismus bei den Nationalsozialisten prominent im Namen: National*sozialistische* Deutsche Arbeiterpartei (NSDAP). Heute wollen die Linken davon verständlicherweise nichts wissen und behaupten, die Nazis hätten den »Sozialismus« sozusagen als Tarnung in ihren Parteinamen aufgenommen, eigentlich seien sie Kapitalisten. Richtig ist, dass einige deutsche Industrielle sich vor die Wahl gestellt sahen, von den Kommunisten abgeschlachtet oder von den Nazis versklavt zu werden, und daher Hitler als das geringere Übel erachteten.

Unabhängig von der Namensgebung der NSDAP ist die Ideologie der Nazis eindeutig links. Hitler spricht sich schon Anfang der 1920er-Jahre klar gegen den Kapitalismus aus, den er bekämpfen wolle, um die Menschen komplett zu befreien.[57] Joseph Goebbels sieht sich noch 1926 als »deutschen Kommunisten« und erklärt die »deutsche Revolution« zum Gegenstück der Französischen Revolution. Goebbels will den »bürgerlichen Klassenstaat« zerstören. Am 6. Dezember 1931 schreibt er im *Angriff*, die NSDAP sei die »deutsche Linke« und verachte den »bürgerlichen Nationalismus.«[58] Die Nazis waren anti-christlich. Sie wollten Zentralismus und Kollektivismus. Ihre Devise: »Gemeinnutz geht vor Eigennutz.« Das Individuum war Eigentum des Staates, ein bloßes Mittel zum Erreichen der Staatsziele. Die Nazis wollten staatliche Kontrolle der Kleinkinderziehung, der Freizeitgestaltung mit Jugendorganisationen und KdF-Urlaube (Kraft durch Freude): der Fürsorgestaat für alle Deutschen von der Wiege bis zur Bahre.

Alle regionalen Unterschiede und Traditionen sollten gleichgeschaltet werden.[59] Die Gleichschaltung bedeutete auch eine erbitterte Feindschaft gegen die katholische Kirche als Instanz, die sich gegen die Allmacht des NS-Staates stellen konnte und dies auch tat, wie die Enzyklika »Mit brennender Sorge« und der Konflikt mit Kardinal von Galen zeigen. Starker Widerstand gegen Hitler und Attentatsversuche kamen nicht zuletzt von konservativer Seite.[60] Der aristokratische, rechte Widerstand scheiterte am 20. Juli 1944 mit dem missglückten Attentat auf Hitler.

Das Wirtschaftssystem der Nationalsozialisten war sozialistisch.[61] Das Privateigentum an den Produktionsmitteln blieb lediglich als formale Hülle erhalten. Die Kontrolle darüber, was, in welcher Menge, wie produziert wurde und wem die Güter zugutekamen, war fest in der Hand der Regierung.[62] De facto entschied das Regime über die Produktion, wie in der Zentralverwaltungswirtschaft. Davon zeugen die Vier-Jahrespläne unter Hermann Göring und die Bewunderung Hitlers für Stalins Wirtschaftsplanung.[63] Der De-facto-Sozialismus wurde 1936 durch Preis- und Lohnkontrollen eingeführt. Da der Preismechanismus ausgesetzt war, wurde die Zuteilung von oben gelenkt.[64]

Im vorgestellten Rechts-Links-Schema sind die Nazis also links. Nach dieser Begriffsklarstellung können wir die Liberalen oder Libertären in rechts und links unterteilen, was im Hinblick auf den noch zu behandelnden Kulturkampf wichtig sein wird.

Rechts- und Linkslibertäre

Die sogenannten Paläo-, Alt- oder Rechtslibertären verbinden die libertäre Idee des freien Marktes mit bestimmten kulturellen Werten.[65] Sie sind der Auffassung, eine freie Gesellschaft brauche neben dem Wert der Freiheit noch andere kulturelle Werte, um langfristig zu florieren. Es braucht gewachsene Institutionen, die ein tugendhaftes Verhalten fördern. Paläolibertäre verteidigen Traditionen und klassische Werte. Nach ihrer Auffassung gibt es universelle Prinzipien der Gerechtigkeit und Ethik: Es gibt objektive moralische Standards. Daher sind sie auch Verteidiger des Naturrechts. Paläolibertäre lehnen eine egalitäre Ethik als moralisch verwerflich und zivilisatorisch zerstörerisch ab. Zudem erachten sie die westliche Kultur als bewunderns- und erhaltenswert.

Besondere Bedeutung geben sie Institutionen wie der traditionellen Familie oder auch der Religion, häufig in Form der katholischen Kirche; sind diese doch Institutionen, die dem Allmachtstreben des Staates entgegenstehen. Sie sind das zivilgesellschaftliche Bollwerk gegen den Etatismus.[66]

Viele Paläolibertäre sehen im Christentum eine im Innersten libertäre Religion. Die Stellung der Familie, die Würde des Individuums, das Privateigentum, der freie Markt und das Konzept der Freiheit sind Ausfluss der christlichen Kultur. Jede einzelne Seele ist bedeutsam. Im Christentum sind alle gleich vor Gott und sollten daher auch gleich vor dem Gesetz sein. Die christliche Betonung von Vernunft, objektiver Moral und Privateigentum waren entscheidende Parameter für die Entwicklung des Kapitalismus.

Huerta de Soto (2018b) argumentiert sogar: Gott ist ein Libertärer. Denn Gott nutzt keine Gewalt, obwohl er allmächtig ist und die Menschen zum Guten zwingen könnte. Er lässt den Menschen Freiheit; sogar die Freiheit, sich gegen ihn aufzulehnen. Sein Motto ist »Laissez faire, laissez passer.« Gott errichtet keinen allmächtigen Fürsorgestaat, obwohl er es könnte. Auch Jesus, Gottes Sohn, widersteht nach der Bergpredigt dem Ansinnen, ihn zum König zu machen (Johannes 6, 14–15). Der Teufel möchte Jesus in Versuchung führen, indem er ihm die Macht über Staaten anbietet (Lukas 4, 5–8).[67] Nach eigenen Angaben kontrolliert der Teufel also alle Staaten der Welt. Jesus lehnt ab, weil Gott ein Libertärer ist.

Konservative Werte, Moralvorstellungen, Konventionen und Traditionen sind nach Auffassung der Paläolibertären dem Wohlstand und dem sozialen Zusammenhalt in der Zivilgesellschaft dienlich.[68] Menschen sind von Natur aus ungleich, was zu natürlichen Hierarchien führt.[69] Natürliche Autorität ist notwendig und wichtig. Sie ergibt sich in freiwilligen sozialen Strukturen wie Familie, Kirche und Gemeinde.

Den Paläo- oder Rechtslibertären stehen die Linksliberalen oder auch Lifestylelibertären gegenüber. Sie interpretieren Freiheit als Ungebundenheit von bürgerlicher Moral, sozialer Autorität, Religion und kulturellen Normen. In linker Tradition lehnen sie traditionelle Hierarchien und jedwede Autorität ab, weil sie die Menschen als fundamental gleich ansehen. Unterschiede zwischen den Menschen seien künstlich, kulturell bedingt. Antiautoritär eingestellt, üben Linksliberale meist Kritik an gesellschaftlichen Konventionen, Traditionen und religiösen Institutionen. Besonders die Kirche stößt sie ab.[70] Viele Linkslibertäre unterstützen die LGBTQIA+-, Gender- und Frauenbewegungen. Sie verstehen sich in erster Linie als Kosmopoliten und stehen Patriotismus und dem Nationalstaat kritisch gegenüber. In der Regel einem hedonistischen Lebensstil zugetan, schreiben sie sich die Verteidigung von zivilen Freiheiten, Gleichheit und Demokratie auf ihre Fahnen. Antidiskriminierungsgesetze, offene Grenzen und das Recht auf Abtreibung finden ihre Zustimmung.

Die schematisch dargestellten Unterschiede zwischen Rechtslibertären und Linksliberalen haben auch Auswirkungen auf Politikempfehlungen und Bündnisse.

Linksliberale erachten traditionelle Werte, Konventionen und Hierarchien als rückständig und irrational. Sie sehen in ihnen eine Gefahr für die Gleichheit und ihre ideale Welt, die frei, kosmopolitisch und hedonistisch ist. Daher betrachten sie Konservative als politische Gegner. Sie lehnen ein Bündnis mit ihnen strikt ab. So ein Bündnis sei ein strategischer Selbstmord und großer Marketingfehler.[71]

Ganz anders die Paläolibertären. Der Paläolibertäre und Mr. Libertarian, Murray Rothbard, war offen für Bündnisse mit Konservativen und rechten Strömungen. Er betonte die Gemeinsamkeiten von Libertären mit Konservativen und Patrioten. Sein Ziel war es, die Rechten von den Vorzügen der Freiheit in allen Lebensbereichen zu überzeugen. So können wir auch den »libertären Nationalismus« verstehen, den Huerta de Soto (2018a) vorschlägt. Wer das Beste möchte für seine Nation, der sollte liberale Prinzipien hochhalten, denn nur dann wird die Nation blühen und gedeihen. Genauso verhält es sich mit den Konservativen. Wollen sie die Familie, die Kirchen und den sozialen Zusammenhalt fördern, sollten sie für libertäre Ideen offen sein und liberale Prinzipien verteidigen. Sie sollten sowohl in wirtschaftlicher als auch gesellschaftlicher Hinsicht liberal sein.

In der Folge von Rothbards Bestrebungen gab es eine Annäherung und ein Bündnis der Paläolibertären mit Konservativen in den Vereinigten Staaten. Rothbard unterstützte explizit die Kandidatur des Konservativen Pat Buchanan für die Präsidentschaftswahlen im Jahr 1992.[72] Rothbard (2023, S. 553) sah sich in seiner Strategie eines Bündnisses der sich gegenseitig ergänzenden Libertären und Konservativen bestätigt: »essentially the »paleolibertarians« happily embraced »cultural conservative« perspectives and the »paleoconservatives« rapidly became fervently anti-State.«[73] Dennoch brach diese konservativ-libertäre Allianz in den Vereinigten Staaten spätestens mit dem Tod Rothbards auseinander, vor allem auch, weil Pat Buchanan letztlich zu interventionistisch wurde.

3. Milei und der Populismus

Was nützt es, die richtigen Ideen und Theorien zu haben, während die Politik und die öffentliche Meinung immer weiter nach links abdriften, mit Cancel Culture, Klimahysterie, einem ausufernden Fürsorgestaat und immer höheren Steuern und Abgaben? Die Ideen von unten, von der Graswurzel hinauf, zu verbreiten, ist ein mühseliger Prozess. Vor diesem Hintergrund entwickelte Murray Rothbard in einem Beitrag im berüchtigten Rothbard-Rockwell-Report mit dem Titel *Right-Wing Populism: A Strategy for the Paleo Movement* die Strategie des rechten Populismus (Rothbard 2000b, S. 37–42). Sein Beitrag ist wegweisend und vorausschauend. Er nimmt die Erfolge von Donald Trump in den USA und von Javier Milei in Argentinien vorweg, wobei schon jetzt klar sein sollte: Die Unterschiede zwischen dem Interventionisten Trump und dem Libertären Milei sind gewaltig. Doch Rothbards Strategie ist sehr einleuchtend. Und Milei selbst hat Rothbard als seine Referenz hinsichtlich der politischen Strategie bezeichnet (Bloomberg 2024).

Rothbard unterscheidet zunächst zwischen linkem und rechtem Populismus. Für ihn hat der linke Populismus wenig bis gar nichts mit dem rechten Populismus zu tun. Heute ist der linke Populismus Teil des Establishments. Er appelliert an niedere Instinkte, stachelt den Hass der Massen auf die Reichen an, er möchte mehr Umverteilung und höhere Steuern. Genau wie das dabei profitierende »Management« dieser Umverteilung, das Establishment. Daher ist es ein falscher Populismus.

Der rechte Populismus erkennt die Existenz eines Establishments, einer herrschenden Klasse mit eigenen Interessen; Interessen, die denen der breiten Mehrheit der Bevölkerung entgegenstehen. Zu diesem Establishment gehören heute die Politik, Big Business (vor allem Big Tech), Bürokratie (der berüchtigte Deep State), Technokraten, Ideologen, Intellektuelle, mit dem Staat verbandelte Interessengruppen, Medien und »die Wissenschaft«.[74] Dieses Establishment nutzt das Instrument der Politischen Korrektheit als Disziplinierungsverfahren, um Abweichler auf den richtigen Weg zu zwingen und Gefahren für die globale Elite im Keim zu ersticken.

Ein Populist ist generell gegen das System. Er ist Antiestablishment. Der rechte Populismus grenzt sich von dem von Friedrich A. von Hayek entwickelten und von Rothbard kritisierten Ansatz ab. Hayek hatte empfohlen, die intellektuellen Eliten zu den libertären Ideen zu konvertieren. Von den Intellektuellen würden diese Ideen weiterverbreitet zu den Meinungsmachern, welche dann die allgemeine Bevölkerung von den Vorzügen der Ideen der Freiheit überzeugen. Nach dem Durchsickern der Ideen würde der Staat zurückgedrängt. Diese Strategie dauert indes nicht nur (zu) lange. Sie geht auch davon aus, dass die intellektuellen Eliten nur zur Staatsgläubigkeit tendieren, weil sie intellektuellen Fehlern anhängen, die man ihnen einfach nur erklären müsste, damit sie die Ideen der Freiheit theoretisch nachvollziehen und annehmen. Das Problem liegt indes darin, dass die intellektuellen Eliten vom System profitieren, sie sind Teil des Establishments. Hayeks Modell nimmt naiv an, dass die Intellektuellen ausschließlich an einer theoretisch plausiblen Erklärung der sie beschäftigenden Phänomene interessiert seien. Jedoch sind die Interessen der Intellektuellen mit denen des Systems verbunden. Die

Intellektuellen sind nicht Teil der Lösung, sie sind Teil des Problems.

Ein Grund für den Fall des Kommunismus war die Demoralisierung der Nomenklatura, der herrschenden Klasse, die sich selbst vom Kommunismus abwandte. Ähnliches mag auch in Argentinien geschehen sein. Argentinien lag 2023 wirtschaftlich, sozial und kulturell dermaßen am Boden, dass sich selbst etablierte Politiker den Ideen Mileis zuwandten.

Kurzum besteht die Strategie des rechten Populismus im Gegensatz zu Hayeks Ansatz darin, eine libertäre Elite zu formen, die dann – und das ist essentiell – an den etablierten Medien und den Intellektuellen vorbei die Bevölkerung direkt anspricht. Die libertäre Elite sollte sich vor allem an jene richten, die am meisten unter dem Joch des Staates zu leiden haben, also die hart arbeitende und (Netto-)Steuern zahlende Bevölkerung. Sie sollte die Staatsgewalt nicht nur abstrakt kritisieren, sondern auch spezifische Institutionen und Personen beim Namen nennen. Die Unterdrücker müssen demaskiert werden.

Die Strategie des rechten Populismus beinhaltet zwei Schritte.[75] Erstens wird die unheilige Allianz von Big Business, Medien und Politik enttarnt und bloßgestellt sowie die parasitäre Ausbeutung der Bevölkerung verdeutlicht. Zweitens wird das Ziel verfolgt, die Parasiten vom Rücken der Mittelschicht und der hart arbeitenden, ehrlichen Bevölkerung zu vertreiben. In diesem Sinne entwirft Rothbard ein Programm des rechten Populismus, welches acht Hauptpunkte umfasst. Erstens sollen die Steuern radikal gesenkt werden. Zweitens soll der Versorgungstaat radikal eingestampft werden. Drittens sollen Privilegien für »geschützte« Minderheiten abgeschafft werden. Viertens sollen die Straßen wieder sicher werden. Gegen Kriminelle ist hart vorzugehen. Fünftens sollen Vagabunden und Landstreicher von den Straßen verschwinden. Sechstens soll die Zentralbank der Vereinigten Staaten, die Federal Reserve, abgeschafft werden. Siebtens fordert Rothbard ein Programm des America First. Achtens umfasst der rechte Populismus die Verteidigung traditioneller Familienwerte. Der Staat soll sich aus Familienangelegenheiten raushalten, die Eltern sollen die Kontrolle über die Erziehung ihrer Kinder innehaben.

Einordnung Mileis

Wie ist Milei nach diesen Ausführungen einzuordnen? Ist er eher ein klassischer Liberaler oder ein Anarchokapitalist? Ist er ein Rechtslibertärer oder doch eher ein Linksliberaler? Ist er gar ein rechter Populist im Rothbardschen Sinne?

Milei selbst bezeichnet sich als ersten liberal-libertären Präsidenten der Welt. Er sei ein philosophischer Anarchokapitalist und in der Praxis ein Minimalstaatler. In seiner Rhetorik und seinen Ideen verteidigt er tatsächlich die politische Philosophie des Anarchokapitalismus. Für ihn sind Steuern Raub. Er wettert gegen die Politkaste. Er glaubt an die Individuen, an die spontane Ordnung, Zivilgesellschaft und Selbstregierung. Auch mit seiner Präsidentschaft hat sich daran nichts geändert. Er betrachtet den Staat als kriminelle Organisation, die mit Gewaltandrohung Steuern eintreibt. Für ihn ist der Staat der Feind. Seine Wegweiser sind Huerta de Soto, Rothbard und Hoppe, ihres Zeichens Anarchokapitalisten.

Obzwar philosophisch und theoretisch ein Anarchokapitalist, findet sich Milei in der Praxis mit all ihren Zwängen und Widerständen mit einem Minimalstaat ab. Daher auch die Bezeichnung liberal-libertär. Milei möchte Steuern reduzieren und beseitigen. Er möchte alles, was geht, privatisieren. Er will freien Währungswettbewerb und die Zentralbank abschaffen. Er möchte Staatsausgaben kürzen und deregulieren. Sein Ziel ist Freihandel. Aber die Realität kommt mit Restriktionen. Milei ist sich daher bewusst, dass selbst das Ziel des Minimalstaats nicht so schnell zu erreichen ist. Er kann nicht mit dem Kopf durch die Wand. Er muss Kompromisse eingehen. Der Sozialstaat wird nicht von heute auf morgen abgeschafft. Selbst Friedrich A. von Hayek und Milton Friedman sprachen sich für eine Mindestsozialhilfe aus. Auch Milei kann die Sozialhilfe nicht unmittelbar privatisieren. Ebenso setzt er im Bildungsbereich zunächst auf staatliche Bildungsgutscheine, die von Friedman ins Spiel gebracht worden waren.

Aber wie sieht es hinsichtlich des Rechts-Links-Schemas aus? Milei lässt sich eher dem Paläolibertarismus zuordnen. So stuft er sich auch selbst ein (Márquez, Duclos 2024, S. 116). In der Vergangenheit fiel er zwar nicht durch den Lifestyle und die Manieren eines konservativen Gentlemans auf. Er sprach offen über tantrischen Sex. Und unterstützte liberale Forderungen wie die Drogenfreiheit. Milei argumentiert: Jeder hat das Recht, mit seinem Leben zu machen, was er will, auch Drogen zu konsumieren. Jedoch muss derjenige auch die Kosten für sein Verhalten übernehmen und darf sie nicht über das staatliche Gesundheitssystem auf die Allgemeinheit übertragen.[76]

Aus der Zeit bevor er in die Politik ging, stammt Mileis Unterscheidung zwischen rechts, links und libertär. In einem Video aus dem Jahr 2019 sagt er, die Rechten seien liberal im Ökonomischen. Dem Rechten sei es egal, mit wem Du handelst, es sei ihm aber nicht egal, mit wem Du ins Bett gehst. Bei der neuen Linken sei es umgekehrt. Sie seien liberal im Gesellschaftlichen. Dem Linken sei es egal, mit wem Du ins Bett gehst, er sei aber interventionistisch im Ökonomischen und würde den freien Tausch behindern. Dem Libertären hingegen sei es sowohl egal, mit wem Du handelst, als auch mit wem Du ins Bett gehst.[77]

Trotz dieser Abgrenzung gegen rechts[78], hat Milei sich seit dem Eintritt in die Politik rhetorisch mehr und mehr in Richtung des Paläolibertarismus bewegt. Das ist vielleicht auch ein Erkenntnisprozess gewesen. Er hat Verbündete im Kampf gegen die Linke gesucht. Personell manifestiert sich dieser Schritt in der Wahl der konservativen Viktoria Villarruel, Tochter eines hochrangigen Militärs, als seine Vizepräsidentin. Inhaltlich zeigt es sich im Kulturkampf. Dieses Konzept ist essentiell für Milei und Argentinien. Der Kulturkampf richtet sich gegen die Linke, gegen den Kulturmarxismus, gegen die »zurdos de mierda«. Kompromisslos kämpft Milei gegen linke Geschichtsumschreibung[79], Kulturmarxismus, Wokeness, Cancel Culture, LGBTQIA+-Privilegien[80], Agenda-2030, Globalismus, radikalen Feminismus, Klimahysterie und Abtreibung.

Es gibt viele Anzeichen dafür, in Milei einen Paläolibertären zu sehen. In seinen Reden finden sich Bibelsprüche. Er glaubt an Gott. Gott ist ein Libertärer, stellt Milei fest. Denn wenn Gott ein Etatist wäre, wäre das Universum schon verschwunden (González 2023, S. 94). Milei verteidigt die Existenz eines Naturrechts. Auch der Name eines seiner Hunde, »Murray«, verdeutlicht seine Nähe zum Paläolibertären Rothbard, dem »Mr. Libertarian«. Neben Rothbard ist der deutsche Rechtslibertäre Hans-Hermann Hoppe sein Kompass.[81] Auch den spanischen Paläolibertären Jesús Huerta de Soto verehrt Milei.

Als er in einem Interview gefragt wird, ob seine Version des Libertarismus als »rechter Libertarismus« bezeichnet werden könnte, bejaht Milei (2022, S. 299) diese Frage.

Doch bedient sich Milei auch der Strategie des »rechten Populismus«? Ist Milei ein Rothbard-Populist? Milei wehrt sich gegen die Einordnung als Populist.[82] Er möchte nicht Populist genannt werden, was verständlich ist. Schließlich vertritt er das Gegenteil des in Lateinamerika verbreiteten linken Populismus, der an die niederen Instinkte der Massen appelliert und das mit dem Begriff »soziale Gerechtigkeit« reinzuwaschen versucht. Linke Populisten wie Hugo Chávez, Nicolás Maduro, Evo Morales, Rafael Correa, Pedro Castillo oder die Kirchners in Argentinien stehen auf der Gegenseite des politischen Spektrums. Sie versprechen mit simplen Methoden das linke Paradies auf Erden. Sie verstecken die Kosten ihrer Heilsversprechen und belügen die Bevölkerung. Milei ist das Gegenteil. Er macht, was er verspricht und ist brutal ehrlich. Er gibt keine wilden Versprechungen, für die das Geld anderer notwendig wäre. In seiner Antrittsrede als Präsident machte er deutlich: »No hay plata.« Es ist kein Geld da. Und die Menge applaudierte ihm dafür.

Was ist ein Populist? Politiker machen Aussagen, um vom Volk gewählt zu werden, um Wählerstimmen zu bekommen. In dem Sinne sind alle Politiker populistisch.

Doch Milei ist mehr. Er ist populär. Und kommt aus dem Volk (populus). Und er ist ein rechter Populist im besten Rothbardschen Sinne. Immer wieder wettert er gegen die herrschende Klasse, das Establishment oder die Kaste. Dabei kritisiert er auch das Meinungskartell der Medien, die vom Staat subventioniert werden. Eine seiner ersten Amtshandlungen war es, die staatliche Werbung in den Medien (»la pauta«) abzuschaffen; die eine mehr oder weniger offene Mediensubvention war.

Er kritisiert auch die mit dem Staat eng verbandelten Unternehmer, die von ihm leben, als Teil der Kaste. Er macht die Kritik am Staat konkret und persönlich. Seine Kritik ist laut und unverblümt, für einige beleidigend. Er demaskiert Politiker und Establishment als Verbrecher. Er nennt die Profiteure des Staatsapparats klar beim Namen. Er schimpft wieder und wieder gegen die Kaste der Politiker und Bürokraten, nennt sie Parasiten, die auf Kosten der anständigen Bevölkerung leben. Politiker seien vollkommen nutzlos und könnten ohne die produzierenden Argentinier nicht leben. Die Politik ist nicht die Lösung, sie ist das Problem.

Der anarchokapitalistische Quereinsteiger Milei ist das Antiestablishment in Person. Perfektioniert hat Milei die Methode, die Bevölkerung an den traditionellen Medien vorbei zu informieren und aufzuklären. Täglich »sendet« er dutzende Tweets an die Bevölkerung, die in allen sozialen Medien repliziert werden. Ein Heer von libertären Internetnutzern unterstützt ihn dabei. Milei sendet nicht nur politische Nachrichten, Interviews und Kommentare, er macht auch libertäre Grundlagenbildung, indem er libertäre Memes teilt oder libertäre Bücher empfiehlt. Dieser direkte Kanal zur Bevölkerung ist eine wichtige Stütze seiner Popularität und vielen Politikern und Journalisten ein Dorn im Auge.

Ganz im Sinne der Rothbardschen Strategie verteidigt er die Interessen jener, die am meisten unter dem Joch des Staates zu leiden haben: die hart arbeitende ehrliche Bevölkerung (»los Argentinos de bien«). Auch Mileis politisches Programm ist ganz auf der Linie der acht Punkte von Rothbards *Right-wing Populism*. Milei möchte Steuern radikal senken. Er wird nicht müde, diese als das zu bezeichnen, was sie sind, als Raub. Den Fürsorgestaat möchte er radikal schleifen und veranschaulicht die Senkung der Staatsausgaben martialisch mit einer Kettensäge. Milei spricht immer wieder von der Gleichheit vor dem Gesetz als grundlegendes liberales Prinzip. Die Gleichheit vor dem Gesetz ist nicht mit Privilegien für Minderheiten vereinbar. So gerät er bei Interviews und Gesprächsrunden auch immer wieder mit radikalen Feministinnen in die Haare, die gesetzliche Privilegien für Frauen verteidigen. Würden Frauen bei gleicher Produktivität einen niedrigeren Lohn als Männer bekommen, dann würden Unternehmer nur noch Frauen einstellen, führt er aus.

Auch der vierte von Rothbards Punkten hat für Milei hohe Priorität. Er möchte die Straßen sicher machen. Er spricht von einer »harten Hand« gegen Kriminelle. Auf seiner Agenda steht das Einsperren von Kriminellen und eine kompromisslose Bekämpfung des organisierten Verbrechens. Wer ein Verbrechen begeht, soll dafür bezahlen, wiederholt er oft. Auch die Waffenfreiheit hat Milei schon verteidigt, damit sich die Opfer gegen Kriminelle zur Wehr setzen können. Arbeitsverweigerer sollen in Argentinien nicht mehr vom Staat unterstützt werden. Zudem will er Ordnung auf den Straßen und mit den sogenannten »Piqueteros« (politisierte Arbeitslose) aufräumen, die die öffentliche Ordnung mit Straßensperren stören und die Öffentlichkeit tyrannisieren.

Zwar kann Milei nicht die Federal Reserve abschaffen, wie es Rothbard fordert, dafür möchte er die argentinische Zentralbank abschaffen. Am liebsten würde er sie, der Rhetorik des rechten Populismus folgend, zertrümmern, wie er es auf YouTube-Videos mit Modellbauten der Zentralbank macht. Gelingt es ihm, würde er die Macht einer der inflationistischsten Zentralbanken auslöschen, die alle peronistischen Ausgabenprogramme willig finanzierte. Zunächst aber möchte er das Land »dollarisieren« und dem Währungswettbewerb öffnen.

Für Milei hat ganz Argentinien höchste Priorität: Argentina first. Ein rechter Populismus widersetzt sich der globalistischen Agenda, streicht Entwicklungshilfe, Klimaprogramme und militaristische Abenteuer. Sein noch zu analysierender Auftritt in Davos beim World Economic Forum gibt davon Zeugnis. Zudem lehnt Milei eine freie Einwanderung in den Fürsorgestaat ab. Die Einwanderer sind Trittbrettfahrer. Sie profitieren von staatlichen Strukturen und Fonds, ohne diese finanziert zu haben. Und wie wir bereits gesehen haben, weist Milei im Kontext von »Argentina first« gerne darauf hin, dass Argentinien zu Beginn des 20. Jahrhunderts zu den reichsten Ländern der Welt gehörte und im 20. Jahrhundert vom Sozialismus zugrunde gerichtet wurde. In 35 Jahren, verspricht Milei, kann Argentinien wieder eine Supermacht sein. Make Argentina Great Again. Voraussetzung für die Rückkehr Argentiniens an die Weltspitze ist freilich eine Rückkehr zum Liberalismus.

Zu guter Letzt steht noch der achte Punkt, die Verteidigung traditioneller Familienwerte, auf der Liste. Zwar ist Milei selbst kein traditioneller Familienvater. Schließlich hat er keine Kinder und in einem Video vor seinem Politikabenteuer hat er sich sogar negativ über die Institution der Ehe geäußert. Jedoch zeigt sein enges Verhältnis zu seiner Schwester Karina, was Familienbande für ihn bedeuten. Milei verteidigt traditionelle Familienwerte und bekämpft die staatliche Übernahme von Familienaufgaben. Er ist auch ein vehementer Abtreibungsgegner. Er hat das Recht auf Leben mehrfach im Duell mit radikalen Feministinnen verteidigt.

Kurzum: Die beste Beschreibung der Ideen und Philosophie des argentinischen Präsidenten ist die eines philosophischen Anarchokapitalisten und eines praktischen Minimalstaatlers, der sich dem Kulturkampf gegen die

Linken verschrieben hat und die unterdrückte Bevölkerung direkt anspricht, unter Umgehung des von ihm verachteten Establishments. Im Weiteren wollen wir diesen Kulturkampf und seine Bedeutung genauer untersuchen, auch im Hinblick auf mögliche politische Bündnisse.

III

Der alte und kommende Kulturkampf

1. Der Streit um die richtigen Ideen

Der Kulturkampf hat eine lange Tradition. In Deutschland wurde der Begriff im 19. Jahrhundert durch den Konflikt des Reichskanzlers Otto von Bismarck mit der Katholischen Kirche geprägt.[83] Bismarck wollte die Katholische Kirche schwächen, was sich nicht zuletzt gegen die polnische Minderheit im Reich richtete, die germanisiert werden sollte.

Nach der Reichsgründung 1871 stand die katholische Kirche dem Machtanspruch des neuen Staates im Wege. Bismarck wollte sich nicht vom Papst in die Politik reinreden lassen und den Staat nicht durch christliche Werte gebunden sehen. In einigen Teilen des Reiches waren die Katholiken in der Mehrheit. Durch den Antinationalismus der katholischen Zentrumspartei sah Bismarck eine Gefahr für die innere Einheit des gerade gegründeten Deutschen Kaiserreiches. Ihm war daran gelegen, das Reich zu stabilisieren, weiter aufzubauen und die Macht zu zentralisieren. Bismarck ging es vor allem um die Kulturhoheit im Staat, und dazu brauchte es die Kontrolle über das Schulwesen und die in ihm vermittelten Inhalte.

Der Kulturkampf schlug sich in einer Reihe von Gesetzen nieder. Der Kanzelparagraf von 1871 zensierte die Geistlichen. Der Paragraf verbot, den Staat zu kritisieren und damit den »öffentlichen Frieden« zu gefährden. Im nächsten Jahr folgten das Jesuitenverbot und das Schulaufsichtsgesetz. Ab 1873 mussten neue Kleriker und Theologen vom Staat anerkannt werden. Durch die

Einführung der obligatorischen Zivilehe 1875 erlangte der Staat auch Kontrolle über die Ehe. Klostergemeinschaften wurden bis auf rein karitative Gemeinschaften aufgelöst. Im Zuge des Kulturkampfes kam es zu Geld- und Gefängnisstrafen für Bischöfe und Geistliche. Mehr als 1500 katholische Geistliche wurden inhaftiert, weil sie sich nicht an die neuen Gesetze gehalten hatten. Am folgenreichsten war sicherlich das Schulaufsichtsgesetz, mit dem sich der Staat über die Schulinspektion die Bildungskontrolle sicherte. Die Freiheit der Bildung war abgeschafft. Die Schulen in kirchlicher Trägerschaft wurden der Kontrolle des Staates untergestellt, was erlaubte, auf die Ideen der neuen Generationen Einfluss zu nehmen und sie zu treuen Bürgern des Reiches zu erziehen.

Der neue Kulturkampf

Heute gibt es einen neuen Kulturkampf. Und wieder geht es um die Vorherrschaft über die Kultur und die Ideen. In Argentinien und Südamerika ist der Begriff »batalla cultural« in aller Munde. Nicht nur Javier Milei erwähnt ihn oft, auch in den Medien ist er ein so häufig verwendeter Begriff, dass sich der europäische Beobachter wundert. Zur Popularität des Begriffs hat sicherlich der Intellektuelle Agustín Laje beigetragen, mit über 800 000 Followern auf X und 2,27 Millionen Abonnenten seines YouTube-Kanals. Laje bezeichnet sich selbst als Paläolibertären. Der Titel seines bekanntesten Buches lautet *La batalla cultural: reflexiones críticas para una nueva derecha* (Der Kulturkampf: kritische Reflexionen für eine Neue Rechte). Redner bei der Buchvorstellung in einem riesigen Saal in Buenos Aires vor einem begeisterten Publikum im Mai 2022 war Lajes Freund Javier Milei.[84] Bislang hat Milei vergeblich versucht, Laje dazu zu bewegen, ihm in die Politik zu folgen.

Doch was ist der Kulturkampf?[85] Wie bei Bismarck geht es um die Beeinflussung der Ideen und Werte der Bevölkerung. Er ist keine kurzfristige Wahlkampftaktik, sondern langfristig ausgelegt. Es geht um die besten Ideen und Werte für das soziale, moralische, spirituelle und wirtschaftliche Blühen einer Gesellschaft. Es geht also nicht nur um die rein ökonomische Frage, welches Gesellschaftssystem produktiver ist und zu größerem Wohlstand führt. Beim Kulturkampf geht es auch darum, welches System gerechter ist, und welche moralischen und spirituellen Werte zum langfristigen Gedeihen einer Gesellschaft erforderlich sind.

Der Mensch macht die Kultur und gleichzeitig prägt die Kultur den Menschen. Wir sehen die Welt durch unsere Kultur und handeln, wie wir die Welt sehen. Daher ist der Kampf um die Kultur so bedeutend. Der Kulturkampf dreht sich um die Geschichte, die Familie, die Religion, die Ästhetik, die Moral, die Identität und die Ethnien. Es geht um die Ideen der Bevölkerung, die dann eine politische Kontrolle und politische Macht ermöglichen. Denn die Kultur beeinflusst unsere Handlungen. Die Elemente der Kultur sind unsere Ideen, Glaubenssätze, Überzeugungen, Wertvorstellungen, Normen, Mythen, Riten, Bräuche, Traditionen, Gewohnheiten, Narrative, Geschichten, Symbole und unsere Sprache. Im Kulturkampf geht es um den Inhalt dieser Elemente.[86] Durch sie interpretieren wir, ohne uns dessen bewusst zu werden, die Realität. Sie formen unser Weltbild. Und auf Basis dieses Weltbildes handeln wir und wird die politische und soziale Entwicklung bestimmt.

Wer die Kulturelemente verändert, kann mithin verändern, wie die Menschen die Welt sehen und wie sie handeln. Kulturhegemonie bedeutet folglich Macht; Macht, die Gedanken anderer zu beeinflussen. Und damit auch den Willen anderer zu verändern. Die Veränderung der Kultur, wird zur Veränderung von Handlungen, und Kultur wird damit zur Macht, die weniger wahrnehmbar ist als Macht durch Gewalt. Die Ideen sind daher ein Werkzeug der Macht und die Kultur ist der Raum, in dem die Ideen verbreitet werden.

Kulturkampf ist für Milei ein von einer Massenbewegung getragener Kampf zur Verbreitung der Ideen der Freiheit: »[Die Debatte] hat begonnen, sich auf die Ideen der Freiheit zuzubewegen, weil jeder von Ihnen den Kulturkampf an jedem Ort unermüdlich weiterführt, damit wir die Ideen der Freiheit vorantreiben können.« (Milei 2022, S. 260).

Es geht dabei nicht nur um die Ideen zur ökonomisch besseren Wirtschaftsordnung: Ist der Kapitalismus oder der Sozialismus produktiver? Es geht beim Kulturkampf auch um moralische Fragen. Wer ist moralisch überlegen, Kapitalismus oder Sozialismus?

Bei Milei hört sich das so an:

> »Ich bin nicht nur gekommen, um Sie zu bitten, sich uns bei der Revolution der Freiheit anzuschließen; ich bitte Sie, sich uns bei einer moralischen Revolution anzuschließen. Ich bitte Sie, sich uns bei einer Revolution anzuschließen, die die Werte des Sozialismus – Neid, Hass, Missgunst, Ungleichbehandlung vor dem Gesetz, Raub und Mord – beseitigt und zu einer Gesellschaft führt, die von den Früchten ihrer Arbeit lebt. Damit wir unser Brot im Schweiße unseres Angesichts verdienen, indem wir unseren Nächsten dienen, mit Waren von besserer Qualität zu einem niedrigeren Preis.«[87]

In der Diffusion der Ideen gibt es eine Arbeitsteilung.[88] In der ersten Linie des Kulturkampfes stehen Intellektuelle wie Akademiker und Professoren, die sich auf die Welt der Ideen spezialisiert haben. Der ersten Linie folgt eine zweite Linie von kulturellen Protagonisten. Zu dieser Gruppe gehören Sänger, Stars, Entertainer, Schauspieler, Prominente, Models, Sportler, Musiker, Priester, Journalisten, Influencer, Schriftsteller und Künstler.[89] Die zweite Linie bringt die Ideen zu den Massen. Diese Idole und Vorbilder erreichen weite Teile der Gesellschaft, indem sie die Ideen vereinfachen, ja banalisieren.

Die Mittel oder Träger des Kulturkampfes sind die folgenden: Universitätshörsäle, Lehrbücher, Schulen, Kirchen, Künste, Fernsehen, Kino, Serien, Radio, Lieder, Songs, Romane, Zeitungen, soziale Medien, Stiftungen, Vereine, Familie, Kirchen, Musik, Sport und Massenmedien. Auch Statuen, Brücken- und Straßennamen gehören zu den Instrumenten im Kulturkampf. Sie dienen der Verbreitung von Ideen.

Die Massenmedien sind im Kulturkampf von besonderer Bedeutung. Sie transportieren auf massive Weise Ideen, Informationen, Verhaltensmodelle, Werte, ästhetische Normen, Stereotype und schaffen so Modelle, um die Welt zu verstehen (Laje 2022, S. 196). Mit Hilfe der Massenmedien und anderer Kulturträger werden die Elemente der Kultur geformt. Sie beeinflussen, wie das Individuum die Welt sieht und in ihr handelt. Die Beeinflussung geschieht durch Lieder, Gedichte, Videos, Comedy, Fotos, Bilder, Meme, Bücher, Kommentare, Essays, Zeichnungen, philosophische Diskurse, Pamphlete und Veranstaltungen. Heute ist die digitale Welt, die Sozialen Medien, fundamental im Kulturkampf, während traditionelle Massenmedien zunehmend an Bedeutung verlieren.

Kurzum: Ideen sind ein Machtinstrument. Sie werden über die Kultur verbreitet. Wer die Kulturträger dominiert, dominiert auch die Kultur. Sind die Ideen einmal an die Massen geleitet, ist die Herrschaft über die Kultur und damit die Macht gewonnen. Die Linken haben die Bedeutung des Kulturkampfes schon lange bemerkt und verinnerlicht (Kaiser 2014, S. 18, S. 51–52).

2. Linke Kulturhegemonie

Wie mit dem Fall der Berliner Mauer klar wurde, hat die Linke ökonomisch, sozial und kulturell auf der ganzen Linie versagt. Trotzdem sind Sozialismus und linke Ideen noch immer bzw. wieder salonfähig. Die Erklärung ist einfach: Die Linke hat den Kulturkampf gewonnen und die intellektuelle Hegemonie errungen.[90] Sie hat seit den 1920er-Jahren mit Antonio Gramsci und der Frankfurter Schule (Kritische Theorie) die ideologische Hegemonie ganz klar zu ihrem Ziel erklärt.

Zu den wichtigsten Vertretern dieser Bewegung gehören neben Gramsci auch Max Horkheimer, Theodor Adorno, Herbert Marcuse, Louis Althusser und Jean-Paul Sartre. Diese linken Intellektuellen hatten erkannt, dass die Marxsche Theorie einen grundlegenden und offensichtlichen Fehler enthielt. Die Arbeitermassen verelendeten nicht und würden keine sozialistische Revolution entfachen. Statt immer weiter zu verarmen, wuchs der Lebensstandard der Arbeiter kontinuierlich und in unvorstellbarem Maße. Der konventionelle Marxismus mit dem Klassenkampf zwischen Arbeitern und Unternehmern hatte ausgedient. Eine Reaktion auf den offensichtlichen Erfolg des Kapitalismus war, diesen Erfolg mit einem Angriff auf den sogenannten »Konsumismus« in einen Nachteil umzudeuten.

Entscheidend war aber der Strategiewechsel der Marxisten. Statt auf eine Beseitigung des Kapitalismus durch eine gewaltsame Revolution zu hoffen, versucht sich der Kulturmarxismus, auch Neomarxismus genannt, in einem längerfristigen Prozess. Der Kulturmarxismus will die Stützpfeiler unterhöhlen, delegitimieren und letztlich zum Einsturz bringen, welche die kapitalistische, bürgerliche Gesellschaft tragen. Zu diesen Institutionen zählen das Privateigentum, die Familie, die Religion, die Kultur und die soziale Hierarchie. So betrachtete Gramsci den Sozialismus als eine Religion, deren Aufgabe die Überwindung des Christentums war. Er hatte erkannt, dass jede Gesellschaft einen ideologischen Stützpfeiler benötigt. In der bürgerlichen Gesellschaft des Westens ist das traditionell das Christentum.[91]

Jede Gesellschaft braucht zur Legitimation eine moralische Basis.[92] Deren Werte verleihen der Ordnung Stabilität. Wer eine Gesellschaftsordnung zerstören möchte, muss daher ihre Werte bekämpfen und unterhöhlen. Die Werte einer kapitalistischen Marktwirtschaft sind Arbeitsfreude, Fleiß, Berufung, Anstrengung, Verdienstdenken, Sparen, Vernunft und Nächstenliebe etc.

Die Werte eines sozialistischen Systems sind Gleichheit, Solidarität und soziale Gerechtigkeit, hinter denen sich Neid, Missgunst und Gewalt verbergen. Prämisse des sozialistischen oder etatistischen Denkens ist: Wir brauchen den Staat, um Probleme zu lösen. Die libertäre Grundhaltung ist hingegen: Der Staat ist nicht die Lösung, sondern das Problem. Diese unterschiedlichen Werte und Haltungen prallen im modernen Kulturkampf aufeinander.

Der Plan von Gramsci sah einen Angriff auf die marktwirtschaftlichen Werte und bürgerlichen Institutionen vor. Träger der Revolution sind nicht mehr die Arbeiter. Die Angriffe erfolgen aus der Sicherheit universitärer Lehrstühle. Statt des marxistischen Klassenkampfes gibt es einen Kampf, um strukturell unterdrückte Gruppen zu befreien. Für die Kulturmarxisten ist die soziale Welt nicht harmonisch. Vielmehr kämpfen die sozialen Gruppen darum, ihre Weltsicht durchzusetzen und die kulturelle Herrschaft zu erlangen.

Hegemonie setzt damit einen sozialen Antagonismus zwischen bestimmten Gruppen voraus.[93] Den Kulturmarxisten zufolge stehen im Kapitalismus Männer gegen Frauen, Weiße gegen Schwarze, Heteros gegen LGBTQIA+ und so weiter. Die Unterdrückten können ihr Potential nicht verwirklichen. Der Bauer kann nicht er selbst sein, weil er vom Grundbesitzer ausgebeutet wird. Der Arbeiter kann sich nicht verwirklichen, weil er vom Kapitalisten ausgenutzt wird. Frauen können sich nicht realisieren, weil sie vom Patriarchat ausgebeutet werden. LGBTQIA+-Personen können sich nicht verwirklichen, weil sie von der heterosexuellen Gesellschaft unterdrückt werden. Schwarze können sich nicht realisieren, weil der weiße Rassismus sie benachteiligt. Indigene Völker können nicht nach ihren Bräuchen leben, weil der Kolonialismus sie unterdrückt. Die Natur kann nicht im ökologischen Gleichgewicht leben, weil die Industriegesellschaft sie zerstört. Die Kampfbegriffe im Kulturkampf sind Feminismus, Rassismus, Kolonialismus, Genderismus, Klimawandel und Ökologie.

Überall sehen die Kulturmarxisten Unterdrücker und Unterdrückte. Sie stellen Arbeiter gegen Unternehmer, Arme gegen Reiche, Frauen gegen Männer, Schwarze gegen Weiße, Homos gegen Heteros, Mensch gegen Natur und konstruieren dabei die verschiedensten Gruppenidentitäten. Die Antagonismen sind vielseitig und nicht mehr ausschließlich ökonomischer Natur wie noch beim klassischen Marxismus. Die Unterdrücker der verschiedenen Gruppen sind das Patriarchat, die westliche Kultur und der Kapitalismus. Der weiße Ritter ist der Staat, der den Unterdrückten zur Hilfe kommt.

Der Schlüssel der von Gramsci vorgegeben Strategie war es, die Intellektuellen für den Marxismus zu gewinnen (nicht mehr die Arbeiter) und mit ihrer Hilfe die Kultur und die Institutionen des Bürgertums zu unterwandern: die Schulen, Universitäten, Kirchen, Gewerkschaften, zivilen Vereine, das Rechtssystem und die Medien (Mueller 2019). So sollte der Linke die ideologische Hegemonie, die Kulturhoheit, gewinnen. Denn für eine langfristig erfolgreiche kommunistische Revolution müssen, so Gramsci, nicht nur staatliche Institutionen, sondern auch die Kultur dominiert werden. Ist die Macht erlangt, wird die intellektuelle Harmonie mit staatlichem Zwang verstärkt.

Frankfurter Schule und 68er

In dem Prozess, der zur linken Hegemonie führte, sind die Vertreter der Frankfurter Schule nicht wegzudenken. Das Institut für Sozialforschung in Frankfurt, das für die Frankfurter Schule namensgebend ist, wurde 1923 gegründet. Die Frankfurter Schule um Theodor Adorno, Max Horkheimer und Herbert Marcuse beschränkt sich in ihrer Gesellschaftskritik nicht – wie der klassische Marxismus – auf das Ökonomische. Vielmehr kritisiert die Frankfurter Schule den Kapitalismus und die Institutionen der bürgerlichen Gesellschaft aus kultureller und psychologischer Sicht. Die bürgerliche Gesellschaft beute nicht nur die Arbeiter aus, sie entfremde auch kulturell und mache psychisch krank.[94] Dabei stehe die Kultur im Zentrum. Die Frankfurter Intellektuellen wussten: Religion, Kunst, Traditionen, Bräuche, Werte und Philosophie erhalten oder zerstören eine Gesellschaft.

Das Motto: Kritik am Kapitalismus, ohne selbst eine feste Gegenposition zu beziehen. Nicht die Familie an sich in Frage stellen, aber argumentieren, auch andere neue Familienmodelle seien möglich und wünschenswert. Die Frankfurter Schule wusste, ohne Familie gibt es keine Identität, keine bürgerlichen Werte und keine natürliche Hierarchie. Die Familie ist aktiver Teil der Kultur, sie sozialisiert und formt den Charakter der neuen Gesellschaftsmitglieder. Aufgabe der Familie ist es, die neuen Generationen zu verantwortungsvollen Individuen zu erziehen. Sie bildet damit die Grundeinheit einer zivilisierten und freien Gesellschaft und vermittelt wichtige Werte wie Respekt für Ältere, Selbstaufopferung, Geduld, Kooperation, Selbstdisziplin und Elternliebe. Aus Sicht der Frankfurter Schule ist es die Funktion der Familie, die Individuen für das kapitalistische System dienstbar zu machen. Erhalt oder Zerstörung der Gesellschaftsordnung hängt also von der Institution der traditionellen Familie ab.[95]

Die Frankfurter Schule, basierend auf Psychoanalyse und Marxismus, setzte sich daher für eine sexuelle Revolution ein. Genauso wie das Privateigentum im Kapitalismus zur Ausbeutung der Arbeiter führe, führe die monogame, patriarchale Familie zur sexuellen Repression. Eine sozialistische Revolution muss daher eine sexuelle Revolution sein.[96] Die Schwächung der Familie würde die Gesellschaft reif machen für die Machtübernahme der Sozialisten.

Der kulturmarxistische Plan ist keine Verschwörung. Verschwörungen versucht man geheim zu halten. Die Kulturmarxisten haben ihren Plan offengelegt.[97] Dabei brauchen Sozialisten noch nicht einmal jemals von Gramsci oder der Frankfurter Schule gehört zu haben. Die Sozialisten merken es instinktiv. Wenn sie die Macht des Staates ausdehnen wollen, und sie wollen ja die Welt durch den Staat verändern, dann stehen ihnen einige Institutionen entgegen. Zu den Institutionen, die dem

Machtanspruch des Staates gegenüberstehen, gehören Familie, Religion, Privatinitiative, Privateigentum und natürliche Hierarchien. Daher befürworten Sozialisten instinktiv alles, was diese Institutionen schwächt.

Ausfluss der Lehren der Frankfurter Schule ist die Studentenrevolte von 1968. Im Mai 1968 kam es in Frankreich zu Streiks, Universitätsbesetzungen und Studentendemonstrationen. Einer der Anführer war der deutsche Student Daniel Cohn-Bendit. Intellektueller Vater der Studentenbewegung war Herbert Marcuse, der gefordert hatte, dass sich junge Intellektuelle im Kulturkampf engagierten.[98]

Die 1950er- und 1960er-Jahre hatten ein schnelles Wachstum gesehen. Die Arbeiter waren im kapitalistischen System integriert. Es ging ihnen von Jahr zu Jahr besser. Wie konnte die Linke nun die reichen Arbeiter mobilisieren? Das war schwierig. Wer sich mobilisierte, waren die Studenten. Sie verneinten die bestehende Ordnung in ihrer Totalität. Sie stellten alles in Frage: Konventionen, Gewohnheiten, Traditionen, Lebensformen und Werte der Gesellschaft. Kurz: die Kultur. Die Studenten wollten komplett mit der bürgerlichen Gesellschaft brechen. Die Vaterfigur war ihnen das Symbol der ererbten Kultur. Die Studenten politisierten private Lebensfelder, forderten eine moralische, ästhetische und sexuelle Revolution. Neben der Sexualität standen die Beziehung zu den Eltern und der Feminismus im Mittelpunkt. Die 68er protestierten gegen jegliche Hierarchie, Autorität und überlieferte Tradition. Es war der Beginn eines langfristig angelegten Kulturkampfes.[99]

Eine bedeutende Rolle im Kulturkampf spielte auch die Sowjetunion, wie der Ex-KGB-Agent Yuri Bezmenov in einem Interview von 1984 aufdeckte.[100] Der Großteil der sowjetischen Geheimdienstausgaben war nicht für

Spione, sondern für die ideologische Subversion und langfristige Zersetzung der westlichen Gesellschaft mit Hilfe von Medien, Bildungssystem und Erziehung. Wichtig dabei: die Unterminierung der Religion.

Das Forum von São Paulo

Der Bau der Berliner Mauer am 13. August 1961 ist die eigentliche Bankrotterklärung des Sozialismus. Der Sozialismus muss seine Untertanen einsperren. Als am 9. November 1989 die Mauer fällt, wird es auch dem Letzten klar: Der Sozialismus ist gescheitert.

Der Untergang der Sowjetunion hat geopolitische Auswirkungen und stößt auf der anderen Seite des Globus eine verhängnisvolle Entwicklung an. Kuba, das wirtschaftlich am Tropf des Sowjetreichs hing, erleidet in den frühen 1990er-Jahren einen großen Wirtschaftseinbruch. Fidel Castro muss sich einen neuen Wirt suchen, auf dessen Kosten die kubanische Politkaste leben kann und wird vor der eigenen Haustür fündig. Sein Ziel: eine Art lateinamerikanischer Sowjetunion zu etablieren. Mittel dazu ist das Forum von São Paulo, gegründet im Jahr 1990, ein Zusammenschluss von linken lateinamerikanischen Parteien und Organisationen. Zweck des Forums ist es, über den Fall der Berliner Mauer zu diskutieren und neue linke Strategien zu entwickeln. Wieder spielen die Ideen Gramscis eine große Rolle und damit der Versuch, die Kontrolle über Bildung, Kultureinrichtungen und Massenmedien und im Zuge dessen die intellektuelle Hegemonie zu erlangen.[101] Wer die Kultur und die Massenmedien kontrolliert, der braucht weniger rohe Gewalt oder Gewaltandrohung.

Milei zufolge sieht der Plan des Forums drei Phasen vor. In der ersten Phase geht es hauptsächlich um den

Kulturkampf. Es geht darum, die kulturelle Hegemonie zu gewinnen. Der Kulturkampf soll die linken Parteien an die Tröge der Macht katapultieren. Einmal in dieser Position, sollen die Ressourcen des Staates für den linken Kulturkampf nutzbar gemacht werden. In der zweiten Phase sollen Regulierungen dem kapitalistischen System Schaden zufügen. Die dritte Phase endet mit Enteignungen und Verstaatlichung. Am anschaulichsten wird dieses Drehbuch in Venezuela verwirklicht, das einst zu den reichsten Ländern Lateinamerikas zählte. Venezuela ist mit der Wahl von Hugo Chávez im Jahr 1998 das erste Land, in dem eine linke Partei an die Regierung kommt, die Mitglied des Forums von São Paulo ist. Auf diesen Erfolg folgt eine ganze Welle von weiteren Wahlsiegen der Mitglieder des Forums: Lula da Silva in Brasilien 2002, Tabaré Vázquez in Uruguay 2005, Evo Morales in Bolivien 2005, Michelle Bachelet in Chile 2006, Rafael Correa in Ecuador 2006, Fernando Lugo in Paraguay 2008, Mauricio Funes in El Salvador 2009 und Ollanta Humala in Peru 2011.

Ganz in der Linie des Kulturmarxismus, sieht die Strategie des Forums von São Paulo vor, den Diskurs nicht mehr auf die Wirtschaft zu fokussieren. Nach dem Fall der Mauer ist die wirtschaftliche Überlegenheit des Kapitalismus eindeutig. Menschen in freien Ländern haben einen höheren Lebensstandard als Menschen in unfreien Ländern. Stattdessen konzentrieren sich die Linken auf das Thema der Gerechtigkeit. Sie argumentieren, der Kapitalismus sei ungerecht. Liberale und Libertäre, die den Kapitalismus und die Marktwirtschaft verteidigen, seien gefühlslos und egoistisch, nur auf Effizienz bedacht. Die Linken hingegen seien mitfühlend, altruistisch und dächten an die Armen. Bei der Debatte um die Gerechtigkeit bringen die Linken ihren fundamentalen Wert, die Gleichheit, ins Spiel. Auf die Arbeitswerttheorie von Karl Marx gestützt, argumentieren sie, dass die Arbeiter im Kapitalismus ausgebeutet werden. Wie gesehen, hat der österreichische Ökonom Eugen von Böhm-Bawerk die marxistische Ausbeutungstheorie bereits im 19. Jahrhundert theoretisch zerlegt. Auch empirisch ist sie ad absurdum geführt. Der Lebensstandard der Arbeiter ist immens gestiegen. Außerdem gilt: Wer im Kapitalismus Gewinne erzielt, tut seinen Mitmenschen etwas Gutes. Er setzt die Ressourcen der Gesellschaft zum Wohle seiner Mitmenschen ein. Der Kapitalismus ist daher nicht nur effizienter als der Sozialismus, er ist auch das einzig gerechte System. Die Liberalen haben theoretisch, empirisch und philosophisch das Argument gewonnen.

Trotzdem haben die Linken die kulturelle Hegemonie errungen. Statt über Ökonomie sprechen sie über politische Identitäten, über Sex, Gender, Ethnien, Unterdrücker und Unterdrückte. Sie politisieren Unterschiede. Begünstigt wird der Erfolg der Linken durch ihren Appell an niedere Instinkte wie Neid, Missgunst und Hass. Linke Ideen sind in der Gesellschaft dominant, weil die Linken es verstanden haben, den Kulturkampf zu führen und zu gewinnen. Die Linken haben die Wichtigkeit des Kulturkampfes erkannt. Bevor es zu einer Wende kommen kann, müssen Konservative und Libertäre sich ihre Niederlage im Kulturkampf eingestehen.

Es geht eben nicht nur darum, wissenschaftliche Aufsätze zu schreiben und auf Kongressen Reden zu halten. Es braucht einen Kulturkampf, um in die Köpfe der breiten Bevölkerung zu gelangen. Die Werkzeuge dazu sind Medien, Bildungseinrichtungen, Kulturstätten und Multiplikatoren. Und der Kulturkampf – auch das haben die Linken verstanden, wie das Forum von São Paulo zeigt – braucht ein Standbein in der Politik. Denn sonst machen die Politiker im Parlament, was sie wollen. Ungeachtet dessen, dass sie alle theoretischen, empirischen, und ethischen Argumente außerhalb des Parlaments verloren haben.

Bestandsaufnahme und Staatskultur

Die Linken waren im Kulturkampf erfolgreich. Der lange Marsch durch die Institutionen – um die sozialistischen Ideen und den Wokeismus in Medien, Bildungseinrichtungen und Staat zu verbreiten und die kulturellen Stützpfeiler des Kapitalismus zu zerstören – zeigt heute seine Früchte in Form von Genderideologie, radikalem Feminismus, LGBTQIA+-Privilegien, der Klimahysterie und dem Mantra der sozialen Gerechtigkeit.

Im hegemonialen Narrativ der Linken ist der traditionelle marxistische Klassenkampf zwischen Unternehmern und Arbeitern in den Hintergrund gerückt; zu Gunsten eines angeblichen Konflikts zwischen ethnischen Gruppen, zwischen Mann und Frau, zwischen Mensch und Natur. Die Opferrolle bestimmter Gruppen wird genutzt, um diesen Gruppen Privilegien und besondere Rechte zu gewähren und die Macht des Staates auszudehnen.

Das Resultat des für die Linken so erfolgreichen Kulturkampfes ist eine »Kultur des Nihilismus, des Gutfühl-Hedonismus, des Antichristentums« (Rothbard 2000b, S. 290). Eine egalitäre, hyperfeministische, atheistische, klimafanatische und antihumane Kultur.[102] Ethik und Moral sind rein subjektiv, es gibt keine unverrückbaren Normen, Prinzipien und kein Naturrecht. Die moralischen Entscheidungen entspringen aus persönlichen Präferenzen. Jeder soll das machen, was ihm für richtig erscheint. Gleichzeitig (und widersprüchlich) werden »Hate Speech«

oder Diskriminierung der Opfergruppen als zutiefst unmoralisch betrachtet (Ebenda, S. 276). Die Existenz universell erkennbarer objektiver Wahrheiten, die mittels rationalen Dialogen und Evidenz gefunden werden können, wird verneint. Es gibt nur noch die subjektive Wahrheit und die Wahrheit für eine soziale Klasse, Rasse oder sexuelle Orientierung.[103] Es bleibt dann nur noch der Kampf der Gruppen darum, ihre jeweiligen Wahrheiten durchzusetzen.

Als Folge des Kulturkampfes hat sich auch die öffentliche Meinung, das Overton-Fenster[104], das die politisch akzeptablen Maßnahmen abbildet, nach links verschoben. Meinungen, die früher in der Mitte des politischen Spektrums zu finden waren, werden heute als rechts bis rechtsextrem eingeordnet.

Der Kulturkampf ist nochmals komplizierter, da wir nicht in einer freien Gesellschaft leben, sondern in einer Gesellschaft, in der alle Lebensbereiche massiv vom Staat beeinflusst werden; durch Steuern, Regulierungen, Subventionen, das Bildungssystem und die Medien. Es gibt keine gleichen Wettbewerbsbedingungen. Die Existenz des Staates selbst hat einen massiven Einfluss auf die Kultur. Durch seine Einflussnahme auf die Bildung und sein Selbstinteresse fördert der Staat strukturell die etatistischen Ideen und rechtfertigt die Notwendigkeit des Staates. Zeitpräferenz und Arbeitsmoral werden durch Umverteilungsprogramme und staatliches Fiatgeld, das zur Verschuldung anreizt, beeinflusst. Ein hedonistischer Lebensstil wird dadurch begünstigt, dass seine Kosten und Risiken durch den Fürsorgestaat abgefedert werden.

Der Staat hat immer mehr traditionelle Aufgaben der Familie, der Kirchen und der Zivilgesellschaft übernommen, was die Entwicklung der Gesellschaft und ihre

Werte prägt. Unternehmen replizieren und bestärken die Werte dieser Staatskultur. Zunächst formen über Jahrzehnte die politischen Eliten die öffentliche Meinung und dann übernehmen private Unternehmen die Überwachung der politisch-korrekten Meinungskorridore, in dem sie Angestellte entlassen und Meinungen zensieren, die gegen den vorherrschenden Zeitgeist verstoßen.

Der Staat ist der mächtigste Akteur im Kulturkampf und kann gar nicht neutral in Hinblick auf die Kultur sein. Denn welche Sprache soll an staatlichen Schulen, Medien, Behörden gesprochen werden? Gendern oder nicht? Soll an Schulen das Prinzip des Privateigentums als Basis der Zivilisation verteidigt und geehrt werden? Oder soll doch lieber das Prinzip der »sozialen Gerechtigkeit« protegiert werden, welches das Privateigentum unterhöhlt? Soll es ein umlagefinanziertes Rentensystem geben, welches einen kinderlosen Lebensstil subventioniert?

Unternehmer und Privatpersonen lassen sich in ihren Entscheidungen von der öffentlichen Meinung und Kultur beeinflussen. Und diese öffentliche Meinung und Kultur werden vom Staat geprägt und geformt. Die Beeinflussung geschieht auf direkte und indirekte Weise. Dazu muss der Staat nicht die Zeitungen direkt verstaatlichen. Es reicht, wenn der Staat die Köpfe der Menschen beeinflusst, ihre Gedanken, ihre Werte, ihre Überzeugungen. So besteht gar nicht die Notwendigkeit, direkt zu zensieren. Die Zensur kann elegant an den Privatsektor delegiert werden. Es gibt dann keine wahre Meinungsfreiheit, obwohl es formal private Unternehmen wie Facebook oder YouTube sind, die ihre Nutzer zensieren. Es handelt sich zwar um private Unternehmen, aber sie haben sich an eine woke Kultur angepasst, die jahrzehntelang durch den Staat beeinflusst worden ist. Dieser

Einfluss des Staates entspringt seiner Natur, denn der Staat ist von Natur aus totalitär. Er möchte sich von Traditionen und Institutionen unabhängig machen, um alle Aspekte einer Gesellschaft zu kontrollieren. Dies gelingt mittels einer spezifischen Staatskultur.

Um ein Extrembeispiel der Staatskultur zu nennen, sei die Kultur im Nationalsozialismus erwähnt. Stellen wir uns einen Gastwirt im Jahr 1938 vor, der ein Schild »Juden unerwünscht« platziert. Zwar ist das Gasthaus sein Privateigentum, dennoch ist die Entscheidung, Juden auszusperren, nicht die eines freien Individuums in einer freien Gesellschaft, sondern die eines Individuums, das in seinen Werten vom Staat beeinflusst ist, und dessen Kunden auch durch die Staatskultur beeinflusst sind. Die Unternehmen und Privatleute sind in ihrem Verhalten durch eine Kultur beeinflusst, die vom Staat dominiert wird.

Der Einfluss des Staates auf die Kultur ist vielfältig. Dazu gehören die Informationen und Propaganda der staatlichen Medien. Aber auch private Medien werden durch Lizenzvergabe, Regulierungen, staatliche Werbung, Exklusivinterviews, Zugang zu Regierungsinformationen und Pressekonferenzen beeinflusst. Es gibt einen vorauseilenden Gehorsam der Unternehmen, ohne dass ein direkter Staatseingriff notwendig wäre. Im vorauseilenden Gehorsam machen Unternehmen gewisse Dinge, wie beispielsweise die selektive Vorauswahl der veröffentlichten Informationen, weil sie vielleicht Nachteile wie staatliche Regulierung, Imageschäden, Auftragsverluste etc. annehmen.

Regulierungen, Steuern und Staatsausgaben beeinflussen Arbeitsmoral, Philanthropie, gesellschaftliches Miteinander und die Zeitpräferenz. Auch der Einfluss des staatlichen Geldsystems auf Materialismus, Egoismus und kurzfristiges Denken ist nicht zu vernachlässigen. Besonders tief geht der Einfluss der formalen Bildung, die der Staat kontrolliert und finanziert. Zudem senkt der Fürsorgestaat die Kosten für gewisse Lebensstile und fördert so Hedonismus und Egoismus. Das staatliche Rentensystem finanziert Lebensmodelle, die die Gründung einer traditionellen Familie mit Kindern nicht vorsehen. Denn durch das staatliche Rentensystem sehen sich Familien mit Kindern gezwungen, sich um jene im Alter zu kümmern, die keine Kinder haben. Durch die Übernahme von Aufgaben der Familie und der Kirchen verringert der Staat deren gesellschaftliche Bedeutung und damit auch die Werte, welche diese Institutionen verbreiten. So ist über Jahrzehnte hinweg eine staatlich-säkulare und entchristianisierte Kultur entstanden und gewachsen.

3. Neue Bündnisse

Wie kann man diese Entwicklung wieder umdrehen? Es gilt, den Kulturkampf anzunehmen. Das Verschieben des Overton-Fensters, der Marsch der Linken durch die Institutionen, die ideologische Hegemonie der Linken, das alles muss anerkannt werden. Und es gilt, Widerstand zu leisten, auf allen Ebenen. Es ist eines der größten Verdienste von Javier Milei, dies erkannt zu haben und den Kulturkampf wie kein Zweiter beherzt auszufechten. Aber der Kulturkampf ist kein Einzelkampf, er ist eine Aufgabe für alle, denen an der Zukunft der Zivilisation gelegen ist.

Wie es Ludwig von Mises ausdrückt, der den Kulturkampf »Kampf der Geister« nennt:

Jeder trägt auf seinen Schultern ein Stück der Gesellschaft; keinem wird sein Teil Verantwortung durch andere abgenommen. Und niemand kann für sich allein einen rettenden Ausweg finden, wenn die Gesellschaft als Gesamtheit dem Untergang entgegengeht. Darum muss jeder im eigensten Interesse am Kampf der Geister mit dem Aufgebot aller Kräfte teilnehmen. Niemand kann abseitsstehen und sich für unbeteiligt halten; jedermanns Sache wird auf der Wahlstatt ausgetragen. In den großen geschichtlichen Entscheidungskampf, vor den uns unsere Zeit gestellt hat, wird jeder hineingezogen, ob er will oder nicht. (Mises 1934, S. 479)

Der »Kampf der Geister« muss angenommen werden, um die bürgerliche, christlich geprägte Kultur wiederherzustellen. Ohne Einflussnahme des Staates würde die Kultur wieder zurückschwingen zur alten natürlichen Kultur.[105] Mit dem Staat und seinem Einfluss über Medien und Bildungssystem wird dies aber nicht von allein geschehen. Um die Staatskultur zurückzudrehen, erfordert es größte und koordinierte Anstrengungen. Milei hat das erkannt. Solange der Staat existiert, müssen die Libertären den Kulturkampf annehmen; auch innerhalb staatlicher Institutionen.

Es war ein großer Fehler der Libertären und Konservativen, die Bedeutung des Kulturkampfes zu unterschätzen und die Kultur gerade nicht sich selbst (wie sie dachten), sondern anderen zu überlassen. Durch das Ignorieren und Vernachlässigen überließen sie den Linken kampflos das Feld der Kultur.[106] Viele Konservative konzentrierten sich auf ihre private Religion und ihren Lebensstil. Die Libertären hatten ihre Argumentation auf das Wirtschaftliche reduziert. Sie glaubten fälschlicherweise, die höhere Produktivität des Kapitalismus und sein höherer Lebensstandard würden genügen, um den Fortbestand des Systems zu sichern. Doch schon Thomas Jefferson wusste: »Der Preis der Freiheit ist ewige Wachsamkeit.« Ein Wirtschaftssystem, und das betont Milei immer wieder, braucht auch eine moralische Legitimation und damit Werte, die es stützen. Wenn die Gesellschaft den Kapitalismus für ungerecht hält, ist er langfristig nicht zu halten. Da kann er noch so viel Wohlstand schaffen. Denn für die meisten Menschen ist ihre politische Identität eine Ableitung ihrer allgemeinen kulturellen Weltsicht. Auf die Ideen und Werte kommt es an.

Javier Milei hat diese Zusammenhänge genau verstanden und die richtigen Schlüsse gezogen. Er hat die Bedeutung des Kulturkampfes begriffen und gezeigt, was erreichbar ist, wenn man den Kulturkampf annimmt und ernsthaft führt. Milei spricht daher nicht nur über ökonomische Themen, sondern über kulturelle und moralische. Sozialismus ist eine Krankheit der Seele, sagt er.

Milei hat den Kampf der besseren Ideen und Werte ausgefochten. Er hat die von den Linken propagierten Ideen vehement bekämpft. Furchtlos hat er sich gegen Egalitarismus, die Idee des strukturellen Opfertums, Antidiskriminierung, soziale Gerechtigkeit, Relativismus, Nihilismus, Atheismus, Klimahysterie, Ultrafeminismus, Identitätspolitik[107], Transgenderismus, Agenda 2030 und Politische Korrektheit gestemmt.

Mit seinem offensiven und tabulosen Kampf hat Milei die Schweigespirale durchbrochen. Der Begriff der Schweigespirale ist von der Kommunikationswissenschaftlerin Elisabeth Noelle-Neumann (1991) geprägt worden. Bei der Schweigespirale geht es um die Dynamik der öffentlichen Meinung. Es geht um Meinungen oder Verhaltensweisen, die man öffentlich zeigen kann oder muss, um sich nicht zu isolieren.

Die Schweigespirale funktioniert folgendermaßen: Aus Angst, sich gesellschaftlich zu isolieren und gecancelt zu werden, schweigt man über seine eigene Position. Man denkt, die (vermeintliche) Minderheitsmeinung werde nicht gebilligt. Da diese Position in der Öffentlichkeit nunmehr weniger vertreten ist, erscheint die (vermeintliche) Mehrheitsmeinung stärker als sie eigentlich in der Bevölkerung ist. Dadurch werden die Vertreter der Mehrheitsmeinung ermutigt. Sie treten noch lauter auf. Dadurch beginnen weitere Menschen der Minderheitsmeinung zu schweigen, die Vertreter der Mehrheitsmeinung werden noch lauter und so weiter und sofort. Diese Spirale verstärkt sich so lange, bis eine Meinung verstummt ist und die andere die veröffentlichte Meinung dominiert, obwohl die marginalisierte Meinung sehr wohl in der Bevölkerung noch weit verbreitet sein kann.

Es geht bei der Schweigespirale also um die Ausbreitung eines Monopols im Rahmen der öffentlichen Meinung durch Isolationsfurcht. Menschen – selbst, wenn sie sehen, dass der gesellschaftlich eingeschlagene Weg falsch ist – verfallen in Schweigen. Sie sprechen den Missstand nicht mehr an. Aus Angst vor Isolation. Und aus Angst, dass ihre Worte andere verletzen. Die Isolation kann darin bestehen, dass man einfach nicht mehr gegrüßt wird, Freunde sich abwenden, bis zum Extremfall, dass ein Individuum aus der Gesellschaft fällt.

Der Fall Milei liefert ein gutes Beispiel dafür, wie schnell sich die öffentliche Meinung drehen kann und sich die Schweigespirale auflöst. Milei scheut sich nicht, vom Anarchokapitalismus zu reden und die Österreichische Schule zu erwähnen. Ganz im Gegenteil. In Argentinien hatte der Sozialismus in Form des Peronismus und Kirchnerismus die öffentliche Meinung jahrzehntelang beherrscht. Überspitzt galt vor dem Phänomen Milei: Wer nicht dem linken Zeitgeist folgt, ist rechtsextrem oder Nazi. Durch das Phänomen Milei trauen sich die Leute wieder, ihre Meinung auszudrücken. Sie sind stolz und freuen sich, libertär zu sein. Die libertäre Meinung hat durch Javier Milei ein Sprachrohr bekommen, zumindest in der hispanischen Welt. Dadurch merken viele, dass sie mit ihrer Meinung nicht alleine sind. Sie brauchen keine Isolation zu fürchten. Die libertäre Meinung wird von viel mehr Leuten vertreten, als zu erahnen war. Plötzlich outet sich der vermeintlich apolitische Nachbar als Milei-Fan und stellt sich als Liberaler heraus.

Es ist daher wichtig, Sprachverbote nicht hinzunehmen. Nur dann werden Libertäre nicht mehr ausgegrenzt durch eine Schweigespirale. Und ihre Meinungen werden nicht mehr lächerlich gemacht nach dem Motto: »Wer baut denn ohne Staat die Straßen?« Milei dreht den Spieß um. Es gilt, Politiker verächtlich und lächerlich zu machen, vor aller Augen. Milei nennt Politiker Parasiten, die sich aber so aufführen, als könnten die Argentinier nicht ohne die Politik leben. Dabei ist es umgekehrt: Die Politik könnte nicht ohne die Ausgebeuteten leben. Die Politik ist das Problem und nicht die Lösung. Politiker sind Lügner und Diebe, betont er immer wieder. Werden diese Einsichten wiederholt, dann sind Änderungen möglich, die man sich gar nicht erträumt hätte. Denn zuweilen ist die öffentliche Meinung nur noch Fassade und so scheint es in Argentinien gewesen zu sein. Die Fassade steht noch, aber die Wertvorstellungen dahinter sind schon zusammengebrochen. Stürzt die Fassade zusammen, wird die gähnende Leere dahinter sofort offenkundig. Um diese Fassade zum Einsturz zu bringen, braucht es Bahnbrecher. Diese Bahnbrecher fürchten die Isolation nicht. Sie reagieren nicht auf die öffentliche Meinung. Sie drehen ihre Meinung nicht wie das Fähnchen im Wind. So ein Bahnbrecher ist Javier Milei. Jahrelang hat er in Talkshows sich wüst beschimpfen lassen, auch als Ultrarechter. Er hat viel abbekommen.

Wie Elisabeth Noelle-Neumann erklärt, halten zunächst gesellschaftliche Außenseiter bei einer Schweigespirale dagegen: Avantgardisten, Ketzer, Missionare, Reformer, Wissenschaftler und Künstler. Kurz: Menschen mit geringer Isolationsfurcht. Denn sie können diese überwinden oder wählen bewusst die Stigmatisierung. Literarisch ist einem solchen Menschen mit dem Don Quixote ein Denkmal gesetzt worden.

»No importa que sean gigantes o molinos si el penacho de nuestra cimera se mueve a los vientos de la tenacidad y de la fe.« (»Es spielt keine Rolle, ob es sich um Riesen oder Windmühlen handelt, solange sich die Fahne unserer Federn im Wind der Beharrlichkeit und des Glaubens kräuselt.«)

Egal ob Riesen oder Windmühlen, es gilt immer unerschrocken zu sein. Es ist wichtig, morgens aufzustehen und zu kämpfen. Kämpfen für Wahrheit und Freiheit. Das Ergebnis ist zweitrangig. Es wird kommen. Es ist unerheblich, ob Quijote isoliert ist oder nicht. Er ist ein Held. Zweifellos.

Es sind diese Don Quijotes, eine zurückgedrängte Minderheit, die nicht schweigen. Der harte Kern, er ist immer redebereit. Es gibt dann zwei Möglichkeiten für diese Minderheit, so Noelle-Neumann. Entweder fällt sie als Sekte aus der Gesellschaft oder aber sie erhält Zulauf von jungen Menschen, einer Avantgarde. Bei Milei war genau das der Fall. Milei ist vor allem unter jungen Menschen sehr beliebt. In Argentinien und zunehmend auch anderswo ist es angesagt, libertär zu sein, so wie es früher angesagt war, links zu sein und Che Guevara zu verehren. Milei ist rebellisch. Er steht gegen das Establishment, gegen die Kaste. Seine Antwort heißt Kapitalismus. Milei hat es geschafft: Libertäre Positionen können öffentlich ohne Isolationsgefahr vertreten werden. Der Anarchokapitalismus ist salonfähig geworden. Vor allem hat er die Hegemonie des etatistischen Interpretationsrahmens durchbrochen und zu Grabe getragen.

Das Besondere an Milei ist, dass er die Früchte seines Kulturkampfes in der Politik selbst geerntet hat. Die Verbindung zwischen Kulturkampf und Politik ist wie folgt: Politiker bieten in der Regel an, was der öffentlichen Meinung entspricht. Sie versuchen die öffentliche Meinung zu repräsentieren. Der Kulturkampf formt die öffentliche Meinung. Wer nur Politik macht, der wird zum Sklaven der öffentlichen Meinung. Das wurde Mauricio

Macri zum Verhängnis. Macri traute sich keine großen Reformen zu, weil die öffentliche Meinung nicht mehr hergab. Die graduellen Reformen scheiterten.

Wer hingegen nur Kulturkampf macht, ist mit dem Problem konfrontiert, dass sich die Politiker im Wahlkampf zwar an der öffentlichen Meinung orientieren und beispielsweise über die Ideen der Freiheit sprechen, um gewählt zu werden, aber wenn sie dann an der Macht sind, ein ganz anderes Programm verwirklichen. Daraus folgt, dass man sich neben dem Kulturkampf auch politisch betätigen muss, damit auch die richtigen Leute gewählt werden und die Ideen auch umsetzen. Daher ist Milei einzigartig. Er hat nicht nur im Kulturkampf durch seine Aufklärung und Verbreitung der Ideen der Freiheit die Samen gesät, er hat sie auch politisch geerntet.

Der Kulturkampf ist real. Es geht um alles. Der freie Westen wird von einem breiten Spektrum von Sozialisten, Kommunisten, Islamisten, Globalisten und Linksgrünen aller Parteien bedroht. Und sie scheinen sich auf der Gewinnerstraße zu befinden. Um diese große Gefahr abzuwenden, ist in diesem Kulturkampf ein Bündnis zu schmieden. Denn Politik ist im Gegensatz zum Markt ein Nullsummenspiel, wie Milei ausführt. Sind wir nicht an der Macht, dann sind sie es. Und sind die Linken noch länger an der Macht, sieht es für die freie, westliche Zivilisation schwarz aus.

Zum Anti-Links-Bündnis gehören nicht-woke Libertäre, flexible Konservative, bewegliche Traditionalisten und nicht-etatistische-Patrioten. Ihre Anliegen sind kompatibel und ergänzen sich. Ihr gemeinsamer Gegner ist der Sozialismus. Angesichts der Gefahr für die westliche Zivilisation durch den Sozialismus, sollten die Bündnisteilnehmer ihre Unterschiede für eine Weile beiseitelegen. Die Gemeinsamkeiten sollten im Vordergrund stehen. Für ein solches Bündnis plädiert der argentinische Denker und Milei-Freund Agustín Laje. Er spricht von einer »Neuen Rechten«, welche diese Gruppen im Kulturkampf einigt. Gemeinsam bildet das Bündnis der »Neuen Rechten« eine Fundamentalopposition gegen das politische Establishment.

Genauso wie links ein Sammelbegriff ist, kann es auch rechts sein. Maoisten, Trotzkisten, Marxisten, Sozialdemokraten, Sozialisten, Grüne, Wokeisten haben kein Problem, sich als links einzuordnen. Bei den Rechten ist das nicht der Fall. Die »Rechte« bestehend aus Konservativen, Patrioten, Traditionalisten, klassischen Liberalen, Hayekianern, Misesianern, Rothbardianern, und Anarchokapitalisten etc. Sie fragmentiert sich und bekriegt sich oft gegenseitig, was für die politische Auseinandersetzung mit der Linken von Nachteil ist.

Die Begriffe »rechts« und »links« vereinfachen die Komplexität der Realität.[108] Sie wird für die Wähler greifbarer. Die Menschen müssen nicht Unterschiede zwischen Maoisten und Trotzkisten kennen oder die Unterschiede zwischen Hayekianern und Rothbardianern. Sie sind einfach links oder rechts. Komplexitätsreduktion erleichtert das Verständnis. Geben die Gruppen der »Neuen Rechten« diese Vereinfachung auf, weil sie den Begriff »rechts« als böse verordnen, bröckelt die Phalanx gegen Sozialismus und der Widerstand gegen die Linke ist erschwert.

Doch wie kann die »Neue Rechte« sich ergänzen? Ist das Bündnis kompatibel?

Die Libertären wollen die Größe des Staates verringern. Die Kulturkonservativen und Traditionalisten erkennen die Bedeutung von Institutionen wie der Ehe, die über lange Zeit gewachsen sind, indes sehr schnell zerstört werden können.[109] Sie mahnen daher zur Vorsicht gegenüber dem konstruktivistischen Rationalismus. Die Patrioten wollen die nationale Souveränität wahren und stellen sich gegen globalistische Initiativen von nicht demokratisch legitimierten Eliten wie die Agenda 2030 und Gleichmacherei. In diesem Sinne ergänzen sich die Anliegen von Libertären, Konservativen und Patrioten.

In der »Neuen Rechten« finden diejenigen zusammen, die dem linken Zeitgeist Widerstand leisten: von der Indoktrination enttäuschte Studenten; in der Schule nichts mehr lernende und auf unangenehme Fragen keine Antworten bekommende Schüler; um die Ausbildung ihrer Kinder besorgte Eltern, denen die Frühsexualisierung zuwider ist und die möchten, dass ihre Kinder in der Schule etwas Sinnvolles lernen; die Männer, die müde sind, immer die bösen zu sein und die mit dem Begriff »toxische Männlichkeit« nichts anfangen können; antifeministische Frauen, die bevorteilende Frauengesetzgebung, Quoten und den Hass zwischen den Geschlechtern verabscheuen; sich nicht schuldig fühlende Heterosexuelle; der politischen Instrumentalisierung durch eine woke Ideologie abgeneigte Homosexuelle; wegen der unbegrenzten Masseneinwanderung und schleichenden Ausbreitung des radikalen Islams besorgte Einheimische; hart arbeitende und integrierte Einwanderer, denen die Einwanderung in den Fürsorgestaat suspekt ist; und dem Wokeismus globaler Konzerne abgeneigte, bodenständige Arbeiter.[110]

Dieses Bündnis widersetzt sich dem linken Programm: der Einwanderung in die Sozialsysteme, dem überbordenden Fürsorgestaat, dem Gendern, der Klimahysterie, der Globalisierung der Politik, der Entchristianisierung, der Politischen Korrektheit und der Verstaatlichung der Familie. Die Neue Rechte verteidigt Religionsfreiheit, Bildungsfreiheit, traditionelle Familie, Privateigentum und Kapitalismus. Sie erkennt die Bedeutung des Christentums und seiner Werte. Gemeinsame Auffassung ist: Freiheit ist in allen Bereichen das Beste.

Bei diesem Bündnis geht es auch um Arbeitsteilung. Die Libertären können am besten erklären, welche Gesellschaft produktiver und gerechter ist. Konservative können diese Ideen ergänzen mit Argumenten zur Kultur, dem Spirituellen und dem Moralischen. Konservative zeigen auf, wie die Transgenderideologie zu einem riesigen Staatswachstum und zur Unterhöhlung der bürgerlichen Gesellschaft führt. Und die Patrioten widersetzen sich dem Zentralismus und Globalismus.

Milei unterstützt die Ideen eines derartigen Bündnisses. So trat er bei der Buchbesprechung von *Batalla cultural* von Agustín Laje, dem Kopf hinter der Idee der »Neuen Rechten«, auf. Mit dabei war auch der konservative Denker Nicolás Márquez, der mit Marcelo Duclos ein Buch über Milei veröffentlicht hat. In Lajes Buch wird ein Bündnis der neuen Rechten empfohlen. Milei bezeichnet Laje und Márquez als Freunde. Nach eigenen Aussagen ist Milei bereit, Allianzen mit Liberalen und Libertären anderer Parteien, mit Rechten, mit Mitte-Rechts-Politikern, Konservativen, republikanischen Peronisten, Menemisten (neoliberale Anhänger des argentinischen Ex-Präsidenten Carlos Menem) und den »Falken« von *Juntos por el Cambio* einzugehen (Milei 2022, S. 292). Immer wieder geht Milei Schritte auf Konservative und Patrioten zu.[111] Nicht nur hat er die Konservative Victoria Villarruel, Tochter eines Militärs aus dem Falklandkrieg, zu seiner Vizepräsidentin gemacht. Weitere Unterstützung im Wahlkampf erhielt Milei von katholischen Liberalen und Patrioten.

Zu Beginn seiner Amtszeit hat er mehrere symbolische Handlungen durchgeführt, die ganz im Sinne eines solchen Anti-woken-Bündnisses sind. So verbot Milei in seiner Adminstration das Gendern und schloss das Zentrum INADI (Instituto contra la Discriminación, la Xenofobia y el Racismo = Institut gegen Diskriminierung, Xenophobie und Rassismus), das ausschließlich dazu diente, linken Aktivisten lukrative Posten zu verschaffen und künstliche Konflikte in der Gesellschaft zu kreieren.

Am 8. März 2024 zum Weltfrauentag funktionierte Milei in der Casa Rosada – dem offiziellen Amtssitz des argentinischen Präsidenten – den »Saal der Frauen« in den »Saal der Helden der Nation« um, auf Initiative seiner Schwester Karina Milei. Übrigens ist der Frauenanteil in seiner Regierung mit 45 Prozent weitaus höher als der seiner Vorgängerregierungen. Am 24. März gedachte er am Día Nacional de la Memoria por la Verdad y la Justicia (Nationaler Gedenktag für Wahrheit und Gerechtigkeit) an die Opfer des linken Terrorismus und ließ die mystische Zahl der 30000 Opfer der Militärdiktatur realistisch einordnen.[112] Am 2. April 2024 gedachte Milei den im Falklandkrieg gefallenen argentinischen Soldaten, was zuvor noch kein Präsident gemacht hatte. Diese symbolischen Akte sind keine Primäranliegen von Libertären. Sie finden vor allem bei Konservativen und Patrioten Unterstützung und sind Teil des Kulturkampfs der »Neuen Rechten«.

International pflegt Milei enge Kontakte zu Giorgia Meloni, Jair Bolsonaro und Donald Trump.[113] Diese Politiker haben erkannt, wer der Feind ist, nämlich der Sozialismus. Mileis Ziel ist es, Konservative, Patrioten und alle, die gegen die linke woke Agenda sind, auf die Seite der Freiheit zu ziehen. Zu diesem Zwecke trat Milei beim CPAC auf, dem bekanntesten konservativen Forum in den Vereinigten Staaten. Er grüßte sich herzlich mit Trump. Mileis Rede war jedoch kein Lob für Trumps

Wirtschaftspolitik. Vielmehr gab Milei beim CPAC eine Ökonomie-Vorlesung über die Vorzüge der freien Marktwirtschaft. Er verurteilte Abtreibung und wetterte gegen den Postmarxismus. Aber er stellte sich auch klar gegen den linken Populismus und stellte die Vorzüge des Freihandels heraus. Dabei hatte Trump in seiner Amtszeit eine protektionistische Politik betrieben. Das konservative Publikum jubelte Milei zu, auch bei seiner Ode auf den Freihandel. Es ist Mileis Strategie, der »Neuen Rechten« eine ökonomische Bildung angedeihen zu lassen und in allen Politbereichen zu den Ideen der Freiheit zu führen.[114]

IV

Der argentinische »Österreicher« – Mileis Libertarismus

Was ist genau die Österreichische Schule der Nationalökonomie, die Milei so oft im Munde führt? Ohne Verständnis der Lehre dieser Schule sind die Ideen und der Mensch Javier Milei nicht zu verstehen. Schließlich ist Ökonomie sein Leben. Laut eigener Aussage hat er mit der Österreichischen Schule die Seele der Ökonomie gefunden, die Freiheit. Die Österreichische Schule hat ihn auch zum Anarchokapitalisten gemacht. Ihre Vordenker wie Ludwig von Mises, der Nobelpreisträger Friedrich A. von Hayek, Murray Rothbard, Hans-Hermann Hoppe und Jesús Huerta de Soto zitiert er immer wieder. Es sind die Lehren der Österreichischen Schule, die ihn antreiben, die ihm Kraft und Munition im Kulturkampf geben. In zurückliegenden Kapiteln haben wir schon einige Konzepte der Österreichischen Schule behandelt, wie beispielsweise die österreichisch-libertäre Klassenkampftheorie. Nun wollen wir weitere Einblicke gewinnen, indem wir Mileis Vorträge begleiten, die er international gehalten hat, vor allem seine historische Rede in Davos. Diese Reden geben einen Panoramablick frei auf die Österreichische Schule der Nationalökonomie. Und sie erlauben uns, in das Denken des Ökonomen und Sozialphilosophen Javier Milei einzutauchen.

1. Die Österreichische Schule

Mileis (2024) Rede in Davos vor dem World Economic Forum (WEF) ist in vielerlei Hinsicht bemerkenswert. Es ist eine historische Rede. Sie ist mit Abstand die am häufigsten gesehene Rede des WEF 2024 und wurde mehrfach von Elon Musk auf X empfohlen. Die Feinde der Freiheit bezeichnen das WEF-Treffen von Davos als eine Zusammenkunft der kapitalistischen Elite. Das ist ein geschickter Schachzug. Denn wenn das WEF Eingriffe in das Leben der Menschen fordert, können die Feinde der Freiheit verlauten, sogar das kapitalistische WEF empfehle diese Maßnahmen. Dabei ist das WEF eine Organisation, die eng mit dem Establishment und den Staaten verbunden ist. Das WEF verteidigt die Agenda 2030 und im Allgemeinen ein Social Engineering. Das WEF repräsentiert eine Unternehmerelite, die den Staat verherrlicht, um Macht und Geld zu bekommen.

Milei sprach also nicht vor einem ihm freundlich gesinnten Publikum. Es braucht einen Schuss Verwegenheit, gönnerhaft von Klaus Schwab, dem Autor des *Great Reset* (Große Transformation), vorgestellt zu werden, um im Anschluss der versammelten Politik- und Wirtschaftselite ins Gesicht zu sagen, dass sie die liberal-libertären Prinzipien verraten, die den Westen groß gemacht haben. Seine Rede war ein kaum getarnter Frontalangriff auf das WEF, dessen Elite in eine Art Schockstarre verfiel.

Ähnlich wie das WEF kein Vorreiter des Kapitalismus ist, ist auch Adam Smith nicht die Quintessenz des Liberalismus.[115] Ökonomen der Österreichischen Schule wie Jesús Huerta de Soto oder Murray Rothbard sehen Adam Smith eher kritisch und als fatalen Rückschritt gegenüber Vorgängern wie A. R. J. Turgot oder Richard Cantillon.[116] Adam Smith hat die Volkswirtschaftslehre auf eine falsche Bahn gelenkt. Vor allem sein Einfluss auf die Neoklassik, den Hauptstrom der Ökonomie, ist aus Sicht der Österreichischen Schule fatal. Nach der Österreichischen Schule ist der Wert von Gütern subjektiv. Es ist das handelnde Subjekt, das neue Ziele entdeckt und subjektiv bewertet. Der Handelnde sucht auch Mittel, die er subjektiv geeignet findet, um diese Ziele zu erreichen. Adam Smith hingegen geht von einer objektiven Wertlehre aus. Für Smith ist der Wert von Gütern nicht subjektiv im Geist der Handelnden bestimmt, sondern ist intrinsisch in den Gütern selbst. Was diesen intrinsischen Wert bestimmt, sind für Adam Smith die Arbeitskosten, die zur Herstellung des Gutes notwendig waren. Braucht es eine Stunde, um ein Brot herzustellen und zwei Stunden Arbeit, um einen Kuchen herzustellen, dann ist der Kuchen doppelt so viel wert wie das Brot.

Aus Sicht der Österreichischen Schule hängt der Güterwert von den subjektiven Wertschätzungen ab. Hat jemand eine Gluten-Allergie, wird ihm das Brot gar nichts wert sein. Und wem ein Kuchen nicht schmeckt, wird kaum bereit sein, Kuchen gegen Brot zu tauschen, unabhängig davon, wie viel Arbeit das Kuchenbacken gekostet hat. Von der objektiven Wertlehre des Adam Smith ist es nur ein kleiner Schritt zur marxschen Ausbeutungstheorie. Wenn der Güterwert durch die in ihnen steckende Arbeit bestimmt wird, der Arbeiter jedoch nicht den vollen Verkaufserlös der Güter erhält, weil der Unternehmer Gewinne kassiert, dann wird der Arbeiter offensichtlich ausgebeutet. Wir haben diese Theorie bereits ausführlich kritisiert.

Mit seiner objektiven Wertlehre liefert Adam Smith auf dem Silbertablett die Rechtfertigung für den Marxismus, dessen Anwendung mit über 100 Millionen Toten so viel Elend gebracht hat. Aber es ist noch mehr über Smith zu sagen. Zwar verurteilt Smith den Merkantilismus und verteidigt Freihandel, die Vorteile der Kapitalakkumulation, der Arbeitsteilung und den Liberalismus allgemein, doch sind seine Schriften voller Ausnahmen und Widersprüche. So unterstützte Smith den Navigations Act, der versuchte, die Abhängigkeit Großbritanniens von importierten Gütern zu verringern. Das war eine Einschränkung des Freihandels. Smith argumentierte auch für eine staatliche Kontrolle der Zinssätze, für staatliche Infrastrukturprojekte und eine staatliche Bildung. Vor diesem Hintergrund erscheint Adam Smith eher als ein Sozialdemokrat.

Aber es geht noch weiter. In Smiths Betrachtung des Marktes geht es ihm um die Bestimmung der Preise auf lange Sicht. Es geht ihm um die langfristigen Gleichgewichtspreise. Diese statische Betrachtung langfristiger Gleichgewichtspreise hat den heutigen Neoklassischen Ansatz beeinflusst, der auf Gleichgewichtsmodelle abstellt. Und auf Basis dieser Gleichgewichtsmodelle, die nicht im Einklang mit der Realität stehen, argumentieren viele Ökonomen und Politiker, dass Staatseingriffe wünschenswert seien. Wer behauptet, Adam Smith sei ein Vorzeigeliberaler, dem ist es ein Leichtes, Staatseingriffe zu rechtfertigen. Er kann sagen: Sogar Adam Smith hat diese Staatseingriffe befürwortet.

Empirische Evidenz

Der Wohlstand der Menschheit ist in den letzten 200 Jahren erstaunlich gewachsen. Die Prosperität, welche die Marktwirtschaft, die individuelle Freiheit, das freie, auf Privateigentum gegründete Unternehmertum und der Kapitalismus gebracht haben, ist eindrucksvoll. Die Weltbevölkerung hat sich seit dem Beginn der Industriellen Revolution verneunfacht. Heute leben mehr als 8 Milliarden Menschen auf der Erde. Gleichzeitig hat sich das Pro-Kopf-Einkommen verfünfzehnfacht. Vor der Industriellen Revolution war die Menschheit nicht nur viel kleiner, sie war auch viel ärmer. Dieser Wohlstands- und Bevölkerungsanstieg ist dem Kapitalismus zu verdanken. Die Armutsquote ist von 95 Prozent im Jahr 1800 auf 5 Prozent im Jahr 2020 gefallen (Milei 2024, S. 5).

Allein in den letzten 20 Jahren haben Kapitalismus und Marktwirtschaft 70 Millionen Menschen jährlich aus der Armut befreit. Somit sind allein in den letzten 20 Jahren 1400 Millionen Menschen der Armut entronnen. Vor allem, weil sich das von Mao Tse-tung ruinierte kommunistische China dem Kapitalismus, der Markwirtschaft und dem Welthandel geöffnet hat. Auch Indien hat begonnen, seine vom Interventionismus zerstörte Volkswirtschaft zu öffnen.

Die empirische Evidenz der Wohltaten des Kapitalismus ist eindeutig und wird von Milei gerne angeführt, wenn auch das Wort »Evidenz« aus Sicht der Österreichischen Schule problematisch ist. Denn Empirie oder Geschichte können nichts beweisen. Geschichte kann nur illustrieren, was schon theoretisch bekannt ist. Ohne Theorie gibt es keine Geschichte, nur zusammenhanglose Daten.

Wer die Geschichte verstehen will, der braucht zunächst eine Theorie der menschlichen Handlungen. Die

Theorie der menschlichen Handlungen ist wie eine Brille, mit der wir die Welt sehen und interpretieren. Wer eine marxistische Brille trägt, wird überall Konflikte und Klassenkämpfe sehen. Wer eine keynesianische Brille trägt, wird überall Wirtschaftskrisen sehen, die auf eine ungenügende aggregierte Nachfrage zurückzuführen sind. Wer eine neoklassische Brille trägt, wird überall Marktversagen feststellen. Wichtig ist es, die richtige Brille, die richtige Theorie zu haben.

Ohne Theorie könnten wir gar nichts Sinnvolles im Bereich der menschlichen Handlungen beobachten. Wüssten wir nicht, was menschliches Handeln ist, was Ziele sind, was Mittel sind, was ein Tausch ist, was Geld ist, könnten wir selbst den Cappuccino-Kauf in einem Café nicht verstehen. Stellen wir uns einen Außerirdischen vor, der den Kauf beobachtet. Der Außerirdische hat keine Ahnung von den Theorien der menschlichen Handlungen und der Nationalökonomie. Er weiß weder was menschliches Handeln ist noch was Ziele, Mittel, Tausch oder Geld ist. Der Außerirdische könnte zwar mit Hilfe naturwissenschaftlicher Mittel, Bewegungen und Temperaturen messen sowie chemische Analysen vornehmen. Er könnte feststellen, dort sind zwei Organismen, die hauptsächlich aus Kohlenstoff und Wasser bestehen (der Kunde des Cafés und der Kellner). Er könnte auch die Frequenz der Laute messen, welche die Organismen von sich geben. Er würde beobachten, wie ein Organismus dem anderen in einem Behältnis (Tasse) eine Flüssigkeit (Café) gibt und der andere eine Karte aus Plastik (Kreditkarte) hinlegt. Da der Außerirdische keine Theorie hat, was menschliches Handeln ist, was Tausch, was Geld ist, kann er nicht verstehen, was da vor sich geht.

Diese Theorie wird aus Sicht der Protagonisten der Österreichischen Schule, die vor allem Ludwig von Mises folgen, deduktiv aus dem Axiom des menschlichen Handelns hergeleitet.[117] Der Mensch handelt. Handeln ist absichtsvolles Verhalten.[118] Handeln impliziert immer ein Ziel. Jede Handlung involviert ein Mittel, das der Handelnde subjektiv als geeignet erachtet, sein Ziel zu erreichen. Die subjektive Bedeutung des Zieles wird Wert genannt; die subjektive Bedeutung des Mittels ist der Nutzen. Handeln impliziert auch Unsicherheit und Knappheit, denn sonst müsste man nicht handeln. Handeln impliziert auch Kosten. Die Kosten sind der subjektive Wert der Ziele, die zurückgestellt werden müssen, wenn der Handelnde sich entschließt, gewisse Mittel für ein Ziel einzusetzen. Eine Handlung kann erfolgreich sein oder auch nicht. Ist sie erfolgreich, gibt es einen unternehmerischen Gewinn: Der subjektive Wert des erreichten Zieles ist höher als die Kosten, also der subjektive Wert der zurückgestellten Ziele. Bei Verlusten ist es umgekehrt.

Mit diesen Grundkenntnissen, die vor der empirischen Beobachtung und universell gelten, lassen sich nun ökonomische Gesetze herleiten. Beispielsweise das Tauschgesetz, bei dem es um interpersonellen Tausch geht. Dazu braucht es ein paar Annahmen. Damit das Tauschgesetz anwendbar ist, muss mehr als eine Person auf der Welt leben. Ferner muss es subjektiv unterschiedliche Güter geben, die unterschiedlich bewertet werden. Das Tauschgesetz besagt nun, dass ein freiwilliger Tausch *ex ante* die am Tausch beteiligten Parteien besserstellt. Die Parteien erwarten, sich mit dem Tausch besserzustellen, sonst würden sie nicht tauschen. Dieses Tauschgesetz ist logisch deduktiv aus den Annahmen und dem Wissen über das menschliche Handeln und seinen Implikationen hergeleitet. Es kann nicht anders sein. Das Tauschgesetz ist ein einfaches Gesetz. Indes hat es große politische Implikationen. Regulierungen verhindern, dass freiwilliger Tausch stattfinden kann. Ein Mindestlohn verbietet einen freiwilligen Tausch von Arbeitsleistung gegen Geld, wenn der Lohn unter einem bestimmten Betrag liegt. Ein freiwilliger Tausch, der beide Parteien *ex ante* besserstellt, wird verhindert.

Mit dem Tauschgesetz lässt sich die Realität um uns herum besser verstehen. Wir sind damit dem Außerirdischen einen Schritt voraus. Durch die bessere Kenntnis der Realität können wir weitere Annahmen treffen und so auf die gleiche Art und Weise durch logisch-deduktives Herleiten – basierend auf dem Handlungsaxiom – und seinen Implikationen immer komplexere ökonomische Gesetze herleiten. So werden Schritt für Schritte die Gesetze der Nationalökonomie logisch hergeleitet. Über die Werttheorie, Tauschtheorie, Preistheorie, Geldtheorie, Kapitaltheorie, Konjunkturzyklustheorie kommen wir zur Interventionismus- und Sozialismustheorie. Alle diese ökonomischen Gesetze gelten universell. Ein freiwilliger Tausch nützt *ex ante* beiden Parteien, unabhängig von Ort und Zeit. Die ökonomischen Gesetze sind freilich nur dann anwendbar, wenn die Voraussetzungen gegeben sind. Gibt es nur einen Menschen auf der Welt, kommt das interpersonelle Tauschgesetz nicht zur Anwendung. Das Gesetz ist offensichtlich nicht dadurch widerlegt, dass Robinson alleine auf seiner Insel nicht tauschen kann. Das Tauschgesetz ist in diesem Kontext einfach nicht anwendbar, weil die Annahmen nicht gegeben sind.

In der Realität gibt es vielfältige, variable und sich überlagernde Einflüsse, deren wichtigste wie Wert oder Nutzen gar nicht messbar sind. Die Empirie kann daher die ökonomischen Gesetze weder beweisen noch widerlegen. Natürlich kann der Ökonom einen logischen Fehler in der Herleitung der Gesetze begehen. Daher ist es wichtig, die ökonomischen Gesetze immer wieder auf ihre Richtigkeit zu prüfen. Denn der Mensch irrt.

Die Österreichische Schule nennt die Logik vom menschlichen Handeln auch Praxeologie. Die Praxeologie leitet deduktiv ökonomische Gesetze vom Grundsatz des menschlichen Handelns ab und gilt *a priori* vor den empirischen Beobachtungen. Diese Gesetze des menschlichen Handelns sind a priori und objektiv wahr. Natürlich ist es den Regierenden ein Dorn im Auge, dass es universelle ökonomische Gesetze gibt. Denn diese schränken ihr Handeln ein. Die Regierenden würden lieber etwas ausprobieren, um zu schauen, ob es doch funktioniert. Vielleicht kann ein Mindestlohn doch den Wohlstand heben, denken sie.

Der Kapitalismus und die Marktwirtschaft erlauben es den Menschen, frei neue Ziele und Mittel zu schaffen und im Markt über Arbeitsteilung und Tausch die eigenen Begehren durch die Bedürfnisbefriedigung anderer zu befriedigen. Durch Sparen und Kapitalakkumulation sowie Innovation kommt es zu einem Anstieg des Wohlstands. Diese *a priori* Theorie wird empirisch durch den unglaublichen von Milei betonten Wohlstandsanstieg seit der Industriellen Revolution veranschaulicht.

Das Konzept der Freiheit

Es gibt zwei Definitionen der Freiheit. Die von der Österreichischen Schule vertretene ist die »negative Freiheitsdefinition«. Die Freiheit steckt den Handlungsbereich ab, in dem die Menschen handeln können, ohne von anderen durch Gewalt gestört zu werden.[119] Freiheit ist die Abwesenheit von physischem Zwang. Daher auch »negative« Definition. Milei folgt dieser Definition, wenn er Benegas Lynch (Jr.) folgend definiert: Liberalismus ist der uneingeschränkte Respekt des Lebensentwurfs anderer, der auf dem Grundsatz der Nichtaggression, auf dem Recht auf Leben, Freiheit und Eigentum beruht.

Freiheit hat nach dieser Sichtweise auch nichts mit einer Haltung oder Einstellung zu tun. Die Annahme, es sei freiheitlich, alles in Ordnung zu finden, alles zu tolerieren, die Planwirtschaft, Klimawandelprojekte, Wokeismus etc. ist falsch. Respekt im liberalen Sinne bedeutet, dass man keine physische Gewalt gegen andere anwenden darf (Prinzip der Nichtaggression). Aber man kann boykottieren und kritisieren, was einem nicht gefällt.

Es gibt indes auch eine falsche Freiheitsdefinition, welche die richtige korrumpiert. Typischerweise korrumpieren die Feinde der Freiheit semantisch Begriffe, die positiv besetzt sind. Sie setzen ihnen Adjektive vor, die sie zu »Wieselwörtern« machen. Wiesel besitzen die Fähigkeit, Eier auszusaugen, wobei die Schale unversehrt erscheint, das Ei aber innen leer ist. Von außen ist nichts zu erkennen. Das gleiche machen die Feinde der Freiheit mit attraktiven Begriffen: Demokratie wird zu »organischer Demokratie«, Gerechtigkeit zu »sozialer Gerechtigkeit«, Rechtsstaat zu »sozialem Rechtsstaat,« Marktwirtschaft zu »sozialer Marktwirtschaft«.[120] Umdeutungen geschehen auch mit Begriffen wie Fortschritt oder Progressismus. Fortschritt und Prosperität gibt es durch Freiheit. Den Feinden der Freiheit ist es aber gelungen, Eingriffe in die Freiheit als progressiv darzustellen.

Das prostituierte Konzept der Freiheit ist ein »positiver Freiheitsbegriff«. Freiheit ist nicht mehr die Abwesenheit von physischem Zwang, sondern wird zur Fähigkeit, etwas zu tun. Freiheit als Fähigkeit, etwas zu tun, ist eine sehr gefährliche Begriffsumdeutung. »Ich bin nur frei, wenn ich erreichen kann, was ich will.« Das steht dem negativen Freiheitsbegriff diametral gegenüber. Mir gefällt ein Auto, ich möchte es haben. Ich stehle es, damit ich frei sein kann. Oder mir gefällt eine Frau, und ich will sie haben, um frei zu sein. Oder ich will zum Mond fliegen oder eine angemessene Wohnung oder Bildung oder Urlaub haben. Nur wenn ich das habe, bin ich frei. Niemals wird gefragt, mit welchen Mitteln das Auto, die Frau, die Mondfahrt, die Wohnung, Bildung oder Urlaub erreicht werden. Die Mittel sind Gewalt. Wird das Auto aufgebrochen oder eine Frau vergewaltigt, dann geschieht dies durch physische Gewalt oder Androhung physischer Gewalt. Werden im sozialen Wohnungsbau Menschen mit Wohnungen versorgt, dann sind die Wohnungen mit Steuergeldern bezahlt. Und Steuern sind nicht freiwillig, andernfalls wäre Steuerhinterziehung nicht strafbar. Wenn ich nicht frei bin, weil ich nicht erreichen kann, was ich will, wird Gewalt als Mittel legitim, um das Paradies auf Erden zu erreichen. Durch die Korruption des Begriffs Freiheit sind wir dann bei seinem Gegenteil angekommen. Denn Freiheit ist die Abwesenheit von physischem Zwang und Gewalt. Freiheit ist der Respekt des Privateigentums, des Lebens und der Verträge.

Neoklassik versus Österreichische Schule

Der richtige Ansatz der Ökonomie ist der Ansatz der Österreichischen Schule. Die Ökonomie studiert die Marktprozesse, wie sie in der Realität ablaufen. Diese Prozesse sind spontan, dynamisch und werden von der Kreativität der 8 Milliarden Erdenbewohner angetrieben. Diese korrekte Konzeption des Marktes ist der Fokus der Österreichischen Schule der Nationalökonomie. Kreative

Menschen aus Fleisch und Blut suchen kontinuierlich neue Ziele und Mittel, die sie zum Erreichen dieser Ziele geeignet halten. Der Markt sind die Austauschbeziehungen dieser Menschen. Er ist dynamisch effizient (Huerta de Soto 2004). Ein Unternehmen, eine Organisation, eine Gesellschaft ist desto effizienter, je stärker sie die Kreativität und Koordination dynamisch antreibt.

So schreibt Mises (1978, S. 21):

> *Das, was die Österreichische Schule auszeichnet und ihren unvergänglichen Ruhm bilden wird, ist gerade, dass sie eine Lehre vom wirtschaftlichen Handeln und nicht eine Lehre vom wirtschaftlichen Gleichgewicht, vom Nichthandeln, ist. Auch die Österreichische Schule verwendet die Gedankenbilder des Ruhezustandes und des Gleichgewichts, ohne die nationalökonomisches Denken nicht auskommen kann. Doch sie ist sich stets des bloß instrumentalen Charakters dieser – und aller anderen – Gedankenbilder bewusst. Sie will die Preise erklären, die auf den Märkten wirklich gezahlt werden, und nicht bloß Preise, die unter gewissen, nie realisierbaren Bedingungen gezahlt werden würden. Sie lehnt die mathematische Methode nicht etwa aus Unkenntnis der Mathematik oder aus Abneigung gegen mathematische Exaktheit ab, sondern weil sie kein Gewicht auf die Detailausmalung des Zustandes eines hypothetischen statischen Gleichgewichts legt. Sie hat sich nie der verhängnisvollen Illusion hingegeben, dass Werte gemessen werden könnten. Sie hat nie verkannt, dass alle statistischen Daten lediglich der Wirtschaftsgeschichte angehören und mit Wirtschaftstheorie nichts zu tun haben.*

Das »österreichische«, dynamische Konzept der Wirtschaft konzentriert sich auf den spontanen Marktprozess, der von unternehmerischer Kreativität und Kapazität von Menschen aus Fleisch und Blut angetrieben wird, eine Ordnung, die nicht zentral entworfen oder kontrolliert werden kann. Der Marktprozess ist wie ein dynamischer Film.

Damit steht die Österreichische Schule im Gegensatz zum falschen Modell der Ökonomie, das von der Mehrheit der Ökonomen untersucht wird. Milei spricht in seinem Vortrag von Davos daher von einem Versagen der Zunft der Ökonomen. Der falsche Ansatz wird an den prestigeträchtigsten staatlichen Universitäten gelehrt. Kein Wunder. Universitäten, die von staatlichen Geldern oder Akkreditierungen abhängen, lehren Theorien, die der Macht des Staates zugutekommen.

Für die neoklassischen Ökonomen ist das Studium der Ökonomie ein Studium eines statischen Modells und damit einer konstruierten Welt im Gleichgewicht, einer Momentaufnahme. Alle Marktinformationen, die Ziele und Mittel der Marktteilnehmer, sind gegeben in Form von Nutzenfunktionen und Budgetrestriktionen. Die Folien der Universitätsdozenten wimmeln von mathematischen Formeln, Gleichungen und Kurven. Da alle Informationen gegeben sind, wird in diesen Modellen die menschliche Kreativität blockiert. Keinerlei neue Informationen werden dynamisch geschaffen. Im Gleichgewicht gibt es keine Kreativität, sie ist mathematisch gar nicht darstellbar. Nur durch die Ausschaltung der Kreativität ist es möglich, die grandiosen mathematischen Modelle zu konstruieren.

Der italienische Ökonom Vilfredo Pareto schreibt in seinem *Manual of Political Economy*, wir mögen uns vorstellen, die Menschheit würde verschwinden. Laut Pareto würde die Gleichgewichtsökonomie trotzdem weiter bestehen, sofern die Menschen ihre Bedürfnisse in Form von Indifferenzkurven hinterlassen hätten. Diese Welt, in der reale Menschen verschwunden sind, haben neoklassische Ökonomen in ihrem Kopf, und hier folgen sie Adam Smith, der auf langfristige Gleichgewichtspreise abstellt.

Die mathematischen Gleichgewichtsmodelle werden von Robotern ohne Kreativität bevölkert, deren Reaktionen mathematisch vorbestimmt sind. Die Bewohner dieser Modelle werden auch »repräsentative Agenten« genannt, die auf Stimuli reagieren wie in einem Videospiel.

In der neoklassischen Analyse fehlt also das Konzept der dynamischen Effizienz, da es keine kreativen Unternehmer gibt. Es gibt nur die sogenannten Dynamic Stochastic General Equilibrium Models, in denen alles vorbestimmt ist. Die Neoklassik spricht von statischer Effizienz, wenn ein perfektes Gleichgewicht erreicht ist, in dem alle Probleme gelöst, alle Fehlkoordinationen entdeckt und koordiniert worden sind. Ein Nirvana.

Die Paradigmen der Neoklassik und der Österreichischen Schule stehen sich mithin diametral gegenüber. Der grundlegende Unterschied geht auf das Studienobjekt zurück. Die Österreichische Schule studiert den dynamischen Marktprozess, während die Neoklassiker die Bedingungen und Funktionsweise des Gleichgewichts untersuchen. Die wissenschaftlichen Fehler der Neoklassik gehen auf diesen falschen Fokus zurück. In den Naturwissenschaften sind Laborexperimente möglich, weil es konstante Parameter gibt. In der Ökonomie ist dies nicht der Fall, weil die subjektiven Wertschätzungen, die Ziele und Mittel, sich ständig ändern, neu entdeckt werden, und nicht messbar sind. Die Naturwissenschaftler sind ehrlich. Wenn das Experiment ihr Modell widerlegt, dann geben sie ihr Modell auf. Es ist wissenschaftlich falsch, von der Realität widerlegt. Die Neoklassiker, geplagt von einem Minderwertigkeitskomplex, versuchen den Naturwissenschaften mit ihren großen Errungenschaften nachzueifern und die Sprache der Naturwissenschaften, die Mathematik, als auch ihre Methodik, das Experiment, zu kopieren. Doch wenn in der neoklassischen Ökonomie die Realität nicht mit dem Modell übereinstimmt, geschieht, wie Milei betont, etwas anderes als in den Naturwissenschaften. Wenn die Realität nicht mit dem Gleichgewichtsmodell übereinstimmt, dann geben die Neoklassiker nicht ihr Modell auf, sondern kritisieren die Realität.[121] Sie sprechen dann von Marktversagen. Und wer kommt in Frage, dieses Marktversagen zu korrigieren? Natürlich der Staat, der die Realität in Richtung des Modells führen soll. Dieser Staat, der die Universitäten finanziert, lukrative Beraterjobs und Anstellungen in seinen Institutionen bietet, gibt auch die Lehrpläne vor, die von staatlichen Beamten ausgearbeitet oder abgesegnet werden. Nach diesen Lehrplänen lernen die Universitätsstudenten, wie der Staat die Fälle von sogenanntem Marktversagen löst.

Doch ein Markt kann gar nicht versagen. Er funktioniert, wie die Teilnehmer es wollen. Im Markt werden freiwillig Eigentumsrechte ausgetauscht. Es passiert also nur immer das, was die Beteiligten auch machen wollen. Was sie nicht wollen, passiert nicht.[122] Milei fordert: Wer ein Marktversagen entdeckt zu haben vermeint, soll erst einmal schauen, ob nicht der Staat in diesem Bereich eingreift und die Koordination behindert. Und wenn er keinen Staatseingriff findet, soll er besser nachschauen.

Monopole

Das von Milei in seiner Davos-Rede angesprochene Beispiel für Marktversagen ist die Monopolbildung. Das kommt nicht von ungefähr. Denn Milei, selbst bis 2014 Neoklassiker, wurde durch Rothbards Behandlung des Monopolthemas zum Anhänger der Österreichischen Schule. Beim Monopol gibt es unterschiedliche Definitionen. Es gibt die falsche Auffassung von Monopolen, vertreten durch die Neoklassik, und den richtigen Monopolbegriff, vertreten durch die Österreichische Schule und Milei.

Für die Neoklassik besteht ein Monopol, wenn es nur einen Anbieter in einem Sektor gibt. Man hält den Marktprozess an, macht ein Foto und schaut, ob es auf diesem Foto nur einen Anbieter gibt. Ist dies der Fall, so sei dies schlecht und ein Marktversagen, meinen die Neoklassiker. Die mathematischen Funktionen der Gleichgewichtstheorie kommen zu dem Schluss, dass die Konsumenten ausgebeutet werden, da der Monopolpreis über den Grenzkosten liegt. Daher müsse der Staat Gesetze erlassen (wie das Gesetz gegen Wettbewerbsbeschränkungen in Deutschland) und die Konsumenten schützen, beispielsweise durch die Monopolkommission oder das Bundeskartellamt. Der Staat muss für Wettbewerb sorgen. Dieses Narrativ ist indes völlig falsch.

Aus ökonomischer Sicht ist unbedeutend, wie viele Anbieter es in einem Sektor gibt. Zum einen lässt sich *der* Sektor oder *die* Industrie mit dem *einen* Anbieter gar nicht objektiv abgrenzen. Hat Telepizza ein Monopol? Ist das Unternehmen der einzige Anbieter im relevanten Markt? Das hängt davon ab, welche Ausmaße das Foto hat, in welchem nach Anbietern gesucht wird. Telepizza ist nicht das einzige Unternehmen im Lebensmittelmarkt.

Es ist auch nicht das einzige Unternehmen im Gastronomiesektor. Es ist auch nicht der einzige Hersteller von Teigwarengerichten. Es ist auch nicht das einzige Unternehmen im Pizzamarkt. Auch bei den Pizzaketten gibt es Konkurrenten. Aber Telepizza ist die einzige Pizzakette, die Werbeanzeigen von Telepizza schaltet. Je kleiner wir den relevanten Markt definieren, desto wahrscheinlich wird es, ein Monopol anzutreffen.

Letztlich wird alles zum Monopol. Ich bin nicht der einzige VWL-Professor auf der Welt. Ich bin auch nicht der einzige VWL-Professor in Spanien. Ich bin auch nicht der einzige VWL-Professor deutscher Nationalität in Spanien. Ich bin aber der einzige deutsche VWL-Professor der Österreichischen Schule, der an der Universidad Rey Juan Carlos lehrt.

Die neoklassische Monopoldefinition ist nicht nur unpraktikabel. Es ist auch irrelevant, ob es nur einen Anbieter gibt. So lange keine institutionelle Gewalt ausgeübt wird, die einen Markteintritt von Wettbewerbern verhindert, ist die Tatsache, dass es nur ein Unternehmen gibt, nicht ein Zeichen für die Ausbeutung von Konsumenten, sondern Zeichen dafür, dass ein Unternehmer den Konsumenten besser als seine Wettbewerber dient, indem er neue innovative oder günstigere Produkte anbietet.[123] Statt diesen erfolgreichen Unternehmer mit dem Bundeskartellamt und Gesetzen gegen Wettbewerbsbeschränkungen zu verfolgen, sollte ihm ein Denkmal gesetzt werden.

Milei bringt das Beispiel eines Handyunternehmens. Dieses produziert ein neues Handy, das doppelt so schnell und halb so teuer ist wie Konkurrenzprodukte. In der Folge gehen die Konkurrenten bankrott und das innovative Handyunternehmen ist der einzige Anbieter. »Monopol« würden Neoklassiker entsetzt schreien. Doch ist das Entsetzen gerechtfertigt? Nein, das ist Wettbewerb und der begünstigt die Konsumenten. Und der Einwand, jetzt, da das Handyunternehmen allein im Markt verbliebe, könne es die Konsumenten ausbeuten, ist zu kurz gedacht. Sobald das Unternehmen wieder langsamere Handys anbietet oder seinen Preis erhöht oder auch nur seine Innovationsgeschwindigkeit verlangsamt, schießen neue Wettbewerber wie Pilze aus dem Boden, angelockt durch die in diesem Markt erzielbaren Gewinne. Bestes Beispiel ist das Unternehmen IBM, das jahrelang den Markt für Mainframes beherrschte und eines der größten Unternehmen der Welt war. Heute hat IBM in den Märkten für Computerhardware seine einstige Bedeutung verloren. IBM hat den Aufstieg der PCs verschlafen und ist abgehängt worden. Im Markt muss man sich jeden Tag wieder erneut beweisen. Die Wettbewerber stehen in den Startlöchern.

Es ist nicht wichtig, wie viele Unternehmen es auf einem Markt gibt, sondern ob Unternehmen Privilegien vom Staat erhalten. Im Amigo-Kapitalismus erhalten mit dem Staat verbandelte Unternehmer Vorteile, die es der Konkurrenz erschweren in den Wettbewerb einzutreten. In Argentinien sind diese Unternehmer nicht erst durch Milei berüchtigt. Das vom Staat gewährte Privileg schließt andere potenzielle Konkurrenten vom Wettbewerb aus. Andere innovative Unternehmen können in dem Sektor des privilegierten Unternehmens nicht in den Wettbewerb eintreten. Monopole liegen aus der dynamischen Sicht der Österreichischen Schule mithin vor, wenn Unternehmen Privilegien vom Staat erhalten. Im Kapitalismus, in einem freien Markt, gibt es mithin *per definitionem* keine Monopole. Denn wenn der Staat eingreift, ist es kein freier Markt mehr. Wenn es in einem freien Markt zu einem gewissen Zeitpunkt nur ein Unternehmen in einem Sektor gibt, zeigt dies, dass dieses Unternehmen die Konsumentenwünsche weitaus besser als seine Konkurrenten befriedigt hat.

Der unternehmerische Akt

Der unternehmerische Akt spielt eine fundamentale Bedeutung für die Koordination der heterogenen Interessen und Bedürfnisse der Marktteilnehmer. Nehmen wir an: Individuum A hat ein Ziel, kann dieses Ziel aber nicht erreichen, weil ihm dazu ein Mittel, eine Ressource fehlt. Das Individuum B verfügt über diese Ressource, doch weiß weder A, dass B die Ressource besitzt, noch weiß B, dass A die Ressource dringend braucht. B sieht keinen Nutzen in der Ressource, lässt sie brach liegen oder verschwendet sie. Es gibt einen Mangel an Koordination, der unentdeckt bleibt. Bei 8 Milliarden Menschen gibt es unzählige dieser Koordinationsmängel. Durch unsere Unterschiedlichkeit. Bei der Unterschiedlichkeit der Bedürfnisse erscheint es als ein Wunder, dass wir nicht übereinander herfallen und uns gegenseitig umbringen. Es ist eine grundlegende Erkenntnis der ökonomischen Theorie, dass jeder Koordinationsmangel eine latente Gewinnmöglichkeit darstellt, die darauf wartet, von findigen Unternehmern entdeckt zu werden. Das ist das Wunder des Marktes, das die Zivilisation überhaupt erst möglich macht. Jeder Koordinationsmangel, jede Fehlallokation bedeutet eine Gewinnchance.

In dem Moment, in dem Unternehmer C entdeckt, dass B die Ressource verschwendet und A die Ressource braucht, erschafft er ein Wissen (erster Effekt), das niemand, weder A noch B noch sonst jemand auf der Welt, bislang hatte. C hat eine Gewinnmöglichkeit entdeckt. Indem C die unternehmerische Funktion ausübt, versucht er diese Gewinnmöglichkeit zu realisieren. Er kauft die Ressource billig von B und verkauft sie teuer an A. Dadurch werden Informationen im Markt übertragen (zweiter Effekt). B erfährt, dass ein Interesse an seiner Ressource besteht. Es gibt Zahlungsbereitschaft für sie. Er wird in Zukunft die Ressource nicht mehr verschwenden oder brachliegen lassen. A hingegen weiß nun, dass die Ressource beschaffbar und sein Ziel erreichbar ist. Es gibt auch Preise für die Ressource, die einmal von B an C und dann von C an A verkauft wurde. Das Preissystem ist eine äußerst wichtige Informationsquelle im Kapitalismus. Mit Hilfe von Marktpreisen können wir Handlungen und Produktion planen. Basierend auf den Preisen können andere Unternehmer komplementäre Produkte herstellen oder Substitute anbieten. Preise sind Signale, die es zu interpretieren gilt und die das Handeln erleichtern.

Der dritte Effekt unternehmerischen Handelns nach der Schaffung neuen Wissens durch C und der Transmission eines Teils dieser Informationen über das Preissystem ist die Koordinierung und Anpassung. Denn A und B passen ihr Verhalten gegenseitig an, ohne sich zu kennen. Und zwar nicht, weil sie gezwungen werden, sondern aus Eigeninteresse. Sie koordinieren sich freiwillig. B verschwendet die Ressource nicht mehr, sondern hegt und pflegt sie. B ändert sein Verhalten in Richtung der Bedürfnisse von A, den er nicht kennt und vielleicht nie kennenlernen wird. A kann nun sein Ziel erreichen. Dank B ändert er sein Verhalten. B ist zufrieden, weil er bezahlt wird und A, weil er sein Ziel erreichen kann. Und der koordinierende Unternehmer freut sich seines Gewinns. Durch den unternehmerischen Akt von C ist der Koordinationsmangel verschwunden. Das Verhalten von A und B ist koordiniert.

Der unternehmerische Akt macht das friedliche Zusammenleben von 8 Milliarden Menschen möglich. Es gibt Menschen, die frühmorgens aufstehen, damit wir morgens frische Milch oder die Zeitung auf dem Frühstückstisch haben. Es gibt Millionen von Menschen auf der anderen Seite der Erde, die ihr Verhalten anpassen und hart arbeiten, um unsere Bedürfnisse zu befriedigen. Ganz ohne Zwang, Gewaltandrohung oder Polizei. Alle im Marktprozess stehenden Personen beteiligen sich an diesem Prozess, der niemals endet, weil unser Wissen sich stetig ändert und wir neue Ziele schaffen, was neue Fehlanpassungen impliziert, die wiederum entdeckt und von Gewinn suchenden Unternehmern koordiniert werden können, was wiederum zu neuen Wünschen und Zielen und damit Gewinnchancen führt und immer so weiter. Es bildet sich ein Prozess, der so kreativ und koordiniert ist, wie es nur menschlich möglich ist. Ein sozialer Big Bang, angetrieben von der unternehmerischen Funktion. Ein wahres Wunder.

Gewinn und Verlust

Gewinn und Verlust sind für den dynamischen Marktprozess grundlegend (Mises 2008). Den Marktprozess treiben Unternehmer, die Gewinne erzielen und Verluste vermeiden wollen. Innerhalb dieses Prozesses entwickeln Unternehmer Ideen, wie sie die Bedürfnisse ihrer Mitmenschen befriedigen können. Nehmen wir Apple-Gründer Steve Jobs, dem die Idee kommt, ein intuitiv zu bedienendes Handy mit vielen neuartigen, weit über das reine Telefonieren hinausgehenden Funktionen auf den Markt zu bringen. Die Idee des iPhone ist geboren. Im nächsten Schritt überlegt sich Steve Jobs, wie viel die Konsumenten für ein iPhone auszugeben bereit sind.

Nehmen wir an, Steve Jobs schätzt die Zahlungsbereitschaft auf 1000 Dollar. Nun muss er das iPhone noch produzieren. Dafür braucht er Hilfe der Eigentümer der Produktionsfaktoren. Er benötigt die Leistungen von Programmierern und Entwicklern, einfachen Arbeitern, Fabriken, Maschinen, Rohstoffen und anderen. Diese Produktionsfaktoren muss Jobs kaufen oder mieten. Er muss sie von ihren jetzigen Verwendungen abwerben. So muss er versuchen, Softwareentwickler von Konkurrenten wie Microsoft zu überzeugen, fortan für Apple zu arbeiten. Eine Fabrik, die derzeit PCs herstellt, muss er anmieten, um dort iPhone-Geräte zu produzieren. Auch Rohstoffe, die vielleicht sonst zur Produktion von digitalen Kameras verwendet worden wären, muss er für sein Projekt sichern. Um diese Produktionsfaktoren zu bekommen, muss er gut zahlen. Doch was ist das Maximum, das er den Eigentümern der Produktionsfaktoren bieten kann? Das Maximum ist bestimmt durch den Betrag, den er hofft, mit dem Verkauf des Produkts einzunehmen. Das Maximum wird durch die 1000 Dollar bestimmt.[124] Würde er glauben, er könnte ein iPhone für 5000 Dollar verkaufen, könnte er entsprechend mehr für die Produktionsfaktoren bieten.

Natürlich möchte Jobs so wenig wie möglich für die Produktionsfaktoren zahlen. Was ist das Minimum, das er zahlen muss? Das Minimum ist der Preis, den andere Unternehmer den Eigentümern der Produktionsfaktoren zu zahlen bereit sind. Jobs muss also dem Microsoft-Programmierer mehr bieten, als er bisher verdient, um ihn von Microsoft loszueisen. Auch den Eigentümern der Fabrik, in der derzeit PCs von Hewlett&Packard produziert werden, muss er ein besseres Angebot machen. Auch für die Rohstoffe muss er mehr bieten als Epson, das damit Digital-Kameras bauen will.

Was bestimmt nun aber, wie viel Microsoft, H&P und Epson maximal bereit sind für die Produktionsfaktoren auszugeben? Auch diese Unternehmen bieten für die Produktionsfaktoren in Funktion dessen, was – nach ihrer Schätzung – die Konsumenten bereit sind, für ihre Produkte auszugeben (MS-Office, PCs, digitale Kameras). Im Markt bieten mithin die Unternehmer um die Produktionsfaktoren in Funktion der geschätzten Zahlungsbereitschaft und Wichtigkeit der Bedürfnisse ihrer Mitmenschen. Die Unternehmer sind Repräsentanten der künftigen Konsumenten und vertreten deren Interessen. Die Unternehmer sind die Steuermänner eines Schiffes. Die Konsumenten die Kapitäne.

Die Unternehmer handeln unter Unsicherheit. Die künftige Zahlungsbereitschaft der Konsumenten ist nicht mehr als eine Schätzung. Sind die Unternehmer zu optimistisch, dann bieten sie zu viel für die Leistungen der Produktionsfaktoren, ziehen zwar Produktionsfaktoren zu ihrem Projekt und von anderen Verwendungen ab, stellen aber letztlich ein Produkt her, ohne die Kosten über den Verkaufspreis wieder hereinholen zu können. Sie erleiden Verluste. Verluste sind ein fundamentales Signal. Verluste zeigen an: Der Unternehmer hat die Zahlungsbereitschaft der Konsumenten für sein Produkt überschätzt und zu viel geboten. Er hat Produktionsfaktoren von anderen Verwendungen abgezogen, wo sie zu Gewinnen hätten beitragen können und den Konsumenten einen höheren Nutzen gestiftet hätten. Die knappen Ressourcen der Gesellschaft wurden falsch eingesetzt. Sie sind verschwendet worden.[125]

Bei Gewinnen ist das Gegenteil der Fall. Macht Steve Jobs Gewinne, weil er die produzierten iPhones zu 1000 Dollar oder sogar mehr absetzen kann, bedeutet dies, dass er gut gehandelt hat. Er hat die knappen Ressourcen der Gesellschaft eingesetzt, ohne dass wichtigere Bedürfnisse vernachlässigt worden wären. Er hat Werte geschaffen. Und je mehr Werte er aus den Produktionsfaktoren herausholt, desto besser für die Konsumenten. Je höher die Gewinne, desto besser hat Jobs die Produktionsfaktoren im Sinne der Konsumenten eingesetzt. Daher sind erfolgreiche Unternehmer Helden, wie Milei immer wieder in seinen Reden betont. Sie nehmen Unsicherheit auf sich und werden bei Erfolg mit Gewinnen belohnt. Dazu müssen sie die Bedürfnisse ihrer Mitmenschen besser befriedigen als ihre Rivalen und auf dem billigsten Wege die am dringlichsten nachgefragten Güter produzieren.

Im Marktprozess setzen sich die Unternehmer durch, die in dieser Aufgabe die Besten sind. Sie vermögen am besten, das ökonomische Problem zu lösen: die knappen Kapitalgüter so einzusetzen, dass nur die Güter produziert werden, die die dringlichsten Bedürfnisse der Verbraucher befriedigen. Wer hingegen Verluste erzielt und die knappen Ressourcen verschwendet, wird früher oder später sein Kapital verzehrt haben und vom Markt verschwinden. Jene, die in der Lage sind, Gewinne zu erzielen, werden die Kontrolle über die Verwendung der Produktionsfaktoren übernehmen und zum Wohle der Gesellschaft einsetzen. Gewinne resultieren aus einem Koordinationsmangel; aus einer Divergenz zwischen der aktuellen Produktion und der Produktion, die am besten die Verbraucherwünsche befriedigt. Gewinne sind die Belohnung für das Schließen solcher »Marktlücken«. Gewinnbesteuerung ist somit die Besteuerung des Dienstes an den Verbrauchern.

Gewinn und Verlust entstehen also durch den Erfolg und Misserfolg bei der Anpassung der Produktion an die dringendsten Bedürfnisse. Gewinn und Verlust treiben die Unternehmer an, ihr Kapital bestmöglich im Sinne der Konsumenten einzusetzen und begründen damit auch die Souveränität der Verbraucher, die tagtäglich durch ihre Kauf- und Nichtkaufentscheidung bestimmen, wer wie viel besitzt.

Die Unternehmer sind die treibende Kraft im Marktprozess. Dieser Prozess schläft nie, er läuft immer weiter. Die Unternehmer müssen sich jeden Tag von neuem beweisen und darum wetteifern, die knappen Ressourcen zum Wohl ihrer Mitmenschen einzusetzen und die Bedürfnisse besser als ihre Rivalen mit besseren Produkten zu günstigeren Preisen zu befriedigen. Die Alternative zu Gewinnen und Verlusten ist das Chaos der staatlichen Lenkung.[126]

2. Freie Koordination statt Zwang

Die Österreichische Schule hat gezeigt, dass es theoretisch unmöglich ist, den dynamischen sozialen Prozess, angetrieben von Menschen aus Fleisch und Blut mit den unterschiedlichsten Zielen und Mitteln, durch Befehle und Gesetze zu organisieren. Der Sozialismus, den Milei auch Kollektivismus nennt und den wir allgemeiner als Etatismus bezeichnen mögen, versucht von oben diesen Prozess zu koordinieren. Er beruht auf einem theoretischen Fehler.

Die staatliche Planung und Lenkung der Wirtschaft scheitert aus vier Gründen (Huerta de Soto, 2013). Erstens kann ein zentrales Organ wie eine staatliche Lenkungsbehörde nicht über die schier unendlichen Informationen verfügen, geschweige denn verarbeiten, die für die Koordinierung der unterschiedlichen Ziele nötig wäre.

Sozialisten führen als Gegenargument ins Feld, der technologische Fortschritt in Form von Supercomputern und Artificial Intelligence könnte den Staat bei der Informationsverarbeitung unterstützen und das Problem lindern. Das Gegenteil ist der Fall. Der technologische Fortschritt macht das staatliche Planen nicht einfacher, sondern noch unmöglicher. Neue Technologien sind ein Sprungbrett für die menschliche Kreativität. Dank Computern, Internet und Artificial Intelligence schaffen die Menschen noch viel mehr Informationen.

Zweitens kann die staatliche Behörde nicht an die Informationen gelangen, die sie bräuchte, damit ihre in Gesetze gegossenen Befehle und Anweisungen koordinierend wirkten. Es handelt sich um stillschweigende, praktische Informationen, die nicht übertragbar sind. Es sind implizite Informationen, die nicht explizit in einem Buch gelernt werden können, sondern nur in der Praxis, wie das Fahrradfahren. Durch Trial and Error lernen wir Fahrrad fahren. Zwar können die meisten Menschen Fahrrad fahren, doch sie könnten dieses Wissen nicht auf Papier bringen und an eine staatliche Behörde weiterleiten, die anhand dieser geschriebenen Informationen dann Fahrrad fahren könnte. Auch wie man einer Frau den Hof macht, ist nur in der Praxis zu lernen. Es ist ein nicht übertragbares Wissen. Das unternehmerische Wissen über Ziele und Mittel ist Wissen praktischer Art. Erfolgreicher Unternehmer zu werden, ist nicht in einem Buch oder an einer Universität lernbar. Das geht nur in der Praxis, durch menschliches Handeln, durch Ausprobieren, Scheitern und wieder Aufstehen. Viele erfolgreiche Unternehmer wie Steve Jobs sind vor ihrem Durchbruch mehrmals gescheitert. Oft wissen wir nur implizit, warum wir Dinge tun und warum uns Produkte gefallen. Wir können dieses Wissen nicht explizit machen, ausformulieren und an eine zentrale Behörde übertragen, welche die Informationen verarbeitet und in ein koordinierendes Gesetz gießt.

Drittens brauchen die von der Macht berauschten Sozialingenieure Informationen der Zukunft, wenn ihre Gesetze verabschiedet und angewendet werden. Denn die Gesetze sollen die Gesellschaft der Zukunft koordinieren. Diese Informationen über künftige Ziele und Mittel existieren aber noch gar nicht, weil sie erst in der Zukunft von kreativen Akteuren geschaffen werden. Würden sie schon heute existieren, wären die Informationen schon heutiges Wissen. Die Informationen, welche die staatlichen Lenker erhalten und für ihre Gesetzentwürfe und Planungen verwenden, haben lediglich archäologischen

Wert, können aber nicht die Gesellschaft in der Zukunft koordinieren. Die staatlichen Planer handeln wie ein Autofahrer, der nur in den Rückspiegel schauen kann.

Viertens bedeutet staatliches Handeln immer Gewalt. Sozialismus, Kollektivismus oder Etatismus bedeuten Zwang. Staatlichem Handeln liegt der Wunsch zugrunde, ein soziales System mit Zwang durchzusetzen. Die sozialen Probleme sollen durch den Staat und seine Experten gelöst werden statt durch freiwillige Kooperation. Was die Politiker und Etatisten geschickt zu verbergen versuchen, sind der Zwang und die Gewalt, welche staatlichem Handeln zu Grunde liegen. Der Staat benutzt immer Gewalt, wenn er Steuern erhebt oder seine Regulierungen durchsetzt. Wer nicht die Befehle des Staates befolgt und Steuern bezahlt, der muss mit Strafen und Gefängnis rechnen. Wer sich den Strafen widersetzt oder aus dem Gefängnis zu fliehen versucht, muss damit rechnen, dass auf ihn geschossen wird. Etatismus bedeutet Zwang.

Wenn staatliches Handeln freiwillig wäre, dann wäre der Etatismus unproblematisch. Wenn der Staat den unternehmerischen Akt in einer Parzelle der Gesellschaft verbietet oder sich den Unternehmergewinn aneignet, so findet der unternehmerische Akt nicht statt. Das bedeutet: In dem Maße, indem die staatlichen Planer mit Zwang in die Gesellschaft eingreifen und der unternehmerische Akt ausbleibt, wird auch das Schaffen neuer Informationen blockiert. Doch gerade diese Informationen bräuchten die Planer, um ihren Gesetzen und Befehlen einen koordinierenden Inhalt zu geben. Das ist das Paradox der staatlichen Planung. Je mehr der Staat mit seiner Gewalt eingreift, desto mehr Koordinationsmängel entstehen, weil der unternehmerische Akt mit dem Schaffen neuen Wissens, seiner Verbreitung und der Koordination blockiert wird. Die Fehlallokationen von Ressourcen werden nicht beseitigt, sondern wachsen. Die sozialen Konflikte verschärfen sich.

Überall, wo der Staat eingreift, sehen wir Fehlkoordination und Konflikte. Beim Arbeitsmarkt, Gesundheit, Bildung oder Einwanderung. Wenn das Scheitern der staatlichen Planung sichtbar wird, verteidigen sich die Etatisten, indem sie den Bürgern die Schuld geben: »Warum haben die Bürger nicht kooperiert? Oder warum haben wir nicht mehr Zwang angewendet? Wir brauchen weitere Gesetze und höhere Steuern. Der Staat muss noch mehr machen. Die mangelnde Koordination [= das eigene Scheitern] zeigt, wir müssen noch viel mehr eingreifen.« Die Macht des Staates wächst weiter. Der Prozess füttert sich selbst. Am Ende steht der reale Sozialismus, indem der Staat der Eigentümer der Produktionsmittel ist.

Wirtschaftsrechnung im realen Sozialismus

Die Probleme der zentralistischen Staatsplanung behandelt auch Ludwig von Mises (1920) in seinem bahnbrechenden Aufsatz über die Wirtschaftsrechnung im realen Sozialismus. Der Sozialismus bringt nicht, wie von seinen Verteidigern ursprünglich angenommen, mehr Wohlstand, sondern muss im Chaos enden. Im realen Sozialismus, in dem der Staat Eigentümer aller Produktionsmittel ist, gibt es keine Wirtschaftsrechnung. Alle Produktionsmittel, Rohstoffe, Transportmittel, Infrastruktur, Vorprodukte, Maschinen und Fabriken stehen im Staatseigentum. Es gibt keine Unternehmer, die Produktionsmittel handeln, da diese alle in der Hand des Staates sind. Mithin gibt es auch keine Marktpreise für Rohstoffe, Transportmittel, Infrastruktur, Vorprodukte, Maschinen und Fabriken. Auch nicht für Arbeitsleistungen. Ohne

Marktpreise ist Wirtschaftsrechnung unmöglich. Einnahmen und Ausgaben sind nicht anhand von Preisen vergleichbar. Ist das Ergebnis der Produktion mehr wert, als was die Produktion gekostet hat? Wurde Wert geschaffen oder vernichtet? In einem Markt kann der Unternehmer mittels Marktpreisen seine Gewinne und Verluste berechnen. Ohne Wirtschaftsrechnung ist dies unmöglich. Ressourcenverschwendung ist die unweigerliche Folge. Es gibt auch keine Richtschnur, was produziert werden soll und auf welche Weise. Die Preise als unersetzliche Navigationshilfen fehlen.

Stellen wir uns vor, ein wohlwollendes sozialistisches Zentralkomitee möchte zwei Städte verkehrstechnisch miteinander verbinden. Indes liegt zwischen den beiden Städten ein See. Die Berater und Experten des Zentralkomitees legen vier Möglichkeiten vor. Erstens könnte eine Brücke über den See gebaut werden. Zweitens könnte eine Fähre produziert werden, die Wagen und Fußgänger über den See setzt. Drittens bestünde die Möglichkeit, einen Tunnel unter dem See zu bauen. Und viertens könnte eine Straße um den See herum gebaut werden. Das Zentralkomitee kann über alle Produktionsmittel der Volkswirtschaft verfügen und jede der vier Möglichkeiten wählen. Jede Möglichkeit hat eine andere Realisierungsdauer und benötigt eine andere Kombination von Produktionsmitteln. Die Brücke benötigt neben vielen Arbeitern vor allem Steine. Die Fähre bedarf Materialien für den Schiffsbau wie Stahl, Naturfasern, Teer. Der Tunnel braucht zur Fertigstellung Schaufeln und Bagger. Die Fertigstellung der Straße benötigt Planierraupen, Bitumen und Gesteinskörnungen. Doch welche Option ist die Beste?

Bei dieser Frage tappen die Planer im Dunkeln. Die Wirtschaftsrechnung kann ihnen nicht helfen. In einer

Marktwirtschaft mit Marktpreisen wäre es möglich zu berechnen, wie viel jede Einzelne dieser Optionen kostet, und auf dieser Basis ließe sich dann eine Entscheidung fällen. Im realen Sozialismus gibt es jedoch keine Marktpreise für Stahl, Steine, Bitumen, Teer, Schaufeln oder Planierraupen, weil der Staat Eigentümer dieser Produktionsmittel ist. Stahl, Steine, Bitumen, Teer werden nicht im Markt gehandelt. Auch den Zins, der unterschiedliche Konstruktionszeiten vergleichbar macht, kennt ohne Kapitalmärkte niemand.

Wenn sich das Komitee auf eine Option geeinigt hat und zum Beispiel beschließt, die Brücke zu bauen, dann kann das Komitee nicht wissen, ob das Projekt insgesamt Wert schafft oder vernichtet. Dank der Brücke kommt man schneller von einer Stadt zur anderen. Doch überwiegt dieser Vorteil die Kosten? Immerhin haben die Bauarbeiter viel Zeit dafür aufgewendet. Ihre Arbeitszeit und die Steine hätten statt für den Brückenbau auch anderweitig eingesetzt worden können. Wohnhäuser hätten gebaut werden können, um die Wohnungsnot zu lindern, oder ein Theater, um die Freizeit der Bürger zu versüßen. Wären andere Optionen gewählt worden, sähe es genauso aus. Statt einer Fähre hätten mit den gleichen Ressourcen auch mehrere Fischerbote gebaut werden können. Wurden nun Werte geschaffen oder zerstört? Die sozialistischen Planer können es nicht wissen ohne das Hilfsmittel der Wirtschaftsrechnung. Nur eine Gewinn- und Verlustrechnung könnte anzeigen, ob die Brücke oder die Fähre Werte geschaffen oder zerstört haben, weil wichtigere Ziele aufgegeben werden mussten.

Im realen Sozialismus ist Wirtschaftsrechnung gänzlich unmöglich, weil es keine Marktpreise für Produktionsmittel geben kann, da diese in Staatshand sind. Doch auch in heutigen Gesellschaften ist die Wirtschaftsrechnung entstellt, weil die Preise durch Regulierungen und Subventionen verzerrt sind. Die Verzerrung der Wirtschaftsrechnung aufgrund von Staatseingriffen hat Fehlinvestitionen zur Folge. Damit die Wirtschaftsrechnung richtig funktionieren kann, braucht es freie Marktpreise, um berechnen zu können, welche Investitionsprojekte Wert schaffen und welche Werte zerstören. Zudem gibt es heute sozialistische Inseln in unseren Gesellschaften, wenn der Staat selbst tätig wird. Die staatlichen Planer wälzen die Kosten ihrer Aktivitäten auf die Steuerzahler ab. Außerdem streben die Akteure innerhalb des Staates nicht auf Gewinn, sondern nach Machterhalt und Vergrößerung.

Nehmen wir das Beispiel der staatlichen Aktivität im Gesundheitssektor. Wenn der Staat die Aufgabe der Gesundheitsversorgung der Bevölkerung an sich reißt, stellen sich naturgemäß einige Fragen: Wie viele Krankenhäuser soll es im Land geben? Je mehr Krankenhäuser es gibt, desto besser, denn die Anfahrtszeiten werden kürzer und es gibt mehr Betten. Doch reicht es, wenn in jeder Stadt ein Krankenhaus steht? Sollte nicht besser in jedem Stadtteil eines vorhanden sein? Besser noch in jeder Straße? Warum nicht neben jedem Haus? Der Staat könnte das ganze Volkseinkommen für die Gesundheitsversorgung ausgeben. Dies mag Vorteile haben, doch es gibt auch Nachteile. Wie kann man berechnen, ob Vorteile oder Nachteile überwiegen?

Je mehr für die Gesundheitsversorgung ausgeben wird, desto weniger Ressourcen bleiben für die Befriedigung anderer Bedürfnisse wie Sicherheit (Polizei, Armee), Bildung (Schulen), Essen, Kleidung, Freizeit, Wohnraum, Urlaub, Kultur und so weiter. Es gibt nur zwei Möglichkeiten. Entscheidet der Staat, welcher Anteil des Volkseinkommens für die Bereiche Gesundheit, Bildung, Sicherheit usw. ausgegeben wird, ist die Entscheidung immer willkürlich. Wenn mehr für Gesundheit ausgegeben wird, kann der staatliche Planer nicht wissen, ob ein dringenderes Bildungsbedürfnis deswegen unbefriedigt bleiben muss. Das ist das Problem der Wirtschaftsrechnung im Etatismus. Die Alternative zur staatlichen, gewaltsamen Entscheidung ist: Die Menschen entscheiden friedlich im marktwirtschaftlichen Miteinander, wie viele Ressourcen sie zur Befriedigung der jeweiligen Bedürfnisse aufwenden. Im Marktprozess geben die Gewinne und Verluste der einzelnen Unternehmen wichtige Signale. Werden zu viele Krankenhäuser gebaut und zum Beispiel zu wenige Schulen, dann machen Krankenhäuser Verlust und im Bildungssektor sprudeln die Gewinne. Die Wirtschaftsrechnung mit ihren Zwillingssignalen Gewinn und Verlust zeigt, wo mehr und wo weniger investiert werden soll.

Theorie des Interventionismus

Manchmal wird argumentiert, der reale Sozialismus sei schlecht, doch das andere Extrem, der Kapitalismus, ebenso. Es brauche daher einen Mittelweg, den Interventionismus. Im Interventionismus greift der Staat in die Marktwirtschaft ein, um die Marktergebnisse zu korrigieren und vor allem gerechter zu machen. Indes ist der Interventionismus instabil (Mises 2013).

Die staatlichen Eingriffe in das Wirtschaftsgeschehen verschlimmern die Situation. Sie führen zu Verzerrungen, die zu weiteren Eingriffen verleiten. Diese Folgeinterventionen führen aus Sicht der Planer zu ebenfalls unerwünschten Problemen, die mit weiteren Eingriffen bekämpft werden. Bis die ganze Wirtschaft unter einer Interventionsspirale begraben ist und der reale Sozialismus eingekehrt ist. Nehmen wir das Beispiel von Maximalpreisen für Mieten. Es herrscht Wohnungsknappheit und die Mieten steigen stark. Das Ziel dieser Maximalpreise für Mieten ist es, dass auch weniger kaufkräftige Menschen sich ihre angestammten Wohnungen leisten können. Aus Sicht der Eingriffsbefürworter kommt es dann unweigerlich zu unerwünschten Folgen. Wegen der Maximalpreise werden Eigentümer ihre Wohnungen zurückhalten und nicht vermieten. Dies ist aus offizieller Sicht der Interventionisten jedoch kontraproduktiv. Denn die Wohnungsknappheit wird weiter verschärft. Nun gibt es zwei Möglichkeiten. Entweder die Maximalpreise werden aufgehoben und die künstliche Knappheit entschärft sich durch einen Anstieg der Preise, was die Produktion neuer Wohnungen attraktiver macht. Oder aber der Staat reagiert mit weiteren Eingriffen. So könnte er beispielsweise Eigentümern Strafen auferlegen, wenn sie ihre Wohnungen leer stehen lassen. Sind die Wohnungen einmal abgenutzt, gibt es keinen Anreiz, sie zu renovieren. Neubauten lohnen sich nicht. Um die Produktion wieder attraktiv zu machen, könnte der Staat weiter an der Interventionsspirale drehen. Um den Neubau von Wohnungen rentabel zu machen, könnte er die Löhne von Bauarbeitern und Baumaterial regulieren und ihnen Maximalpreise setzen, sodass sich die Kalkulation wieder lohnt. Ohne diesen Eingriff würde die Wohnungsknappheit immer weiter steigen. Die Preisregulierung der Inputfaktoren für den Wohnungsbau macht diesen zwar wieder lukrativ, schafft indes ein neues Problem. Denn die Bauarbeiter und Baumaterialbesitzer werden sich nun in anderen Bereichen der Wirtschaft nach Verwendungen umsehen, in Bereichen, in denen die Preise noch nicht reguliert sind und mehr zu verdienen ist. Die Produktionsfaktoren werden aus der Bauindustrie abfließen und sich gewinnbringenderen Projekten zuwenden. Für die Eingriffsbefürworter bleibt die Rücknahme der Eingriffe oder die Flucht nach vorn, indem sie auch die Preise in den anderen Bereichen der Wirtschaft regulieren. Letztlich müssen alle Preise in jedem Sektor derart festgesetzt werden, dass die Produktion nach den Vorstellungen der Interventionisten verläuft. Die Arbeiter und Besitzer der Produktionsfaktoren müssen dann auch zu Arbeit und Verkauf gezwungen werden. Die planwirtschaftliche Produktionssteuerung ist durch die Interventionsspirale Wirklichkeit geworden; die Wirtschaft ist im realen Sozialismus gelandet. Als stabile Systeme gibt es mithin Kapitalismus und Sozialismus; der dritte Weg, der Interventionismus, ist indes instabil und neigt sich immer nach einer Seite.

Fürsorgestaat

Die Etatisten nennen den Fürsorgestaat lieber Wohlfahrtsstaat. Denn wer ist schon gegen Wohlfahrt? In einer Demokratie ist das sehr verführerisch. Wer ist nicht für zwei Monate Urlaub im Jahr? Wer fände die Viertagewoche nicht sehr gut? Warum nicht die Eintagwoche? Warum nicht den Mindestlohn auf 5000 Euro setzen? Und das Bürgergeld verdreifachen? Warum sind wir nicht früher darauf gekommen? Die Demokratie, in der Politiker mit dem Geld anderer Stimmen kaufen, entwickelt eine Dynamik, die immer weiter in den Etatismus führt. Die Etatisten argumentieren, die Reichen würden den Wohlfahrtsstaat bezahlen. Wer die Party aber wirklich bezahlt sind die Mittelschicht und Unterschicht. Der Steuerzahlergedenktag ist in Deutschland Ende Juli. Bis dahin arbeiten die Deutschen für den Staat! Diese Kosten des Fürsorgestaats sind vielen nicht bewusst.

Das staatliche Rentensystem ist ein auf Zwang aufgebautes Schneeballsystem, das mit Zwang neue Einzahler rekrutiert, denen man knapp 20 Prozent ihrer Einkommen enteignet. Davon wird nichts gespart, sondern alles direkt an die Rentner ausgezahlt. Das System wird durch die demographische Entwicklung immer weniger tragfähig. Bismarcks erklärtes Ziel mit der Einführung der staatlichen Rentenversicherung war es, die Deutschen vom Staat abhängig zu machen. Die wirtschaftliche Unabhängigkeit sollte ihnen verwehrt sein.[127] Im Alter sind die Deutschen auf den Staat angewiesen.

Auch die Kontrolle des Bildungssystems ist im staatlichen Interesse. Warum gehorchen die Menschen dem Staat? Warum sind sie bereit, mehr als die Hälfte des Jahres für ihn zu arbeiten? Freiwillig Frondienst zu leisten? Zum einen, weil sie sich daran gewöhnt haben, dass der Staat ihr Leben bis ins Detail regelt. Zum anderen durch die kontinuierliche Gehirnwäsche und Propaganda.[128] Die Mächtigen, die Befehle erteilen, umgeben sich mit einer Aura der Unantastbarkeit. Früher war es der Pharao, der zugleich Gott war, im Absolutismus war es das Gottesgnadentum, heute ist es die Demokratie und Volkssouveränität, die den Befehlen des Staates eine Art Heiligkeit verleiht. Eine intellektuelle Garde verteidigt die Mächtigen und legitimiert den Staat. Lehrer und Professoren, Journalisten und subventionierte Künstler. Brot und Spiele unterhalten die Untertanen, halten sie lebenslang abhängig. Bürgergeld und Arbeitslosenversicherung schaffen Arbeitslosigkeit. Sie senken zum einen die Anreize, Arbeit zu suchen und erhöhen die Kosten der Arbeit. So werden Arbeitsplätze zerstört und nicht geschaffen.

Die staatliche Subventionierung von Armut schafft Armut. Nachdem der amerikanische Präsident Lyndon B.

Johnson den Kampf gegen die Armut mit dem Fürsorgestaat und dem Aufbruch in die »Great Society« verkündete, stieg die Armut in den USA. Die Subventionierung von alleinerziehenden Müttern führten zu einer Verdreifachung der Anzahl der alleinerziehenden Mütter. Ebenso ruiniert die Entwicklungshilfe die Dritte Welt. In dieser Hinsicht zitierte Milei auf seiner Antrittsrede den spanischen Ökonomen der Österreichischen Schule Jesús Huerta de Soto: »Die Pläne gegen die Armut schaffen mehr Armut. Der einzige Ausweg ist mehr Freiheit.« Dem Armen soll man keinen Fisch geben, sondern eine Angel. Dazu braucht es Kapital und Ersparnisse. Und dafür Freiheit.

Klimawandel

Milei negiert den Klimawandel nicht. Das Klima hat sich immer gewandelt. Schon lange bevor der Mensch die Erde bevölkerte. Was Milei kritisiert, ist die Klimapolitik. Sie nimmt an, dass der Mensch für den Klimawandel verantwortlich ist. Der Klimakatastrophismus dient dazu, Subventionen und Gelder für Klimaaktivisten und Wissenschaftler aufzutreiben und eine Machtausdehnung des Staates zu rechtfertigen.

William Nordhaus mahnt an, keine Maßnahmen gegen Klimawandel zu ergreifen, deren Grenznutzen geringer sind als die Grenzkosten. Also keine Maßnahmen zu implementieren, deren Kosten höher sind als die möglichen Gewinne (beziehungsweise als die mögliche künftige Schadensvermeidung). Zudem müssen die künftigen Schäden auf den heutigen Tag abgezinst werden. Das neoklassische Argument, das Nordhaus den Wirtschaftsnobelpreis einbrachte, ist richtig. Aus »österreichischer« Sicht übersieht es jedoch ein noch grundlegenderes Problem. Die staatlichen Behörden können gar nicht an die Informationen über die Grenzkosten und Grenzgewinne ihrer Klimamaßnahmen kommen. Sie sind blind wie die Entscheider in der Sowjetunion beim Gosplan. Sie verschwenden Kapital.

Ein Vorteil von CO_2-Emissionen ist der Düngereffekt. Pflanzen wachsen schneller. Der Planet wird grün. Wenn durch den Klimawandel die riesigen Landschaften Sibiriens grün werden und Weizen produzieren, sind das zu berücksichtigende Vorteile. Weniger Menschen müssen hungern. Durch die Änderungen des Klimas gewinnen einige Grundstücke und Immobilien an Wert, andere verlieren an Wert. Wie soll das aufgerechnet werden? Zudem liegen Gewinne und Verluste in der Zukunft und müssten diskontiert werden. Die staatliche Agenda von Freiheitseingriffen aufgrund eines menschengemachten Klimawandels entbehrt jeder ökonomischen Grundlage.

Die vielleicht wichtigste Eigenschaft der Menschen und der Marktwirtschaft ist ihre Anpassungsfähigkeit. Als am Ende des 19. Jahrhunderts sich die Exkremente von Pferden auf den Straßen zu türmen begannen, wurden Konferenzen von Wissenschaftlern einberufen (Davies 2004). Bei Fortsetzung des Wirtschaftswachstums würden die Straßen unter Pferdeäpfeln verschwinden. Das Problem schien unlösbar. Es kam jedoch anders. 1886 entwickelten Gottfried Daimler und Carl Benz zeitgleich die ersten Automobile der Welt. Als die Automobile die Straßen zu erobern begannen, verschwand das Pferdeäpfelproblem. Es war nicht nötig gewesen, das Wachstum anzuhalten. Es folgten Wohlstand und nie gekannter Überfluss. Heute schränken die Staaten Forschung zu Verbrennungsmotoren ein. Ab 2035 ist der Verkauf von CO_2 ausstoßenden Autos in der EU verboten. Die Planer der EU wollen alle Forschung in Elektroautos lenken. Sie maßen sich an zu wissen, was die beste Technologie ist. Sie halten sich für Götter, die unser Leben dirigieren dürfen.

3. Wachstum und Ressourcenknappheit

Schwarzseher wie Robert Malthus und der Club of Rome lassen die menschliche Kreativität in ihren Vorhersagen unberücksichtigt. Aus Sicht der Biologie ist klar: Bei begrenzten Ressourcen kann eine Population von Bakterien, Mücken oder Elefanten nur bis zu einer gewissen Grenze wachsen. Nur sind wir Menschen keine Bakterien, Mücken oder Elefanten, wir sind kreative Wesen. Dadurch ist das Wachstum auch grenzenlos. Dieser nicht intuitive Punkt führte auch zur berühmten Wette zwischen dem Ökonomen Julian Simons und dem Biologen Paul Ehrlich, der die biologischen Erkenntnisse bei Bakterien, Mücken und Elefanten auf den Menschen extrapolierte. Ehrlich hatte mit *The Population Bomb* aus dem Jahr 1968 weltweite Hungersnöte durch das Wachstum der Weltbevölkerung bei gleichzeitig begrenzten Ressourcen vorausgesagt. Der Ökonom Simons, Autor des Buches *The Ultimate Ressource* (1981) hielt das menschliche Gehirn und damit die menschliche Kreativität für die ultimative Ressource. Wenn es wahr wäre, dass die Ressourcen begrenzt seien, dann müssten bei Verbrauch von Ressourcen und Anstieg der Weltbevölkerung die Ressourcen immer knapper werden und inflationsbereinigt im Preis steigen. Simons bot im Jahr 1980 Paul Ehrlich an, fünf Rohstoffe auszusuchen und ihre Preisentwicklung über 10 Jahre zu verfolgen. Würde der Warenkorb aus diesen Rohstoffen inflationsbereinigt steigen, weil sie knapper würden, hätte Ehrlich gewonnen und würde von Simons 1000 Dollar erhalten. Würden sie im Preis fallen, wäre es umgekehrt. Trotz eines Anstiegs der Weltbevölkerung um über eine Milliarde Menschen zwischen 1980 und 1990, fielen die Preise und Simons gewann. Eine Wiederholung der Wette mit einem erhöhten Wetteinsatz von 10 000 Dollar wollte Ehrlich dann nicht mehr eingehen.

Das statische Denken lässt die menschliche Kreativität unberücksichtigt. Es versteht nicht, wie es möglich ist, dass die ökonomisch nutzbaren Ressourcen immer weiterwachsen und die zum Erwerb der Ressourcen notwendige Arbeitszeit kontinuierlich sinkt.[129] Dieses statische Denken liegt nicht nur dem Club of Rome zugrunde, sondern auch dem Forum von Davos, das als eine Art Weltregierung mit den Problemen der Welt fertig werden will. In einer Vergötterung der menschlichen Vernunft, wird die Lösung unserer Probleme in der Weisheit von Spezialisten und Technokraten gesehen, die eine Weltregierung beraten.

Der Konflikt zwischen Menschen und Natur ist nur einer von vielen künstlich kreierten Konflikten. Wie wir bereits sahen, suchten die Etatisten nach dem Fall der Berliner Mauer neue Steckenpferde für ihre Ideen. Es gab immer weniger Proletarier. Immer mehr Menschen entkamen dank Kapitalismus und Globalisierung der Armut. Also mussten Etatisten und Sozialingenieure neue Opfer suchen, denen der Staat zur Hilfe eilen konnte. Wie Milei in Davos ausführt, werden so künstliche Konflikte zwischen Männern und Frauen geschaffen. Doch im freien Markt gibt es einen derartigen Konflikt nicht, da die Teilnehmer vor dem Recht gleich sind. Auch zwischen sexuellen Minderheiten, der sogenannten LGBTQIA+-Community und Heterosexuellen sollen

Konflikte gesät werden, obzwar im Markt immer Rechtsgleichheit besteht.

Dennoch behaupten die egalitären Etatisten, sie müssten Menschen mittels Umverteilung gleichmachen. Damit schüren sie Konflikte, da sie mit ihrer statischen Konzeption den Kuchen, den sie für gegeben ansehen, umverteilen. Aber Größe und Zusammensetzung des Kuchens sind nicht gegeben. Der zu verteilende Kuchen ist unbekannt, bevor er geschaffen, bevor er entdeckt wird. Selbst die Zutaten müssen entdeckt werden. Dazu braucht es findige Unternehmer, die Rezept und Kuchen in einem dynamischen Prozess entwickeln und backen. Aus diesen Gründen ist für Israel Kirzner jeder Unternehmergewinn gerecht.[130] Denn wer etwas neu entdeckt oder findet, der soll es behalten dürfen. Das ist gerecht. Gesellschaften, die den Entdeckern ihren Fund enteignen, müssen auf technologischen Fortschritt und Wohlstandsschaffung verzichten. Der Kuchen wird kleiner und schmeckt weniger.

Armancio Ortega, der reichste Mann Spaniens und Gründer von Zara, besitzt ein geschätztes Vermögen von etwa 80 Milliarden Euro. Würde er enteignet und sein Vermögen gleichmäßig an die 8 Milliarden Menschen auf der Welt verteilt, könnte jeder Erdenbewohner sich über 10 Euro freuen. Ein McDonald‘s-Menu später und alles wäre verfrühstückt. Gleichsam wären alle Fabriken, Angestellten und Millionen von zufriedenen Kunden von Inditex, so heißt die Mutterfirma von Zara, Geschichte. Um der Armut zu entfliehen, so lehrt die Österreichische Schule, müssen die Sparer, auch Kapitalisten genannt, gut behandelt werden. Sparen erlaubt die Erstellung von Kapitalgütern; und Kapitalgüter, wie Maschinen, Computer oder Software steigern die Produktivität der Arbeit. Und weil der Arbeitslohn davon abhängt, was die Arbeiter produzieren, bedeutet ein mehr an Sparen und Kapitalgütern letztlich höhere Reallöhne. Ein US-amerikanischer Bauer verdient hundertmal so viel wie ein indischer Bauer, weil er hundertmal produktiver ist; und er ist hundertmal produktiver, weil er hundertmal so viele Kapitalgüter hat. Der amerikanische Bauer kann an einem Tag, dank Traktoren, GPS, Bewässerungsanlagen, Computern und Düngern, das hundertfache dessen produzieren, was der indische Bauer produziert, der mit einem von Ochsen gezogenen Pflug ausgestattet ist. Daher müssen die Sparer ermutigt werden, damit sie Kapital akkumulieren. Steuern auf Gewinne und Kapital sind die schädlichsten Steuern. Der Neid, der zur Besteuerung von Gewinnen und Kapital führt, schädigt die Verletzlichsten, die am wenigsten verdienen, weil Arbeitsproduktivität und die Löhne sinken. Die Bevölkerung wird regelmäßig von Demagogen getäuscht und sieht die Zusammenhänge nicht. Javier Milei ist es gelungen, diese Täuschung zu durchbrechen. Das ist sein großer Verdienst.

V

Mileis Erfolge – eine globale Blaupause?

1. Das argentinische Wirtschaftswunder

Mileis Projekt, Argentinien einer radikalen Liberalisierung zu unterziehen, ist ehrgeizig, aber nicht ohne Präzedenzfall. Wir brauchen gar nicht weit zu suchen. Denn Deutschland hat selbst einmal durch Ludwig Erhard eine liberale Schocktherapie erfahren.

Nach der militärischen Niederlage war Deutschland ökonomisch, sozial, moralisch und politisch an einem Tiefpunkt. Die »Stunde Null«.[131] Etwa 7 Millionen Deutsche hatten in Krieg und Vertreibung ihr Leben gelassen. Deutsche Städte waren zerbombt. In der unmittelbaren Nachkriegszeit litten viele Deutsche an Hunger. Die Arbeitslosigkeit war hoch. Eine dysfunktionale Währung und eine durch Preiskontrollen zurückgestaute Inflation trieb die Menschen in den Schwarzmarkt und die Tauschwirtschaft. Die zurückgestaute Inflation barg in sich die Gefahr einer Hyperinflation.

Die Alliierten hatten die Kontroll- und Befehlswirtschaft der Nationalsozialisten in großen Teilen bestehen lassen. Lebensmittel und Konsumgüter wurden mittels Bezugsscheinen rationiert. Löhne und Preise waren administrativ gedeckelt, Roh- und Grundstoffe zentral bewirtschaftet, der Außenhandel kontrolliert.

Dann schlug die Stunde von Ludwig Erhard. Der Ordoliberale Ludwig Erhard war mittelbar von den Ideen der Österreichischen Schule beeinflusst. In der Nachkriegszeit nahm er am Privatseminar von Adolf Weber, einem

Freund von Ludwig von Mises, teil.[132] Erhard verband auch eine persönliche Freundschaft mit dem Ordoliberalen Wilhelm Röpke, der in den 1930er-Jahren Kollege von Mises am Institut des Hautes Études Internationales in Genf gewesen war. Sowohl Röpke als auch der Ordoliberale Walter Eucken standen Hayek nahe.[133]

Im März 1948 wurde Ludwig Erhard zum Direktor der Wirtschaftsverwaltung des Vereinigten Wirtschaftsgebietes (Bizone) ernannt. Am Sonntag, den 20. Juni 1948, verkündete Erhard eine Währungs- und Wirtschaftsreform. Die von den Alliierten geplante Währungsreform beinhaltete die Einführung der Deutschen Mark und eine neue Währungsordnung mit einer unabhängigen Zentralbank und dem gesetzlichen Verbot von Haushaltsdefiziten. Der drohende Geldüberhang wurde mit der Währungsreform abgebaut.

Ohne sich vorher mit den Alliierten abgesprochen zu haben oder sie gar um Genehmigung zu bitten, verkündete Ludwig Erhard an diesem für die Zukunft der Bundesrepublik so bedeutenden Tag auch die Aufhebung der Preiskontrollen im Radio. Was dann geschah, ist legendär. Über Nacht füllten sich die Schaufenster. Der Startschuss für das Wirtschaftswunder war gegeben. Erhard hatte richtig eingeschätzt, dass an einem Sonntag die Besatzungsbürokratie nicht arbeiten würde. Doch am Montag wurde er zur Rede gestellt: Er habe ohne Befugnis gehandelt. Er dürfe die Alliierten Vorschriften nicht eigenmächtig ändern. Erhard antwortete, er habe die Vorschriften nicht abgeändert, er habe sie aufgehoben. Als ihm General Lucius Clay, Militärgouverneur der amerikanischen Besatzungszone, erklärte, seine Berater sagten ihm, er habe einen schweren Fehler begangen, antwortete Erhard, Clay solle seinen Beratern nicht glauben, seine Berater hätten ihm dasselbe gesagt.[134]

Im Zuge der Wirtschaftsreform wurden nicht nur 90 Prozent der Preisvorschriften aufgehoben. Sie wurden begleitet von Steuersenkungen und der Aufhebung von Restriktionen im Außenhandel. Zudem ersetzte die Währungsreform die funktionslose Reichsmark durch die DM. Eine Abkehr von der nationalsozialistischen Kommandowirtschaft war vollbracht. Die Schocktherapie wirkte und Deutschland kam ein paar Jahre nah an das Ideal eines Minimalstaats. Dennoch war es keine vollständig freie Marktwirtschaft und der Staat blieb selbst mit einigen Monopolunternehmungen wie der Bundespost oder der Bundesbahn wirtschaftlich tätig.

Ein verbreiteter Mythos ist der Glaube, der Marshall-Plan sei für das deutsche Wirtschaftswunder verantwortlich. Tatsächlich wuchsen jene Länder, die das meiste Geld vom Marshall-Plan erhielten, nämlich Großbritannien, Schweden oder Griechenland, zwischen 1947 und 1955 langsamer als die Achsenländer Deutschland, Österreich und Italien, die weniger Gelder erhielten.[135] Dank Ludwig Erhards Liberalisierungen übertraf das deutsche Pro-Kopf-Einkommen schon in den 1950er-Jahren jenes der Kriegsgewinner Frankreich und Großbritannien.

Von Juni bis Dezember 1948 – im Anschluss an die Schocktherapie – wuchs die westdeutsche Industrieproduktion um erstaunliche 50 Prozent. Dennoch gab es zu Beginn auch Gegenwind. Der Aufhebung der Preiskontrollen folgten Preissteigerungen und hohe Arbeitslosigkeit. Eine drohende Zahlungsunfähigkeit schwebte über der Bundesrepublik. In der Anpassungskrise nahmen die sozialen Spannungen zu. Im Dezember 1948 lehnten in einer Umfrage 70 Prozent der Befragten die Marktwirtschaft ab. Viele Stimmen forderten Preiskontrollen. Am 12. November 1949 kam es zum ersten und bisher einzigen Generalstreik in der Geschichte der Bundesrepublik. Er markierte den Höhepunkt der sozialen Spannungen (Prollius 2006, S. 82).

Ab 1951 wuchs die Bundesrepublik dauerhaft und selbsttragend. Das Wachstum des Bruttosozialprodukts in den 1950er-Jahren betrug 8 Prozent pro Jahr. 1953 kam es in der Folge gar zu fallenden Preisen. In der sich anschließenden Dekade lag das Wachstum immerhin noch bei knapp 5 Prozent pro Jahr: Das durchschnittliche Wirtschaftswachstum führte zu einer allgemeinen Akzeptanz der Marktwirtschaft und der politischen Ordnung insgesamt. Hilfreich war dabei auch Ludwig Erhard selbst, der sich nach seinem Reformstreich darum bemühte, mit Vorträgen, Interviews, Aufsätzen und Büchern, seine Wirtschaftspolitik und die Vorzüge der Marktwirtschaft zu verteidigen. Kurzum, Ludwig Erhard engagierte sich im Kulturkampf.

Die Ähnlichkeiten zu Javier Mileis Argentinien sind unübersehbar. Wie Deutschland nach dem Zweiten Weltkrieg, liegt auch Argentinien sozial und kulturell nach Jahrzehnten des peronistischen Interventionismus am Boden. Dem politischen System fehlt es ebenfalls an Legitimation. Auch die Währung ist dysfunktional. Bei Mileis Amtsantritt stand Argentinien vor einer zurückgestauten Inflation, die sich in Richtung einer Hyperinflation beschleunigte.

Und wie Erhard ist auch Milei von der Österreichischen Schule beeinflusst. Jedoch stärker und direkter. Milei ist radikaler als Erhard, er möchte eine reine Marktwirtschaft und Kapitalismus. Er ist ein philosophischer Anarchokapitalist. Für ihn ist der Staat der Feind.

Wie Ludwig Erhard verordnet auch Milei seinem Land eine Schocktherapie. Denn, so schreibt er in seinem Buch *Camino del Libertario* (2022) »alle bisherigen graduellen

Reformen in Argentinien seit 1952 hätten ein schlechtes Ende genommen«.

Die ersten 100 Tage von Mileis Präsidentschaft hatten es in sich. Ähnlich wie in Deutschland nach dem Zweiten Weltkrieg, gelingt es ihm, die Staatsfinanzen zu stabilisieren. Hauptsächlich durch Sparmaßnahmen schafft es Milei, in den ersten drei Monaten einen Haushaltsüberschuss zu erzielen. Der nominale Anker, der ausgeglichene Staatshaushalt, senkt die Inflationserwartungen. Die Gefahr einer Hyperinflation scheint gebannt. Die Bilanz der Zentralbank verbessert sich. Die von Alberto Fernández hinterlassende Zeitbombe in Form von kurz laufenden, hochverzinsten Verbindlichkeiten wird entschärft.

Im *Decreto de Necesidad y Urgencia* (Dekret der Notwendigkeit und Dringlichkeit, DNU), erlassen am 20. Dezember 2023, 10 Tage nach Mileis Amtsantritt, geht es in 366 Artikeln um eine umfassende Deregulierung. Eine Schock-Befreiung der Argentinier. Hunderte von Gesetzen und Regulierungen werden abgeschafft oder freiheitlich modifiziert. Unter den aufgehobenen Gesetzen findet sich die Mietpreiskontrolle, die Regulierung der Angebotspalette von Supermärkten (ley gondolas), der Schutz nationaler Anbieter (compra nacional) und die Regulierung des Tourismus. Luftfahrtgesellschaften wird erlaubt, neue Verbindungen anzubieten. Die Zucker- und Weinindustrie werden dereguliert, ebenso wie der Banken- und Minensektor. Das DNU ermöglicht zudem die Privatisierung von Staatsunternehmen. Milei setzt sich das Ziel, alle Staatsunternehmen zu privatisieren. In Argentinien sind derartige Dekrete sofort gültig und bleiben es, solange sie nicht sowohl vom Senat als auch vom Kongress abgelehnt sind. Der Senat lehnte im März 2024 das DNU ab. Da der Kongress bis zum Schreiben dieser

Zeilen sich noch nicht mit dem DNU befasst hat, bleiben die Dekrete gültig.

Neben dem DNU wurde als zweites großes Projekt das *La Ley de Bases y Puntos de Partida para la Libertad de los Argentinos* (Das Gesetz der Grundlagen und Ausgangspunkte für die Freiheit der Argentinier) am 27. Dezember 2023 präsentiert. Dieses Gesetzgebungsvorhaben muss vom Kongress verabschiedet werden, um Gültigkeit zu erlangen. Das Gesetzespaket enthielt in seiner ursprünglichen Form 664 Artikel, darunter Deregulierungen und Privatisierungen. Das Paket schrumpfte auch den Staat. Der vielleicht wichtigste Artikel ist die Einführung einer Vertragsfreiheit, die sich über etwaige Regulierungen hinwegsetzen kann. Regulierungen haben nur noch ergänzenden Charakter. Gilt im Gesetz ein Kündigungsschutz für Mieter von drei Jahren, dann gilt dieser nur, solange die Vertragspartner nichts anderes ausmachen. Schreiben sie in den Mietvertrag, dass die Kündigungsfrist sechs Monate beträgt, so gelten diese sechs Monate.

DNU und *Ley Bases* bedeuten zusammen mehr als 1000 befreiende Maßnahmen. Mehr als 2000 zusätzliche Gesetzesvorhaben liegen in der Schublade. Denn im Jahr 2025 sind Kongresswahlen. Im Kongress hat Milei keine Mehrheit, so dass im ersten Anlauf das *Ley Bases* auch abgewiesen wurde. Trotz dieser politisch motivierten Blockadepolitik des Parlaments hat Milei es geschafft, die Staatsausgaben in den ersten 100 Tagen real um 35 Prozent zu senken. Zum einen durch die Absenkung von Staatsausgaben, beispielsweise durch die Senkung der Zahl der Staatsbediensteten und Ministerien. Zum anderen durch eine Anpassung von Staatsausgaben unterhalb der Inflationsrate. Kettensäge und Mixer.

Bei der Umsetzung seiner Reformvorhaben besteht mithin ein Unterschied zu Ludwig Erhard. In Argentinien kann Milei nicht einfach die Reformen machen, die er für richtig hält und für die er gewählt worden ist. Die Opposition hat eine Mehrheit im Parlament und möchte verhindern, dass er Erfolg hat. Sie blockiert die Reformvorhaben. Milei hat diese Opposition als Blockierer und Verräter denunziert und die Argentinier aufgefordert, ihr bei der nächsten Wahl einen Denkzettel zu verpassen.

Nach dem Scheitern des *Ley Bases* bot Milei in seiner Rede zur Eröffnung der Legislaturperiode den Politikern der anderen Parteien an, am 25. Mai 2024 in der argentinischen Stadt Cordoba einen Pakt für die Zukunft Argentiniens zu schließen, den *Pacto de Mayo* (Mai-Pakt). Dieser Pakt beinhaltete zehn Punkte. Erstens die Unverletzbarkeit des Privateigentums. Zweitens die Verpflichtung, keine Staatsdefizite in Kauf zu nehmen. Drittens eine Rückführung der Staatsquote auf 25 Prozent des BIP. Im Jahr 2023 lag diese bei etwa 36 Prozent. Im Vergleich dazu liegt Deutschland bei knapp 50 Prozent. Viertens umfangreiche Steuersenkungen. Fünftens eine vereinfachende Steuerreform. Sechstens die Gewinnung der argentinischen Bodenschätze. Siebtens eine Arbeitsmarktreform. Achtens eine Reform des Rentensystems, um dieses tragfähig zu machen. Neuntens eine Reform der Staatsstruktur und der Politik, um die Interessen von Politkern und Bevölkerung anzunähern. Zehntens Freihandel. Bedingung für den Pakt war das vorherige Beschließen des *Ley Bases*.

Diese Reformen, zu denen der *Pacto de Mayo* überparteilich verpflichten sollte, sind im Ausmaß mit Erhards Reformen vergleichbar. Jedoch lehnte die Opposition den Pakt zunächst ab.[136] Im Falle von Milei gibt es keine Alliierten, die er vor vollendete Tatsachen stellen könnte. Erhard war nicht vom Volk gewählt, als er die Aufhebung der Preisvorschriften verkündete. Das argentinische Volk hat Milei gewählt und steht trotz Anpassungskrise hinter ihm. Mileis Beliebtheitswerte sind ungebrochen. Zwar schmerzt die Rezession. Aber er hatte die Reformen im Wahlkampf angekündigt und war für sie gewählt worden. Die Argentinier verstehen, dass die Verarmung Argentiniens aus den Jahrzehnten des Kirchnerismus herrührt.

Es gibt Proteste auf den Straßen gegen die Reformen, ebenso wie im Falle von Ludwig Erhard. Vor allem die linken Parteien und Gewerkschaften mobilisieren gegen die Sparmaßnahmen und Reformen. Nach der Rezession wird der Aufschwung kommen. Nach Jahren des Kirchnerismus muss Milei die Tür der Freiheit nur einen Spalt öffnen, um Wachstum zu entfalten. Die Rückführung des Staatsdefizits bedeutet, dass mehr Ressourcen für die Privatwirtschaft zur Verfügung stehen. Natürlich dauert diese Anpassung ein wenig, genauso wie die Durchbruchskrise Ludwig Erhards seine Zeit dauerte. Der Vorteil Mileis gegenüber Erhard ist, dass er die Reformen nicht gegen die Bevölkerung macht wie Erhard. Denn die deutsche Bevölkerung lehnte die Marktwirtschaft zu Beginn ab und konnte sich erst allmählich für sie erwärmen, als die Ergebnisse sichtbar wurden. Milei hat den Kulturkampf in den zehn Jahren vor seiner Wahl geführt, während Erhard sich erst nach seinen Reformen so richtig um das Verständnis seiner Maßnahmen bei der allgemeinen Bevölkerung bemühte.

Mittlerweile ist Deutschland von der Marktwirtschaft der 1950er- und 1960er-Jahre weit entfernt. Die Staatsquote, die Steuer- und Regulierungslast sind immer weiter gestiegen. Deutschland ist auf dem schleichenden Weg in den Sozialismus vorangekommen. Längst ist das Land reif für ein neues Wirtschaftswunder, für eine neue radikale Schocktherapie. Die günstigen Zufälle, die einen Streich wie von Erhard von oben ermöglichten, wird es nicht mehr geben. Es bleibt das Modell Milei. Es braucht einen neuen Kulturkampf, der die Ideen und Werte der Freiheit den Deutschen näherbringt. Milei hat es vorgemacht. Sein Marketing, seine Rhetorik und Strategie haben Anschauungsunterricht geliefert. Es braucht eine charismatische Persönlichkeit, um diesen Erfolg auch in Deutschland zu wiederholen und den Deutschen zu einem neuen Wirtschaftswunder zu verhelfen.[137]

2. Die Wiederherstellung der ethischen Basis

Milei betont immer wieder, der Etatismus sei unmoralisch. Der Kapitalismus ist das einzig effiziente und gerechte Gesellschaftssystem. Aus Sicht der »Österreicher« wie Jesús Huerta de Soto sind Effizienz und Moral zwei Seiten derselben Medaille. Was gerecht ist, kann nicht ineffizient sein. Und was effizient ist, kann nicht ungerecht sein. Neoklassische Ökonomen hingegen glauben, man könnte Gerechtigkeit und Effizienz beliebig kombinieren, beispielsweise ein wenig Effizienz opfern für mehr Gerechtigkeit. Ökonomen wie Paul Samuelson entwickeln Wohlfahrtsfunktionen, mit denen sie die Gesamtwohlfahrt einer Gesellschaft zu berechnen vermeinen und dabei auch die Umverteilung berücksichtigen. Der Etatismus und die staatliche Umverteilung beruhen auf Gewalt. Und die Initiierung von Gewalt ist immer ungerecht.

Die vielleicht menschlichste Eigenschaft ist die Kreativität. In Freiheit schafft der Mensch Neues. Der Staat unterdrückt diese Freiheit. In Straflagern und Gefängnissen ist die Kreativität beispielsweise stark beschränkt. Die Deutschen müssen bis in den Juli arbeiten, um ihre Steuern zahlen zu können. Sie müssen Bußgelder entrichten. Regulierungen schreiben ihnen vor, was sie zu tun haben und was sie nicht dürfen. Wer unter diesen Vorzeichen als Unternehmer Erfolg hat, ist wahrhaftig ein Held. Denn es muss sehr viel Energie darauf verwendet werden, sich vor Vater Staat und seiner Bürokratie zu schützen. Es ist unmoralisch, uns nicht in Freiheit arbeiten und kreativ schaffen zu lassen. Der Sozialismus – allgemeiner: der Etatismus – ist daher nicht nur eine Tragödie, weil er mehr als 150 Millionen Tote zu verantworten hat und aus wissenschaftlicher Sicht unmöglich ist, sondern auch weil er die größte Unmoral ist.

3. Was wir von Milei lernen können

Dank des Phänomens Milei wissen wir heute: Was niemand für möglich gehalten hätte, kann mit der richtigen Strategie, besonderen Umständen und einer Portion Glück Wirklichkeit werden. Die Welt hat den ersten liberal-libertären Präsidenten. Wie beim Fall der Berliner Mauer hätte fünf Jahre zuvor niemand darauf gewettet, dass ausgerechnet in Argentinien ein Libertärer zum Präsidenten gewählt würde. Und wie beim Mauerfall sendet das Ereignis Schockwellen um die ganze Welt. Die Karten im Kampf der Ideen werden völlig neu gemischt.

Von Milei zu lernen, heißt erfolgreich zu sein. Natürlich ist nicht alles von Milei passend oder nachahmenswert. Dennoch können die Freiheitsfreunde gerade auch in Deutschland viele Strategien anwenden. Es geht nicht darum, Milei 1:1 zu kopieren, was auch unmöglich ist, sondern die von ihm erfolgreich eingesetzten Mittel kreativ auf die deutsche Situation zu übertragen.

Mileis Triumpf zeigt, auch nach Jahrzehnten sozialistischer Propaganda kann die Wahrheit obsiegen, so sie denn eloquent und gut verpackt ist. Eine Mehrheit möchte nicht mit Lügen verführt werden. Die Menschen schätzen Ehrlichkeit und Authentizität. Sie wollen keine falsche Solidarität, keine gekünstelte Politische Korrektheit, keine gestelzten Satzbausteine, keine hohlen, wohlklingenden Gutfühlphrasen. Die Menschen wollen zudem Politiker, die gebildet sind und von Wirtschaft etwas verstehen; keine Berufspolitiker, die nie anständig gearbeitet und ihr Studium abgebrochen haben. Sie hören sogar den Vorlesungen eines VWL-Professors zu, wenn dieser in der Lage ist, komplexe Sachverhalte anschaulich zu erklären. Und die Menschen haben einen Alltagsverstand, der sich durchsetzt. Sie verstehen. Das macht Hoffnung.

Natürlich kann man die außerordentliche Persönlichkeit, das Charisma eines Javier Milei, nicht klonen. Und für einen Politikwechsel und eine libertäre Revolution in Deutschland muss sich eine charismatische Persönlichkeit finden.

Folgende Punkte lassen sich von Javier Mileis Erfolgsgeschichte aber durchaus lernen. Erstens muss der Kulturkampf angenommen werden. Und zwar auf allen Ebenen. Wird er nicht ausgefochten, ist er schon verloren. Wir dürfen das Feld nicht den Etatisten überlassen. Die besseren Ideen, die Ideen der Freiheit, müssen überall verteidigt werden, in Kultur, Bildung, Medien und Politik. Und nicht nur in der akademischen Ökonomie. Es geht auch um die besseren Werte. Um die Werte, die eine freie, kapitalistische Gesellschaft lebensfähig und lebenswert machen. Es geht um Freiheit versus Gleichheit. Eigenverantwortung, Sparen, Opferbereitschaft, Familie, Religion, Caritas stehen gegen Nihilismus, Relativismus, »soziale Gerechtigkeit«, Beliebigkeit, Gendern, Klimahysterie. Milei macht es vor. Der Kulturkampf ist zu gewinnen. Die Menschen verstehen. Freiheit schafft Wohlstand. Sie durchschauen die sozialistischen Lügen, die an hehre Gefühle appellieren, um niedere Instinkte zu verbergen. Sie begreifen, dass der Kapitalismus die einzig gerechte Gesellschaftsordnung ist.

Zweitens können Mileis Rhetorik und sein Marketing Anschauungsunterricht geben. Sein hier bewiesenes Ausnahmetalent war bereits in früheren Kapiteln Thema. Milei ist auch mal laut geworden; sehr laut für mitteleuropäische Verhältnisse. Er hat sich nicht unterkriegen, nicht einschüchtern lassen. Er hat die Missstände beim Namen genannt. Die Politkaste hat er Parasiten genannt, sie lächerlich gemacht.[138] Der Kaiser ist nackt. Steuern sind Raub. Ein klares Narrativ von gut gegen böse, wir gegen die da oben. Und in einfache Worte verpackt. Für jedermann verständlich hat Milei wichtige wirtschaftliche und gesellschaftliche Zusammenhänge erklärt. Er hat es verstanden, gerade die Armen, die am meisten unter dem Joch des Staates zu leiden haben, auf seine Seite zu bringen. Wichtig hierbei war die unermüdliche Wiederholung der Argumente in einfachen Worten. Immer und immer wieder. Er hat den Kulturkampf auf allen Ebenen geführt, mit Vorträgen, Reden, Interviews, Debatten, Zeitungsartikeln, Büchern, Theaterstücken, Filmen, Rockkonzerten und Spaziergängen. Gleichzeitig hat er es verstanden, die Leitmedien zu umgehen. Über die sozialen Medien erreicht er sein Publikum direkt: vor allem die Jugend und über den Umweg der Jugend auch die Älteren. Der Kulturkampf braucht seine Zeit. Milei hat von seinen ersten Auftritten in den Medien bis zu seinem Durchbruch etwa zehn Jahre gebraucht. Es öffnete sich schließlich ein Fenster, durch das Milei zu schlüpfen wusste.

Drittens hat Milei die Schweigespirale durchbrochen und der schweigenden Mehrheit eine Stimme verliehen. Immer mehr Menschen wagen es, Ideen auszusprechen, die sie vielleicht nur unbewusst, intuitiv in sich trugen. Sie verstehen, dass die Ideen und Werte der Freiheit die Basis einer bürgerlichen, kapitalistischen Gesellschaft sind. Und dass der Staat nicht die Lösung, sondern das Problem ist. Den Kulturkampf hat Milei auf die internationale Ebene getragen. In Lateinamerika, auch in Spanien, ist Milei in aller Munde. Durch seine Rede in Davos, später auch beim CPAC, beim Milken Institute, bei Viva2024, bei den Hayek-Tagen 2024 und durch Interviews mit Tucker Carlson oder Ben Shapiro hat er große Verdienste im globalen Kulturkampf erwerben können. Damit hat Milei eine Vorlage geliefert, um den Kulturkampf auch in anderen Ländern erfolgreich zu führen.

Viertens braucht es eine solide, feste intellektuelle Basis für den Kulturkampf. Und das sind die Ideen des Libertarismus und der Österreichischen Schule. Die Ideen von Hayek, Mises, Rothbard, Hoppe und Huerta de Soto. Milei verstand es, einen autodidaktischen Bildungsprozess der Massen anzuleiten und zu führen. Viele seiner Wähler sind ökonomisch und philosophisch sehr gut gebildet. Sie hängen nicht nur den Ideen des Libertarismus und der Österreichischen Schule an, sie wissen diese Ideen auch argumentativ zu verteidigen. Ein Heer von Kulturkämpfern unterstützt Milei.

Fünftens können wir auch von Mileis strategischen Bündnissen lernen; auch wenn das ein kontroverser Punkt ist. Sein Bündnis mit nicht-etatistischen Konservativen, anti-globalistischen Patrioten und katholischen Traditionalisten ist aufgegangen. Im definitorischen Feld von »links« gleich »Gleichheit« und »rechts« gleich »Freiheit« hat sich ein anti-wokes Bündnis gebildet. Ist dieses Bündnis auf Deutschland übertragbar? Deutschland ist ein spezieller Fall. Gerade hier haben die Linken die Schraube überdreht. Alles, was nicht woke und linksradikal ist, wird von der radikalen Linken als rechts, rechtsradikal oder rechtsextremistisch eingestuft. Aber: »Nach fest kommt ab« – das gilt für Schrauben aller Art.

Die Schweigespirale und die Cancel Culture als Ausdruck postmoderner Zensur haben den Meinungsraum in krasser Weise verengt. Während der Ausspruch »Deutschland verrecke« die Linken nicht stört, werden

Deutschlandfahnen bei einem CDU-Sieg von Kanzlerin Merkel schnell beseitigt. Die Masseneinwanderung in den Sozialstaat von Menschen, die der abendlichen Kultur und Zivilisation nicht viel abgewinnen können, findet kein Ende. Aus ideologischen Gründen wird billiger Strom in Deutschland abgeschaltet. Höhere Stromkosten, Deindustrialisierung und Degrowth sind erklärte Ziele (»Wohlstand des Weniger«). Arbeitsplätze und Wohlstand verschwinden. Die deutsche Sprache wird durch Gendern entstellt. Kinder werden frühsexualisiert. Per Sprechakt werden Geschlechter umgewandelt.

Die ehemals konservative CDU ist weit nach links gerückt, genauso wie Medien, Prominente und öffentliche Meinung. Immer weniger trauen sich zu sagen, was sie denken. Die rechtschaffenen normalen Deutschen sind jedoch nicht woke-links. Sie scheuen sich zu sagen, was sie als normal empfinden, weil es als »rechts« geframt wird.

Die linke Ideologie ist eine utopische, kindische Auflehnung gegen die Realität. Sie möchte Gleichheit, obwohl die Realität ungleich ist. Die Linke ist damit anormal, utopisch. Sie hat sich mit der Zeit immer weiter von der Realität entfernt. Kurz- und mittelfristig war es ein bewährtes Mittel, immer weiter nach links zu schwenken und alles, was zurückblieb, als »rechts« gleich böse zu brandmarken. Rein aus machtpolitischen Gründen. Es hat sehr gut funktioniert. Zu gut.

Denn die Linke hat sich in eine Sackgasse manövriert. Deutschland ist sittlich, moralisch, demografisch und wirtschaftlich angeschlagen. Die Linke hält zwar die Meinungsvorherrschaft, aber sie vertritt nicht mehr die Mehrheit. Viele normale, rechtschaffende Menschen sehen sich kaum noch politisch repräsentiert. Die Chance ist da. Es gilt, die normalen, hart arbeitenden, produktiven Menschen anzusprechen, die am meisten unter dem Staat zu leiden haben und die den Wokeismus leid sind. Für die Freunde der Freiheit bietet sich eine Möglichkeit, mit einem antilinken, freiheitlichen Bündnis den Erfolg Mileis zu wiederholen.

Epilog

Eigentlich ist die Geschichte Javier Mileis zu unglaublich, um wahr zu sein. Aus dem Nichts, wie durch eine wundersame Vorsehung, ist Milei der erste liberal-libertäre Präsident der Welt geworden. Wie ein Tsunami ist er über Argentinien gefegt und hat die Herzen der Menschen erobert, weit über Argentinien hinaus. Das *Time Magazine* zählt ihn 2024 zu den 100 einflussreichsten Menschen der Welt.

Die Liberalen sind in den meisten Ländern eine kleine Minderheit. Unter den Liberalen sind die Anhänger der Österreichischen Schule eine Minderheit. Insofern ist Javier Milei, ein Präsident, der Anhänger der Österreichischen Schule ist, ein Wunder. Es ist zu einem beispiellosen, unvorhersehbaren Aufschwung der Ideen dieser ökonomischen Denkrichtung gekommen. Denn wenn der Präsident Argentiniens ihnen anhängt, dann muss etwas dran sein. Dann sind sie ernst zu nehmen.

Javier Mileis Verdienste sind zahlreich. Die folgenden sind die wichtigsten: Erstens hat er gezeigt, wie die Ideen der Freiheit attraktiv zu verpacken sind, um sie jedermann verständlich zu machen. Zweitens hat er allen Freiheitsfreunden Hoffnung gegeben. Libertäre Ideen können verwirklicht werden. Sie sind nicht zum Außenseiterdasein verdammt. Drittens hat er es geschafft, eine unter Libertären weit verbreitete Meinung in Frage zu stellen. Viele Libertäre argumentieren, man müsse sich von der Politik fernhalten und nur die Ideen der Freiheit verbreiten. Politik korrumpiere. Milei zeigt, Politik kann ein legitimer Weg sein. Zum einen kann die Politik als Bühne zur Verbreitung libertärer Ideen dienen. Die Reichweite ist enorm. Zum anderen kann nur innerhalb der politischen Institutionen effektiv gegen den Vormarsch der sozialistischen Ideen Widerstand geleistet werden. Viertens hat Milei Rothbards Strategie eines

Bündnisses zwischen Libertären und anti-etatistischen Konservativen erfolgreich vorexerziert. Fünftens hat Javier Milei die Bedeutung des Kulturkampfes wie kein Zweiter erkannt und vorgemacht, wie er tagtäglich auf allen Ebenen zu führen ist. Und er ist dabei, ihn zu gewinnen. Als ich ihm von meinem Erlebnis mit der bolivianischen Kioskbesitzerin schrieb, die in Madrid seine Videos anschaut, antwortete er mit: VAAAAMOOOO. In diesem Kontext ist das ein enthusiastisches »Vorwärts!«.

Trotz all dieser Erfolge bestehen einige Gefahren. So ist Milei auf die Zusammenarbeit mit Leuten angewiesen, die andere Ziele verfolgen. Zu diesen Leuten zählen Monetaristen, Ökonomen der Chicago Schule, die im Gleichgewichtsdenken verfangen sind und beispielsweise an die Notwendigkeit einer Zentralbank und staatlichen Währung glauben. Und da ist noch der Deep State. Politiker, Staatsbedienstete, Verwaltung und Bürokratie verfolgen ihre ganz eigenen Interessen und füttern Milei mit ihren Informationen. An der Schaltstelle der Macht kommen daher veraltete und teilweise verfälschte Informationen an. Manipulationen, falsche Tatsachen und übertriebene Restriktionen können den Blick trüben. So besteht die Gefahr, dass Milei Kompromisse eingeht, die ihn vom libertären Weg abbringen, auch wenn er sich so Unterstützung sichert.

Schon zu Beginn seiner Amtszeit gab es Kompromisse, die einem Libertären nicht schmecken. Ihm selbst auch nicht. Trotz seiner Ankündigung im Wahlkampf, er werde sich eher den Arm abschneiden, als Steuern zu erhöhen, tat Milei genau das, wenn auch nur in geringem Maße und mit dem Zweck, seine Reformagenda voranzubringen. Aber insgesamt führte er die Staatstätigkeit und Belastung der Bürger zurück. Ein weiteres Beispiel ist die Einführung von Preisvorschriften bei privaten Krankenkassenbeiträgen. Die Drogenfreigabe hat er als langfristiges Ziel im Auge, intensiviert in der Zwischenzeit jedoch den Kampf gegen die Drogenmafia. Zudem hat er F-16 Kampfjets für das Militär gekauft. Diese Kompromisse bringen ihm die Unterstützung von konservativen und neoklassischen Verbündeten oder sind Bedingungen des IWF. Von außen ist es schwer nachvollziehbar, welche Restriktionen es gibt.

Letztlich wird Mileis Erfolg davon abhängen, wie stark und nachhaltig er seine Verbündeten, vor allem Konservative und anti-globalistische Patrioten, von den Ideen der Freiheit überzeugen kann. Sein Auftritt beim CPAC 2024 ist Teil dieser Überzeugungsversuche. Langfristig ist die größte Gefahr, dass der Deep State und die Opposition seine Reformen blockieren und torpedieren und infolgedessen der Liberalismus und die Österreichische Schule für das Fehlschlagen seiner Reformagenda verantwortlich gemacht werden. Kritiker werden dann argumentieren, Argentinien zeige, dass die libertären Ideen nicht praktikabel seien. Dieses falsche Spiel ist vorhersehbar.[139]

Die Gefahr bleibt damit bestehen: Der Staat ist der tödlichste Virus, der alles zerstört und sich immer weiter ausbreitet. Staatsversagen mobilisiert jedoch Gegenkräfte, auch weil die etatistischen und sozialistischen Narrative immer weniger verfangen. Javier Milei hat die sich dadurch bietenden Chancen genutzt. Sein Mut hat ihn bis ins Präsidentenamt getragen. Und zwar, weil er die Menschen gegen den Staatsvirus impft. Die Impfung erfolgt durch die Verbreitung der Lehren der richtigen Ökonomie, der Ökonomie der Österreichischen Schule. Den Menschen in Argentinien sind Hayek, Mises und Rothbard ein Begriff. Auch der »Anarchokapitalismus« ist kein unbekannter Ausdruck mehr, sondern mittlerweile in aller Munde. Die Schweigespirale ist durchbrochen. Viele, die Milei reden hören, sagen, »so habe ich auch immer gedacht«, »endlich spricht jemand aus, was ich glaube«, »wir brauchen hier auch einen Milei«, »ich bin Libertärer«, »ich bin Anarchokapitalist«. Und es ist nie zu spät für diese Erkenntnis. Die Menschen entdecken, dass sie eigentlich Libertäre sind. Durch sein Handeln und Wirken hat der politische Anführer Milei neue Anhänger der libertären Ideen geschaffen.

Für die Verbreitung der guten Ideen der Freiheit ist die Menschheit Milei zu größtem Dank verpflichtet. Was auch immer noch passieren mag, sein Beitrag ist schon heute von unschätzbarem Wert. Javier Milei ist ein Held der Freiheit. Und wenn Milei nur ansatzweise Erfolg hat, kann man sich ausmalen, was los ist. Daher sind die Etatisten so nervös und versuchen alles, um ihn zu delegitimieren und zu torpedieren. Sie wollen ihre Privilegien nicht verlieren. Wenn Milei aller Widrigkeiten zum Trotz in Argentinien Erfolg hat, wird es Nachahmer geben, hoffentlich auch in Deutschland. Und die Tour der Freiheit wird weitergehen. Denn Mileis Ziel ist eine kulturelle libertäre Revolution, nicht nur in Argentinien, sondern weltweit. Davon zeugen seine zahlreichen Vorträge im Ausland.

Daher kann dieses Buch auch nur damit enden, Javier Milei für seinen persönlichen Einsatz und seine unschätzbaren Verdienste um die Verbreitung der Ideen der Freiheit zu danken. ¡Mil gracias! ¡Viva la libertad, carajo!

Nachwort von Markus Krall

Ist das Modell Argentinien auf Deutschland und Europa übertragbar?

Alle starren auf Argentinien: Die Libertären und Liberalkonservativen mit Staunen, ja mit Vorfreude auf das zu erwartende Gelingen eines gesellschaftlichen Experiments, das in Wahrheit gar kein Experiment ist, sondern das unsinnige sozialistische beendet. Die Linken aber erwarten, wie das sprichwörtliche Kaninchen vor der Schlange, in jedem Moment gebissen zu werden, wie es der ausbeuterischen Politikerklasse im achtgrößten Land der Erde gerade schon ergeht.

Außer »Mimimi« hört man von der Mainstream-Journaille nur die nicht argumentativ unterlegte Behauptung, dass der libertäre Umbau Argentiniens durch Präsident Javier Milei scheitern wird, ja scheitern muss. Kaum verhohlene Sympathie für linke Umsturz- und Putschgerüchte wabern durch den Blätterwald. Und wenn das nicht funktioniert, hat man immer noch die Hoffnung, dass es irgendwie aus ökonomischen Gründen scheitern könnte, weil diese postkeynesianischen MMT-Adepten die Weisheit ja mit den Löffeln gefressen haben und sich daher ihrer gerechten Sache sicher sind, wissenschaftlich natürlich.

Das wird aber nicht passieren. Der Grund ist so einfach wie unwiderlegbar: Freie Länder werden wohlhabend, unfreie Länder werden arm. Das sagt die Österreichische

Schule der Nationalökonomie, und darin wurde sie hundertfach von der empirischen Forschung bestätigt. Ohne das in aller epischer Breite an dieser Stelle auswalzen zu wollen, sei auf die Erhebungen der *Heritage Foundation* verwiesen. Wer das Gegenteil behauptet, ist entweder dumm oder hat eine eigennützige Agenda auf Kosten der Menschen, darf also mit Fug und Recht als böse bezeichnet werden.

Oder, wie Javier Milei es formuliert hat: Sie können mit Linken nicht verhandeln, denn die wollen Sie umbringen!

Was uns zur Übertragbarkeit der argentinischen Erfahrung auf Deutschland und andere europäische Länder führt. Hier stellen sich zwei Fragen. Die erste ist, ob die Rezepte der Freiheit in Deutschland auch wirken würden. Auch das können wir schnell abhandeln.

Erstens hat das schon einmal funktioniert, als Ludwig Erhard Deutschland die gleiche Art von Therapie verschrieben hat. Und zweitens wäre die Behauptung, dass die ökonomischen Gesetze in zwei Ländern, welche von Menschen der gleichen Spezies Homo Sapiens bevölkert werden, nicht die gleichen seien, ebenso absurd wie die Behauptung, dass die physikalischen Gesetze von Land zu Land verschieden sind.

Die zweite, kritischere Frage kann daher nur lauten: Wäre eine solche – notwendige – Rosskur in Deutschland ebenso durchsetzbar wie in Argentinien angesichts unterschiedlicher politischer, institutioneller und verfassungsrechtlicher Rahmenbedingungen?

Um diese Frage zu beantworten, müssen wir die Unterschiede dieser Rahmenbedingungen herausarbeiten und daraufhin untersuchen, ob diese relevant oder gar entscheidend für die Umsetzbarkeit radikaler marktwirtschaftlicher Reformen sind oder ob es andere gesellschaftliche Determinanten sind, die darüber entscheiden.

Diese Rahmenbedingungen bzw. ihre Unterschiede lassen sich wie folgt zusammenfassen:

1. Staatsform.
   Argentinien ist eine Präsidialdemokratie mit einem direkt vom Volk gewählten Staatsoberhaupt, der zwar für die großen Maßnahmen die Zustimmung des Parlaments braucht, der aber aufgrund seiner Direktwahl über hohe Autorität verfügt und dem auch Mittel zu Gebote stehen, das Parlament zur Zustimmung zu bewegen, zum Beispiel die namentliche Abstimmung mit der Konsequenz, dass das Wahlvolk, dessen Mehrheit die Reformen mitträgt, renitente Abgeordnete an der Wahlurne später abstrafen könnte.

   Deutschland hingegen ist eine repräsentative Demokratie mit erheblichen Demokratiedefiziten und einer Situation, in der sich die Parteien das Land zur Beute gemacht haben. Allerdings gibt es hier durchaus auch Gemeinsamkeiten mit Argentinien: Auch dort hatte sich die politische Klasse das Land zur Beute gemacht. Das Wohlergehen des Volkes war ihr ebenso gleichgültig, wie man das aktuell in Deutschland beobachten kann. Dennoch hat der Souverän seinen Willen zum Ausdruck gebracht. Es gibt keinen Grund anzunehmen, dass der Souverän, das Volk, in Deutschland nicht in der Lage wäre, eine Partei zu wählen, deren Spitzenkandidat als Kanzler auch eine solche Politik verfolgen würde.

   Das Hindernis ist also weniger institutioneller Natur als vielmehr die Entscheidung des Wahlvolkes, und auch hier zeigen sich Gemeinsamkeiten: In Argentinien hat es sehr lange gedauert, dass die Menschen den steigenden Leidensdruck des Sozialismus als unerträglich empfanden und sich in Scharen von ihm abwandten. Die Menschen lernen leider langsam und meist nur durch Schmerz. Und hier gibt es einen Punkt, der in Deutschland sogar schneller den Weg zu radikalen Reformen ebnen könnte: Die rasende Inkompetenz in Kombination mit einem gehetzten Aktionismus unserer ökosozialistischen Regierung fährt das Land sehr viel schneller vor die Wand, als die argentinischen Sozialisten unter Perón und Kirchner das geschafft haben.

2. Die verfassungsrechtliche Durchsetzbarkeit von Reformen.
   Hierbei geht es weniger um die Frage, ob solche Reformen mit dem Sozialstaatsgebot des deutschen Grundgesetzes kollidieren würden als vielmehr um die Frage, wie das links-etatistisch politisierte Bundesverfassungsgericht mit echten Reformen umgehen würde. Wir haben zwar ein Sozialstaatsgebot im Grundgesetz, jedoch steht dort nichts darüber, was genau das am Ende umfasst. Das wäre auch schlicht unmöglich, ebenso wie es unmöglich ist, den Begriff »soziale Gerechtigkeit« zu definieren, weil er ein Willkürbegriff ist, der sich jedem Versuch entzieht, ihn in logisch stringenter Form auszulegen.

   Das Ergebnis dieses Mangels an Definition ist, dass auch die »Rechtsfindung« eines Verfassungsgerichts in der Frage der Realisierung des Sozialstaatsgebots des Grundgesetzes zwangsläufig willkürlich sein muss. In der Konsequenz ist zu erwarten, ja zu befürchten, dass hier das eigentliche Hindernis echter marktwirtschaftlicher Reformen zu suchen sein wird. Hier bieten sich zwei Wege an, das Problem zu lösen:

Weg Nummer eins heißt »Von den Linken lernen, heißt siegen lernen.« Es gibt, was das Thema Verstoß gegen die verfassungsmäßige Ordnung angeht, nämlich eine Gruppe von Serientätern im Land, die in den Altparteien beheimatet sind. Sie machen das sogar dann, wenn ihr Angriff auf das Grundgesetz den demokratischen Grundbestand unserer Ordnung betrifft, und sie tun das ohne jegliche reale Folgen für die Täter. So wurde die erzwungene Rückabwicklung der Wahl des Ministerpräsidenten in Thüringen durch Frau Bundeskanzler Merkel erst Jahre später vom Bundesverfassungsgericht als Verstoß gegen ihre Pflichten gerügt. Konsequenzen: Keine. Man nennt das Fait Accompli.

Was können wir daraus lernen: Es genügt, wenn eine Reformregierung der Meinung ist, dass notwendige Maßnahmen kompatibel mit dem Grundgesetz sind. Sie zieht es dann einfach durch, und zwar in massenhafter Anwendung und mit einer solchen Flut an Dekreten, Anweisungen, Gesetzen und Maßnahmen, dass jedes Gericht Jahre braucht, um sich überhaupt damit zu befassen. Bis dann jemand darauf kommt, das als angeblichen Verstoß zu verurteilen, haben die Maßnahmen ihre segensreiche Wirkung lange entfaltet und ihre Rückabwicklung wäre eine Geisterdiskussion, die vollkommen ins Leere läuft.

Die sauberere Variante wäre eine grundsätzliche Debatte zu führen, Artikel 146 GG zu aktivieren, eine verfassungsgebende Versammlung wählen zu lassen und dem Land eine wirklich freiheitliche, demokratische und rechtsstaatliche Verfassung zu geben, nicht nur eine, die von den Parteien mittlerweile in ihrer Substanz angegriffen und entkernt wurde. Man könnte dann all die aktuellen Defizite beseitigen, angefangen vom Fehlen der Möglichkeit von Volksabstimmungen über die strikte Implementierung echter Gewaltenteilung bis zur radikalen Umsetzung der Subsidiarität und der Verlagerung aller Entscheidungen so nah zum Bürger wie nur irgend möglich. Macht man das nur konsequent genug, so wäre eine libertäre Verfassung die logisch zwingende Folge und die Vereinbarkeit aller notwendigen Maßnahmen mit ihr evident.

Allerdings kann dies wahrscheinlich nur der zweite Schritt sein. Sollte jemals eine libertäre Regierung in Deutschland gewählt werden, dann würde die Lage verzweifelt sein, die Regierung hätte also nicht viel Zeit für die Umsetzung des Notwendigen. Der große Wurf einer neuen Verfassung kann daher nur der zweite Schritt sein. Reformen für eine wirtschaftliche Sanierung müssen in 100 Tagen geschafft sein, ein Zeitraum, der wohl deutlich kürzer ist als der für das Schreiben und die Annahme einer neuen Verfassung durch den Souverän, das Volk.

Das heißt in der Zusammenfassung: Die verfassungsrechtliche Gemengelage ist kompliziert, aber sie kann bewältigt werden.

3. Die Einbindung Deutschlands in die Europäische Union.
   Von der Europäischen Bürokratischen Union und ihren Institutionen ist der größte Widerstand gegen eine grundsätzliche Reform Deutschlands zu erwarten. Der Grund ist einfach: Diese Leute haben nichts zu gewinnen, wenn Deutschland sich neu aufstellt, aber sie haben alles zu verlieren. Denn eine Reform des Landes ist nicht möglich, ohne die Abschaffung praktisch aller Gesetze und Regelwerke, die die EU

über uns alle gestülpt hat. Nichts würde die Überflüssigkeit dieser Monsterbürokratie in deutlicherer Weise demonstrieren als die straf- und folgenlose, ja durch eine Wirtschaftswende als sinnvoll bewiesene Abschaffung ihrer Arbeitsauswürfe.

Die Europäische Union steht für alles, was einer freien Ordnung widerspricht: Bürokratisierung, Zentralisierung, Demokratiedefizit, Intransparenz, Korruption, Lobbyismus, Vetternwirtschaft, Planungswahn und Arroganz der Macht.

Es ist daher unvermeidlich, dass eine Reform des Landes zur ultimativen Konfrontation mit Brüssel führt. Dies muss allen Beteiligten vorher klar sein. Hier gibt es nur einen möglichen Weg: Gegenangriff und letztlich Ultimatum. Die Existenz eines freien Europas ist schlicht unvereinbar mit der Existenz der EU in ihrer heutigen Form. Das gilt nicht allein für Deutschland, es gilt für alle Mitglieder der EU und es gilt sogar in gewissem Umfang für die Nachbarländer, die indirekt von den Auswirkungen der sozialistischen Politik Brüssels betroffen sind.

Eine Säule der Reform muss daher sein, der EU und allen ihren Institutionen ein Ultimatum zu stellen: Mitmachen bei der Reform, gewähren lassen des radikal marktwirtschaftlichen Umbaus Deutschlands und zugleich Beschneidung der EU um 99% ihrer angemaßten Aufgaben, Reduktion auf eine Freihandelszone und ggf. ein System kollektiver Sicherheit unabhängiger Staaten, inklusive des Umbaus des Euro in ein neues System des Goldstandards – oder Austritt.

Da schon Maggie Thatcher korrekt erkannte, dass die EU am Ende ist, wenn ihr das Geld der Deutschen ausgeht, ist es durchaus möglich, ja sogar wahrscheinlich, dass eine Lage, die so katastrophal ist, dass Li-

> bertäre in Deutschland an die Regierung kommen, diese Bedingung schon vorher erfüllt hat, und die EU dann ohnehin schon Geschichte ist. Wenn aber nicht, geht es nur mit einem klaren Entweder-oder.

Was bedeutet diese Analyse in letzter Konsequenz? Es bedeutet, dass Reformen nach dem Vorbild Argentiniens bei uns möglich sind. Die Herausforderungen sind andere, sowohl bezüglich der Institutionen als auch bezüglich des rechtlichen Rahmens, aber sie können gemeistert werden. Wir müssen nur den Mut haben, den Institutionen, die dem künftigen Wohlergehen des Landes und des Kontinents entgegenstehen, mit der gleichen Entschlossenheit das »afuera!«, das »kann weg!« entgegenzuschleudern, wie Javier Milei das in Argentinien getan hat.

Und das können wir, denn wir lieben die Freiheit, verdammt! ¡Viva la libertad, carajo!

Dr. Markus Krall, am 01.07.2024

Danksagung

Ich danke herzlich Andreas Marquart und Prof. Stefan Kooths, die das Manuskript Korrektur gelesen haben, für die vielen Verbesserungsvorschläge. Außerdem danke ich Prof. Gerd Habermann für seine wertvollen Kommentare. Auch meinen argentinischen Freunden Karina Buchanan und Alejandro Nimo möchte ich danken. Sie haben bereitwillig alle meine Fragen zu Argentinien im Allgemeinen und zur argentinischen Politik im Besonderen beantwortet. Ferner sei meinem Lektor Jan Nöldner für seine wertvollen Anregungen und Korrekturen gedankt. Ich danke auch Christian Raap, Produktmanager, sowie Michael Fleissner, meinem Verleger, für den Anstoß dieses Projektes und die umfangreiche Unterstützung, die sich auch beim Besuch der Hayek-Tage bei der Verleihung der Hayek-Medaille an Javier Milei zeigte. Für die finalen Arbeiten am Satz des Manuskripts möchte ich mich bei Sabine Sternagel bedanken. Zu guter Letzt sei noch Markus Krall für sein Nachwort und Javier Milei für sein Vorwort gedankt. Javier Milei hat das Projekt von Anfang an unterstützt. Auch dafür Danke.

Literaturverzeichnis

AnOmaly 2024. Renato »Money« Moicano uses his post fight speech to shout out the 1st Amendment & Ludwig von Mises #UFC300. https://twitter.com/LegendaryEnergy/status/1779299683455861196?ref_src=twsrc%5Etfw%7Ctwcamp%5Etweetembed%7Ctwterm%5E1779299683455861196%7Ctwgr%5Ee6ff48df49701dc4343c6b37936646897b455ea0%7Ctwcon%5Es1_&ref_url=https%3A%2F%2Fwww.zerohedge.com%2Fpolitical%2Fread-ludwig-von-mises-motherfkers-brazilian-ufc-fighters-victory-speech-pumps-austrian.

Bagus, Philipp. 2012. Die Tragödie des Euro: Ein System zerstört sich selbst. 2. Aufl. München: FinanzBuch-Verlag.

Bagus, Philipp, José Antonio Peña-Ramos, Antonio Sánchez-Bayón. 2021. COVID-19 and the Political Economy of Mass Hysteria. International Journal of Environmental Research and Public Health 18 (4): 1376. https://doi.org/10.3390/ijerph18041376.

Benegas, José. 2024. Milei: Todas las respuestas a las preguntas que suscita. Barcelona: Deusto.

Bezmenov, Yuri. 1984. FULL INTERVIEW with Ex-KGB Yuri Bezmenov: The Four Stages of Ideological Subversion (1984). https://www.youtube.com/watch?v=9apDnRRSOCk&ab_channel=VictorKaminski.

Bismarck, Otto von. 2021. Gedanken und Erinnerungen. München: Anaconda.

Bloomberg. 2024. Entrevista exclusiva: Javier Milei habla sobre el peso argentino, Trump, China y más. https://www.youtube.com/watch?v=GUaLcRA-SeUI&ab_channel=BloombergenEspa%C3%B1ol.

Böhm-Bawerk, Eugen von. 1968. Zum Abschluß des Marxschen Systems. In: Eugen von Böhm-Bawerks Kleinere Abhandlungen über Kapital und Zins, 2:321-435. Frankfurt am Main: Sauer & Auvermann.

Courtois, Stéphane et al. 2000. Das Schwarzbuch des Kommunismus: Unterdrückung, Verbrechen und Terror. München: Piper.

Cowen, Tyler. 1986. The Great Twentieth-Century Foreign-Aid Hoax. Reason: Free Minds & Free Markets, 1986. https://reason.com/1986/04/01/the-great-twentieth-century-fo/.

Czeglédi, Pál, Brad Lips, Carlos Newland. 2021. The economic mentality of nations. Cato Journal 41 (3): 657-689.

Davies, Stephen. 2004. The Great Horse-Manure Crisis of 1894. Foundation for Economic Education, 2004. https://fee.org/articles/the-great-horse-manure-crisis-of-1894/.

Dreher, Rod. 2020. Live not by lies: A manual for Christian dissidents. New York City: Sentinel.

Elliot, Marta, Morgan Green. 2010. Religion, Health, and Psychological Well-Being. Journal of religion and health 49 (2): 149-63. https://doi.org/10.1007/s10943-009-9242-1.

Gill, Anthony, Erik Lundsgaarde. 2004. State Welfare Spending and Religiosity. Rationality and society 16 (4): 399-436. https://doi.org/10.1177/1043463104046694.

González, Juan Luis. 2023. El loco: La vida desconocida de Javier Milei y su irrupción en la política argentina.

Primera edición. Ciudad Autónoma de Buenos Aires: Planeta.
Hayek, Friedrich. 1960. The Constitution of Liberty. Chicago: University of Chicago Press.
Ders. 1973. Law, Legislation and Liberty: Volume 1. Rules and Order. Chicago: University of Chicago Press.
Ders. 1998. The fatal conceit. Reprinted. Vol. 1. London: Routledge.
Hitler, Adolf. 1921. Speech of April 12, 1921. https://history.hanover.edu/courses/excerpts/111hit1.html.
Hoppe, Hans-Hermann. 1990. Marxist and Austrian Class Analysis. Journal of Libertarian Studies 9 (2): 79-93.
Ders. 1994. F. A. Hayek on Government and Social Evolution: A Critique. Review of Austrian Economics 7 (1): 67-93.
Ders. 2015. A Realistic Libertarianism. Revista Procesos de Mercado 12 (1): 203-29. https://doi.org/10.52195/pm.v12i1.155.
Huerta de Soto, Jesús. 2004. La teoría de la eficiencia dinámica. Procesos de Mercado: Revista Europea de Economía Política 1 (1): 11-71. https://doi.org/10.52195/pm.v1i1.372.
Ders. 2013. Sozialismus, Wirtschaftsrechnung und unternehmerische Funktion. Stuttgart: Lucius & Lucius.
Ders. 2018a. A Theory of Libertarian Nationalism. Procesos de Mercado: Revista Europea de Economía Política 15 (2): 385-404.
Ders. 2018b. Anarchy, God, and Pope Francis. Procesos de Mercado 15 (1): 337-349.
Ders. 2024. Statism and the economy: the deadliest virus. London ; New York: Routledge Taylor & Francis Group.
Hülsmann, Jörg Guido. 2007. Mises: The Last Knight of Liberalism. Auburn, Ala: Ludwig von Mises Institute.

Instituto Juan de Mariana. 2024. Huerta de Soto analiza en clase el discurso de Javier Milei en Davos. https://www.youtube.com/watch?v=FZdgEZxBmp8&ab_channel=InstitutoJuandeMariana.

Kaiser, Axel. 2014. La fatal ignorancia: La anorexia cultural de la derecha frente al avance ideológico progresista. Madrid, Santiago de Chile: Unión Editorial; Fundación para el Progreso.

Kirzner, Israel M. 2016. Discovery, Capitalism, and Distributive Justice. Editado por Peter J. Boettke y Frédéric E. Sautet. Indianapolis: Liberty Fund.

Kolb, Eberhard. 2014. Bismarck. 2. Aufl. München: C.H. Beck.

Krall, Markus. 2024. Die Stunde Null: Ein neues Wirtschaftswunder ist möglich. München: LMV.

Kuehnelt-Leddihn, Erik von. 1943. The menace of the herd or procrustes at large. Milwaukee: Bruce.

Ders. 1985. Gleichheit oder Freiheit? Demokratie, ein babylonischer Turmbau? Tübingen: Hohenrain-Verlag.

Ders. 1991. Leftism Revisited: From de Sade and Marx to Hitler and Pol Pot. Washington (D.C.): Regnery gateway.

Ders. 2009a. Die Heimat des Nationalsozialismus. Endstation Rechts, 2009. https://www.endstation-rechts.de/news/erik-maria-ritter-von-kuehnelt-leddihn-die-heimat-des-nationalsozialismus-dokumentation.

Ders. 2009b. Erik Maria Ritter von Kuehnelt-Leddihn Katholisch, rechtsradikal und liberal. Eigentümlich Frei, 2009. http://ef-magazin.de/2009/07/31/1382-erik-maria-ritter-von-kuehnelt-leddihn-katholisch-rechtsradikal-und-liberal.

La Boétie, Étienne de. 2012. The Politics of Obedience: The Discourse of Voluntary Servitude. Auburn, Ala.: Ludwig von Mises Institute.

Laje, Agustín. 2022. La batalla cultural: Reflexiones críticas para una Nueva Derecha. Córdoba: Sekotia.

Marquart, Andreas, Philipp Bagus. 2014. Warum andere auf Ihre Kosten immer reicher werden ... und welche Rolle der Staat und unser Papiergeld dabei spielen. 1. Aufl. München: FBV. http://bvbr.bib-bvb.de:8991/F?func=service&doc_library=BVB01&local_base=BVB01&doc_number=027306512&sequence=000001&line_number=0001&func_code=DB_RECORDS&service_type=MEDIA.

Márquez, Nicolás, Marcelo Duclos. 2024. Milei – La revolución que no vieron venir. Ciudad Autónoma de Buenos Aires: Hojas del Sur.

Márquez, Nicolás, Agustín Laje. 2016. El libro negro de la nueva izquierda: Ideología de género o subversión cultural. Primera edición. Buenos Aires: Libre, Centro de Estudios Libertad y Responsabilidad: Grupo Unión.

Milei, Javier Gerardo. 2022. El camino del libertario. C.A.B.A: Planeta.

Ders. 2023. Capitalism, Socialism, and the Neoclassical Trap. The Emergence of a Tradition: Essays in Honor of Jesús Huerta de Soto, Volume II, herausgegeben von David Howden und Philipp Bagus, 209-221. Cham: Springer International Publishing. https://doi.org/10.1007/978-3-031-17418-6_19.

Ders. 2024. Javier Milei: Discurso de Davos. Grandes Firmas para el Avance de la Libertad, 19 de enero de 2024.

Mises, Ludwig von. 1920. Die Unmöglichkeit der Wirtschaftsrechnung im sozialistischen Gemeinswesen. Archiv für Sozialwissenschaft und Sozialpolitik 47:86-121.

Ders. 1934. Die Gemeinwirtschaft: Untersuchungen über den Sozialismus. Zweite überarb. Aufl. Jena: Gustav Fischer.

Ders. 1940. Nationalökonomie: Theorie des Handelns und des Wirtschaftens. Genf: Editions Union.

Ders. 1957. Theory and History. Yale: Yale University Press.

Ders. 1962. The Ultimate Foundation of Economic Science. An Essay on Method. New York: Foundation for Economic Education.

Ders. 1978. Erinnerungen. Stuttgart: Fischer.

Ders. 1998. Human Action. Scholar´s Edition. Auburn, Ala: Ludwig von Mises Institute.

Ders. 2008. Profit and Loss. Auburn, Ala.: Ludwig von Mises Institute.

Ders. 2013. Kritik des Interventionismus: Untersuchungen zur Wirtschaftspolitik und Wirtschaftsideologie der Gegenwart. Nachdruck. München: Akston-Verlag.

Mueller, Antony P. 2019. Marx hätte seine helle Freude an den heutigen Verhältnissen (Interview). https://www.wiwo.de/politik/deutschland/kulturmarxismus-marx-haette-seine-helle-freude-an-den-heutigen-verhaeltnissen/25205796.html.

Noelle-Neumann, Elisabeth. 1991. Öffentliche Meinung: Die Entdeckung der Schweigespirale. Erw. Ausg. der als Ullstein-Taschenbuch erschienenen Ausg. Frankfurt/Main: Ullstein.

Oppenheimer, Franz. 1990. Der Staat: Eine soziologische Studie. Archiv für Sozial- und Kulturgeschichte 2. Berlin: Libertad-Verl.

Oría, Santiago. 2020. Javier Milei: La Película – Pandenomics. https://www.youtube.com/watch?v=lkW9QHDCsEI&ab_channel=MILEIPRESIDENTE.

Ders. 2023. La películo de Milei: Javier Milei la Revolución Liberal. https://www.youtube.com/watch?v=7VJE05otwo8&ab_channel=ElPeluca Milei.

Pina, Juan. 2023. La décima cruzada. Cómo el nacional-populismo y su «batalla cultural» amenazan la democracia y pretenden cancelar nuestras libertades. Madrid: Union Editorial.

Prollius, Michael von. 2006. Deutsche Wirtschaftsgeschichte nach 1945. UTB Geschichte 2785. Göttingen: Vandenhoeck & Ruprecht.

Raico, Ralph. 1999. Die Partei der Freiheit: Studien zur Geschichte des deutschen Liberalismus. In: Traducido por Gabriele Bärtels, Pia Weiss und Jörg Guido Hülsmann. Schriften zur Wirtschaftspolitik, Neue Folge, Band 7. Stuttgart: Lucius & Lucius.

Rand, Ayn. 2007. Capitalism: The Unknown Ideal. Centennial ed., 38. Signet printing. New York: A Signet Book.

Reimann, Günter. 2014. The Vampire Economy: Doing Business under Fascism. Auburn, Ala.: Ludwig von Mises Institute.

Reisman, George. 2021. Why Nazism Was Socialism and Why Socialism Is Totalitarian. Mises Daily Article, 10 de enero de 2021. https://mises.org/mises-daily/why-nazism-was-socialism-and-why-socialism-totalitarian.

Rockwell, Llevelyn. 1990. The Case for Paleo-Libertarianism. Liberty, 1990.

Rothbard, Murray. 1977. The Conspiracy Theory of History Revisted. Reason: Free Minds & Free Markets.

Ders. 1982. The ethics of liberty. Atlantic Highlands, NJ: Humanities Press.

Ders. 1990. Why Paleo? The Rothbard Rockwell Report. https://rothbardrockwellreport.substack.com/p/why-paleo.

Ders. 2000a. Egalitarianism as a revolt against nature. En Egalitarianism as a Revolt against Nature and other Essays, 2., 1-20. Auburn, Ala.: Ludwig von Mises Institute.

Ders. 2000b. The Irrepressible Rothbard: The Rothbard-Rockwell Report Essays of Murray N. Rothbard. Burlingame, Calif.: Center for Libertarian Studies, Inc.

Ders. 2006. An Austrian perspective on the history of economic thought. Vol. II. Auburn, Ala.: Ludwig von Mises Institute.

Ders. 2009. Anatomy of the state. Auburn, Ala: Ludwig von Mises Institute.

Ders., Jesús Huerta de Soto. 2023. Correspondencia privada entre el Prof. Murray N. Rothbard y el Prof. Jesús Huerta de Soto, 1993-1994. Procesos de Mercado: Revista Europea de Economía Política 20 (1): 549-55.

Rummel, Rudolph J. 2002. Death by Government. 3. Auflage. New Brunswick: Transaction Publ.

Sáenz Quesada, María. 2019. Perón, un militar admirador de Mussolini y de Hitler que llegó a la política a través de un golpe de Estado. infobae, 29 de septiembre de 2019. https://www.infobae.com/sociedad/2019/09/29/peron-un-militar-admirador-de-mussolini-y-de-hitler-que-llego-a-la-politica-a-traves-de-un-golpe-de-estado/.

Spruk, Rok. 2019. The Rise and Fall of Argentina. Latin American Economic Review 28 (1): 16. https://doi.org/10.1186/s40503-019-0076-2.

Taylor, Alan M. 2018. The Argentina Paradox: Microexplanations and Macropuzzles. Latin American Economic Review 27 (1): 3. https://doi.org/10.1007/s40503-017-0051-8.

Temin, Peter. 1991. Soviet and Nazi Economic Planning in the 1930s. The Economic History Review 44 (4): 573-593. https://doi.org/10.2307/2597802.

Tucker, Jeffrey. 1997. The Marshall Plan Myth. The Free Market, 1997. https://mises.org/free-market/marshall-plan-myth.

Tupy, Marian L., Gale Lyle Pooley. 2022. Superabundance: the story of population growth, innovation, and human flourishing on an infinitely bountiful planet. Washington, D.C: Cato Institute.

Zitelmann, Rainer. 2022a. The role of anticapitalism in Hitler's world view. Economic Affairs 42 (3): 515-527.

Ders. 2022b. Hitler's National Socialism. Oxford: Management Books 2000 Ltd.

Anmerkungen

1 Siehe zum Werdegang Mileis vor allem sein autobiografisches *El Camino del Libertario* (2022), in dem auch Mitstreiter zu Worte kommen; wie auch *Milei – la revolución que no vieron venir* von Márquez und Duclos (2024) sowie *El loco* von González (2023), der eine negative Biografie präsentiert.
2 Die Geschichte seines Einstiegs in die Politik bis zu seiner Wahl zum Abgeordneten ist angelehnt an *Milei – la película*. Siehe Oría (2023).
3 Zu seiner Entwicklung vom Postkeynesianer, Keynesianer, Neokeynesianer, Neoklassiker, Real Business Cycle Theory Anhänger bis hin zum Anarchokapitalisten und Ökonomen der Österreichischen Schule siehe Milei (2022, S. 309).
4 Überbleibsel seiner neoklassischen Vergangenheit sind auch heute noch zu erkennen, auch wenn er sich schon lange der Österreichischen Schule verschrieben hat. Um nur einige Beispiele zu bringen: Milei spricht vielmals von »empirischer Evidenz«, während aus Österreichischer Sicht die Empirie die Theorie lediglich illustrieren, indes nicht beweisen kann. Das von ihm geforderte Investieren in »Humankapital« ist ein Ausdruck des Neoklassikers Gary Becker. Milei ist zudem ein Fan von Robert Lucas, nach dem zwei seiner Hunde benannt sind. Zudem spricht Milei positiv über Milton Friedman oder Ben Bernanke, die von Österreichern harsch kritisiert werden. Milei findet, Bernanke habe in der Finanzkrise richtig gehandelt (Milei 2022, S. 257, S. 278). Auch das empirische Konzept der Phillipskurve findet Mileis Lob. Und er spricht von einer Zeitverzögerung von 12–18 Monaten (Milei 2022, S. 228), bis sich die Geldpolitik auf die Preise auswirke. Dieses Timelag war zwar in der Vergangenheit zu beobachten und es mag sich wahrscheinlich auch in Zukunft nicht ändern, indes ist es kein ökonomisches Gesetz.
5 Der Ökonom Alberto Benegas Lynch (Sr.) war auch verantwortlich für die Einladung des österreichischen Ökonoms Ludwig von Mises nach Buenos Aires im Jahr 1959. Milei zitiert dessen Sohn Alberto Benegas Lynch (Jr.) immer wieder, so auch in seiner Antrittsrede. Auch die von Milei vorgetragene Liberalismusdefinition stammt von Alberto Benegas Lynch (Jr.). So schließt sich der Kreis.
6 Milei (2022, S. 279). Zu den drei wichtigsten Büchern seines Lebens zählt Milei (2022, S. 294) Adam Smiths *Wohlstand der Nationen*, Mises *Human Action* und Rothbards *Man, Economy and State*.

7 Am liebsten würde er die ganze Zeit mit seinen Hunden und Karina verbringen und Bücher zur Ökonomie lesen. *Ich wäre der glücklichste Mensch der Welt*, Milei (2022, S. 287, S. 313). Zur Namensgebung der Hunde siehe auch Milei (2022, S. 311).

8 Milei (2022, S. 292) benennt drei Optionen für einen gesellschaftlichen Wandel. Erstens, der Kulturkampf. Der war indes an seine Grenzen gestoßen, nachdem Präsidentenberater Santorro im Fernsehen zur Hauptsendezeit gefordert hatte, Milei zu zensieren. Zweitens, eine gewaltsame Revolution, was keine Option für einen Liberalen ist. Drittens, der Gang in die Politik, die ihm verbliebene Option.

9 Dahinter steckt Larreta. Siehe zu dieser von Milei bestätigten Episode auch González (2023, S. 105–106).

10 Die »Pauta« sind Subventionen der Medien, die als Entgelt für staatliche Verlautbarungen getarnt werden. Eine der ersten Amtshandlungen Mileis ist es, die »pauta« auszusetzen. Siehe Márquez und Duclos (2024, S. 92).

11 Gerne erzählt Milei die Anekdote eines Studenten, der sich bei ihm über die Note 6 in einer Klausur beschwert. Der Student schimpft: »Sie sind ein Liberaler!« Was als Beschimpfung gemeint ist, empfindet Milei als Lob und antwortet: »Noch einmal, bitte«. Als der Student die Aussage wiederholt, sagt Milei mit geschlossenen Augen, offenen Armen und glücklichem Gesichtsausdruck: »Ach, wie ist das schön!«

12 Das Interview sehen 300 Millionen Menschen in 16 Stunden und es wird zum meist gesehenen Interview der Geschichte. Siehe Márquez und Duclos (2024, S. 120).

13 Für Einzelheiten zur Kampagne siehe auch Márques und Duclos (2024).

14 Bullrich wird später Sicherheitsministerin im Kabinett Milei. Petri wird Verteidigungsminister.

15 Selbst sein Freund Nicolás Márquez sah alles verloren. Siehe Márquez und Duclos (2024, S. 168).

16 Siehe Czeglédi et al. (2021) in *The Economic Mentality of Nations*.

17 Siehe zur Wirtschaftsgeschichte Argentiniens Taylor (2018) und Spruk (2019).

18 Milei (2022, S. 164). Der Begriff »Wohlfahrtsstaat« ist eine sprachliche Verwirrung, er sollte, gemessen an seinen Folgen, vielmehr »Schlechtfühlstaat« genannt werden (Milei 2022, S. 207). Wir wollen ihn im weiteren Verlauf »Fürsorgestaat« nennen.

19 Mussolini verfasste für die Encyclopedia Italiana im Jahr 1936 einen Eintrag zum Faschismus. Dieser Auszug ist zu finden auf: https://www.wissen.de/lexikon/nichts-menschliches-besteht-ausserhalb-des-staates.

20 Für die Verbindungen Peróns zum Nationalsozialismus siehe Sáenz Quesada (2019).

21 Siehe Márquez und Duclos (2024, S. 38 ff.) für die Regierungszeiten von Alfonsín und Menem.

22 Milei hält Menem für den besten Präsidenten Argentiniens der letzten 40 Jahre. Zu dessen Ehren weihte Milei am 14. Mai 2024 feierlich eine Büste Menems in seinem Amtssitz ein.
23 Der Film *Pandemonics* von Santiago Oría (2020) behandelt diese Episode.
24 Diese Rechnung macht Milei u. a. in Milei (2022, S. 316) auf.
25 Márquez und Duclos (2024, S. 67). Die Autoren geben einen Überblick über die jüngere argentinische Geschichte.
26 Siehe Heritage Foundation. https://www.heritage.org/index/pages/all-country-scores.
27 Siehe zu dieser Episode auch González (2023, S. 31).
28 Milei (2022, S. 320–321). Den ersten Lockdown hatte Milei noch unterstützt, dann jedoch seinen Kurs revidiert (Benegas 2024, S. 54).
29 Siehe beispielsweise die kritische Biografie von Benegas (2024, S. 15).
30 Mileis Ehrlichkeit ist erdrückend. Er hat keine Angst, unpopuläre Vorschläge zu machen und über Themen zu diskutieren, von denen ihm Politikberater abraten würden. So spricht er ihm Fernsehen über die Vorzüge von Organhandel oder auch die Möglichkeit eines »Babyhandels«. Geschadet haben ihm diese Debatten, die auf YouTube zu finden sind, indes nicht. Vielmehr scheint ihm seine Ehrlichkeit Sympathien einzubringen (Benegas 2024, S. 48–50).
31 Milei (2022, S. 261) drückt das so aus: »[Der Sozialismus] war wirtschaftlich eine Katastrophe, er war sozial eine Katastrophe, er war kulturell eine Katastrophe, und zu allem Überfluss haben diese mörderischen Hurensöhne 150 Millionen Menschen getötet.« In Anlehnung an Milton Friedmans Zitat »Die Inflation ist immer und überall ein monetäres Phänomen« führt Milei gerne aus: »Der Sozialismus ist immer und überall ein totalitäres Phänomen«. Siehe zu den Opferzahlen des Sozialismus Rummel (2002). Der Kommunismus allein hat laut *Schwarzbuch des Kommunismus* mehr als 100 Millionen Tote auf dem Gewissen (Courtois et al. 2000).
32 Zur Funktionsweise des Eurosystems siehe Bagus (2012).
33 Nach seiner Wahl legte er einen Gesetzesentwurf vor, der das Finanzieren des Staatsdefizits durch die Notenpresse verbietet.
34 Für seinen Reformplan, in dem er sich u. a. auf die Vollreservepläne von Mises, Rothbard, Hoppe und Huerta de Soto beruft, vgl. Milei (2022, S. 216).
35 Milei (2022, S. 210). Und so tun es alle Zentralbanken der Welt mit der Bevölkerung, die gezwungen ist, die von der Zentralbank ausgegebene Währung zu nutzen. Für eine einfach gehaltene Erklärung der Probleme unseres Geldsystems siehe Marquart und Bagus (2014).
36 Auch noch als Präsident singt er den Song. Bei einer Buchvorstellung am 22. Mai 2024 wird Milei vor über 11 000 Zuschauern in Buenos Aires wortwörtlich zum Rockstar, als er live mit einer aus Libertären zusammengesetzten Band mehrere Hits der Rockband *La*

Renga singt, mit anschließendem Bad in der Menge. Ein Rockstar-Präsident!

37 Auch Laretta war von Milei »zurdo de mierda« genannt worden, vgl. Benegas (2024, S. 22).

38 Milei (2022, S. 175) argumentiert, es sei die Essenz des Politikers, andere zu täuschen.

39 Mit Aggression ist hier die Initiierung von physischer Gewalt oder ihrer Androhung gemeint. Nichtaggression ist also die Abwesenheit von physischer Gewaltinitiierung.

40 Milei (2022, S. 263). In dieser Hinsicht zitiert er gerne Israel Kirzner, Ökonom der Österreichische Schule, vgl. Milei (2022, S. 299).

41 Vgl. bspw. Milei (2022, S. 175–76 oder S. 206).

42 Hoppe (1990). Die libertäre Klassenanalyse, in der Produzenten (Unternehmer, Arbeiter, Landwirte, etc.) den Interessen der Ausbeuter (Staat und von ihm Privilegierte) gegenüberstehen, geht ursprünglich auf Charles Comte (1782–1837) und Charles Dunoyer (1786–1862) zurück. Vgl. vor allem Milei (2022) und dort das Kapitel »Nuestro enemigo, El Estado« (S. 169–176), das sich eng an Rothbards (2009) Buch *The Anatomy of the State* anlehnt.

43 Zur Kritik der marxschen Ausbeutungslehre siehe Böhm-Bawerk (1968).

44 Milei (2022, S. 169). Für das Original siehe Oppenheimer (1990).

45 Mit Ausnahme von Bereichen, in denen der Staat die Inbesitznahme und Privatisierung verbietet, wie beispielsweise bei den Ozeanen.

46 Milei (2022, S. 170–171) betont, dass »wir« nicht der Staat sind, und die Idee eines Gesellschaftsvertrags reiner Unsinn ist.

47 Dieses Zitat stammt aus einem Brief von Mises an Volkmar Muthesius vom 1. Juni 1955. Zitiert in Hülsmann (2007, S. 880).

48 Milei (2022, S. 172). Zu den Unterschieden zwischen einem Politiker und einem Ladendieb schreibt Milei: Der Ladendieb geht wenigstens ein Risiko bei seinem Verbrechen ein. Er zeigt sein Gesicht und kann ins Gefängnis kommen, während sich der Politiker feige hinter dem Gewaltmonopol des Staates verbirgt.

49 Siehe Rothbard (2000a).

50 Kuehnelt-Leddihn (185), siehe auch Kuehnelt-Leddihn (1991, Kapitel 4).

51 Rothbard (2000a) erachtet den linken Egalitarismus als eine Revolte gegen die Natur. Warum soll Gleichheit besser sein? Die angebliche Schönheit und Gutheit des linken Ideals der Gleichheit wird einfach axiomatisch vorausgesetzt, aber niemals bewiesen. Dies ist auch unmöglich. Vielmehr verletzt das Ideal der Gleichheit die Natur des Menschen. Die biologische Natur des Menschen bedeutet Ungleichheit, Variabilität und Diversität. Da in der Wirklichkeit die Menschen nicht gleich sind, findet die Linke immer »unterdrückte« Gruppen und versucht die Gleichheit künstlich zu erzwingen. Neuerdings manipuliert sie dazu sogar mit Hilfe des Staates die Sprache und macht die Sexualität beliebig.

52 Patriotismus ordnet Kuehnelt-Leddihn rechts ein. Der Nationalismus möchte Uniformität und Konformität der Nation und ist gegen andere Ethnien feindlich gestellt (daher die Nähe zum Rassismus), während der Patriotismus das Vaterland in den Vordergrund stellt, in dem auch mehrere Nationen leben können, so wie es in der Habsburgermonarchie der Fall war, vgl. Kuehnelt-Leddihn (1991, S. 24).

53 Zu Persönlichkeit, Individualität, Christentum und Sozialismus siehe Schafarewitsch (2016, S. 316, 396, 404, 410, 447).

54 Heute wird die Individualität durch den Opferstatus und die Gruppenidentifikation verringert. Die Transgenderideologie ist ein Ausdruck der Gleichheit, der Willkür und des Relativismus.

55 Siehe zu diesem Punkt Dreher (2020, S. xi). Die Zurückweisung des Christentums ist ein Ausdruck der linken Ablehnung von Hierarchien und Individualität.

56 Der Egalitarismus ist eine Revolte gegen die Natur. Siehe dazu Rothbard (2000a, S. 17, 20).

57 Hitler (1921). Zur linken Ideologie des Nationalsozialismus siehe insbesondere Kuehnelt-Leddihn (1991, Kapitel 12) und Zitelmann (2022a).

58 Zum Nationalsozialismus als linke Ideologie siehe Kuehnelt-Leddihn (2009a).

59 Kuehnelt-Leddihn schreibt (1991, S. 151–152):
Here is exemplified a man [Hitler] with a genuinely leftist turn of mind, an identitarian ... who wanted Germany in monotones, local traditions eliminated, regional self-government destroyed, the flags of the Länder outlawed, the differences between the Churches eradicated, churches desiccated and forcibly amalgamated. He dreamed of making the Germans themselves more uniform, even physically, by planned breeding and the extermination, sterilization, or deportation of those who deviated from the norm. The tribes (Stämme) should cease to exist.
Die Autobahnen waren für Hitler ein Weg, die nationale Einheit gegen den Separatismus zu stärken. Die Nazis waren nicht nur gegen Traditionen und die Kirche. Die Gleichmachung begründete auch eine Ablehnung des Adels. Hitler misstraute den alten Strukturen der Wehrmacht, die von Adligen geprägt war und verachtete das Standesdenken des Offizierskorps. Vgl. Kuehnelt-Leddihn (1991, S. 150, 153).

60 Das nationalsozialistische Parteiprogramm beinhaltete einen Antiklerikalismus, eine Synthese von Nationalismus und Sozialismus, Vertrauen in die Arbeiter, Bauern und untere Mittelschicht sowie eine Gegnerschaft zum Adel, Ablehnung des Kapitalismus und der jüdischen Geschäftsmentalität. Das nationalsozialistische Programm war anti-reaktionär. (Kuehnelt-Leddihn 1991, S. 147, S. 148).

61 Siehe Reisman (2021) und Kuehnelt-Leddihn (1991, S. 162). Dem Argument, die Nationalsozialisten könnten nicht sozialistisch sein, weil sie die Kommunisten bekämpften, ist zu entgegnen, dass Kom-

munisten und Nationalsozialisten unterschiedliche sozialistische Strömungen darstellen, die miteinander in scharfer Konkurrenz stehen. In diesem Sinne schreibt Ayn Rand (2007, S. 180):
Faschismus und Kommunismus sind keine Gegensätze, sondern zwei rivalisierende Banden, die um dasselbe Territorium kämpfen [...] beide sind Varianten des Etatismus, die auf dem kollektivistischen Prinzip beruhen, dass der Mensch der rechtlose Sklave des Staates ist.

62 In einem Leserbrief in der *New York Times* aus dem Juni 1942 schreibt Ludwig von Mises:
The German pattern of socialism (Zwangswirtschaft) is characterized by the fact that it maintains, although only nominally, some institutions of capitalism. Labor is, of course, no longer a »commodity«; the labor market has been solemnly abolished; the government fixes wage rates and assigns every worker the place where he must work. Private ownership has been nominally untouched. In fact, however, the former entrepreneurs have been reduced to the status of shop managers (Betriebsführer). The government tells them what and how to produce, at what prices and from whom to buy, at what prices and from whom to sell. Business may remonstrate against inconvenient injunctions, but the final decision rests with the authorities.

63 Zu Hitlers Bewunderung für Stalins Planung und Hitlers Antikapitalismus siehe Zitelmann (2022b). Zu den Ähnlichkeiten der Wirtschaftsplanung der Sowjets und der Nazis vgl. Temin (1991).

64 Zum Wirtschaftssystem des Dritten Reichs siehe auch Reimann (2014). Reimann zeigt, dass die Funktion des Unternehmers verschwand. Der Unternehmer wurde zu einem reinen Manager. Eine gute Verbindung zum Regime, das bestimmte, was zu produzieren sei, wurde immer wichtiger. Die Marktwirtschaft wurde ausgesetzt. Von Prollius (2006, S. 15–16) bezeichnet das nationalsozialistische Wirtschaftssystem als »ein starres Lenkungssystem mit »staatlicher« Zwangsbewirtschaftung von Grund-, Roh- und Betriebsstoffen, durch einen Lohn-Preisstopp, Devisenkontrollen und die Lebensmittelversorgung über Lebensmittelkarten.«

65 Zum Paläolibertarismus siehe den grundlegenden Aufsatz von Rockwell (1990), der zehn Grundsätze des Paläolibertarismus formuliert (S. 35).

66 Das Christentum ist auch mit einem »soften Totalitarismus« nicht kompatibel (Dreher 2020, S. 8). Das Christentum gibt den Gläubigen einen Sinn, eine Bedeutung, und einen Zusammenhalt. Es ist ein Bollwerk gegen das Voranschreiten des Sozialismus. Generell geben Religionen Rückhalt, da sie typischerweise ein Leben nach dem Tod verkünden. Heute werden Staat und Demokratie fast schon religiös verehrt. Der Staat ist der neue Ersatzgott, jedoch ohne das Versprechen auf ein Leben nach dem Tod (Huerta de Soto 2018b). Ohne Religion fürchten die Menschen den Tod mehr, was sie für die

Heilsversprechen des Staates empfänglicher macht. Erik von Kuehnelt-Leddihn dazu: »It is difficult to fear death if one is very pious. It is difficult not to worship health if one fears death. It is difficult to enforce general health without large scale state intervention and it is equally difficult to imagine increased state intervention without a loss off liberties.« (Kuehnelt-Leddihn 1943, S. 38–39).
Forschungen haben ergeben, dass Menschen in Staaten mit größerem Fürsorgestaat weniger religiös sind und kirchliche Aktivitäten und Nächstenhilfe durch parteipolitisches Engagement und staatliche Leistungen ersetzt werden (Gill und Lundsgaarde 2004). Der Staat verringert die Rolle und Bedeutung der Kirchen, indem er Leistungen anbietet, die traditionell Aufgabe der Kirchen waren, wie beispielsweise die Bedürftigenhilfe; mit dem Unterschied, dass die Armenunterstützung der Kirchen freiwillig und nicht auf Gewaltandrohung aufgebaut ist und zudem auch spirituelle Hilfe beinhaltet. Studien zeigen, dass Gläubigkeit das psychologische Wohlbefinden verbessert (Elliot und Green 2010). Ohne den spirituellen Rahmen werden Menschen psychisch instabiler und damit leichter durch den Staat zu manipulieren, der sich als Beschützer der verängstigten Bevölkerung generiert. Eine Massenhysterie kann leichter entstehen, vgl. Bagus, Peña-Ramos, Sánchez-Bayón (2021).

67 »Und der Teufel führte ihn hoch hinauf und zeigte ihm alle Reiche [Staaten] der ganzen Welt in einem Augenblick und sprach zu ihm: ›Alle diese Macht will ich dir geben und ihre Herrlichkeit; denn sie ist mir übergeben und ich gebe sie, wem ich will. Wenn du mich nun anbetest, so soll sie ganz dein sein‹. Jesus antwortete und sprach zu ihm: Es steht geschrieben: ›Du sollst den Herrn, deinen Gott, anbeten und ihm allein dienen.‹«
Ähnlich lesen wir im Alten Testament im 1. Buch Samuel, Kapital 8, wie die Königreiche der Welt – die Staaten – in einem Akt der menschlichen Rebellion gegen Gott entstanden sind.

68 Paläolibertäre sind zwar gegen ein staatliches Verbot von Prostitution, lehnen sie indes aus moralischen Gründen ab.

69 Siehe Rothbard (2000a) für die Unnatürlichkeit der Gleichheit. Rothbard verteidigt Traditionen, Körperschaften und die Autorität der gewachsenen Institutionen wie Familie und Kirche.

70 Rothbard (1990): *The ML [modal libertarian = Linkslibertärer] is an adolescent rebel against everyone around him: first, against his parents, second against his family, third against his neighbors, and finally against society itself. He is especially opposed to institutions of social and cultural authority: in particular against the bourgeoisie from whom he stemmed, against bourgeois norms and conventions, and against such institutions of social authority as churches. To the ML, then, the State is not a unique problem; it is only the most visible and odious of many hated bourgeois institutions: hence the yest with which the ML sports the button »Question Authority«. And hence, too, the fanatical hostility of the ML toward Christianity.*

71 Ein Beispiel ist Juan Pina (2023, S. 322).

72 Rothbard (2000b, S. 26–32) betrachtete die religiöse Rechte als einen natürlichen Verbündeten der Libertären. Denn die christlichen Konservativen kämpfen in den Vereinigten Staaten gegen eine linke Elite, die mit staatlicher Hilfe versucht, die Werte und Prinzipien der christlichen Kultur zu zerstören und sie durch eine säkuläre linke Kultur zu ersetzen (S. 31). Daher spricht sich Rothbard für »an alliance between paleo-libertarians and the Christian right« aus (S. 31). Er schreibt: *In sum, the task of paleolibertarians is to break out the sectarian libertarian hole, and to forge alliance with cultural and social, as well as the politico-economic »reactionaries«. The end of the Cold War, as well as the rise of »political correctness«, has made totally obsolete the standard libertarian view that libertarians are either half-way between, or »above«, both right and left. Once again, as before the late 1950s, libertarians should consider themselves people of the right.* (S. 32) Hinsichtlich des Christentums hebt Rothbard (2023, S. 553) hervor: *Christianity is the individualist and libertarian religion par excellence.* (Hervorhebung von Rothbard). Auch Axel Kaiser (2014), ein chilenischer Intellektueller und Freund Javier Mileis, hält ein Bündnis von Libertären und Konservativen für natürlich. Für Kaiser sind Libertäre und Konservative Teile der Rechten. In seinem von Milei hochgelobten Buch *La Fatal Ignorancia* schreibt er »las élites de derecha, sean liberales o conservadores ...« (S. 35). Laje (2022, S. 408) ordnet im Übrigen auch die Ordoliberalen als rechtsliberal ein.

73 Interessanterweise hat Rothbard seine Position hinsichtlich der libertären Strategie geändert. Während er gegen Ende seines Lebens den Paläolibertarismus unterstützte, lehnte er 30 Jahre zuvor in seinem ursprünglich im Jahr 1965 erschienenen Aufsatz *Left and Right: the Prospects for Liberty* (Rothbard 2000a, S. 21–53) ein Bündnis mit Konservativen noch strikt ab. Ebenso sprach er sich 1965 gegen Hierarchien aus und verortet den Libertarismus links; auch weil die Liberalen nach der Französischen Revolution im französischen Parlament links Platz nahmen.

74 In Rothbards (2000b, S. 39) Worten: *Old America of individual liberty, private property, and minimal government has been replaced by a coalition of politicians and bureaucrats allied with, and even dominated by, powerful corporate and Old Money financial elites (e.g., the Rockefellers, the Trilaterists); and the New Class of technocrats and intellectuals, including Ivy League academics and media elites, who constitute the opinion-moulding class in society. In short, we are ruled by an updated, twentieth-century coalition of Throne and Altar, except that this Throne is carious big business groups, and the Altar is secular, statist intellectuals [...] we have technocrats, »social scientists«, and media intellectuals, who apologize for the State system and staff in the ranks of its bureaucracy.* Wie bereits erwähnt, sind im 21. Jahrhundert die Unternehmerelite

der Big Tech und als »Wissenschaft« getarnte Interessengruppen als zusätzliche Mächte entstanden. Die vielmals mit dem Staat verbandelte und von der Staatskultur beeinflusste Big Tech ermöglicht einen neuartigen Machtanspruch durch die Kontrolle des digitalen Raums und der Sozialen Netze. Man denke an die Zensur in den Sozialen Netzen während der Coronakrise.

75 Interessanterweise kommt Rothbard auch hier auf ein Bündnis zwischen Libertären und Konservativen zu sprechen. Er erinnert daran, dass in Bündnissen auch Kompromisse eingegangen werden müssen. Für Konservative sind Themen wie Pornografie, Prostitution und Abtreibung sehr wichtig. Rothbard empfiehlt Libertären, diese Themen zurückzustellen und dementsprechende politische Entscheidungen zu dezentralisieren. Sie sollten auf der untersten Ebene, möglichst auf der Gemeinde- oder Nachbarschaftsebene, getroffen werden.

76 Milei (2022, S. 306). Solange es den Fürsorgestaat gibt, lehnt Milei eine Legalisierung von Drogen ab.

77 In dieser liberalen Linie ist Milei (2022, S. 296) auch dagegen, dass der Staat die Ehe reguliert.

78 Inhaltlich ist die Unterteilung Mileis keine Abgrenzung von Rechtslibertären. Denn ein Paläolibertärer respektiert auch die freiwillig gewählten Bettpartner, sagt aber auch, dass die Institution der traditionellen Familie essentiell wichtig ist für das Blühen einer Gesellschaft.

79 Ein Beispiel sind die angeblich 30 000 von der Militärdiktatur ermordeten »desaparecidos« (Verschwundenen). Die Zahl wurde am 24. März 2024 am »Nationalen Gedenktag für Wahrheit und Gerechtigkeit« geradegerückt. Die Zahl ist erfunden und aufgebläht, mit dem Ziel, an Subventionen zu kommen. Gleichermaßen waren die Opfer der linken Guerrillas immer unter den Teppich gekehrt worden. Der Kulturkampf kämpft für das richtige Einordnen der Geschichte und verhindert so die Instrumentalisierung der Geschichte für machtpolitische Zwecke.

80 Siehe beispielsweise seinen Tweet aus dem Jahr 2021, besprochen von Benegas (2024, S. 36). Benegas ordnet Milei als »paläoliberal« ein.

81 Hoppes (2015) realistischer Libertarismus ist eine Variante des Paläolibertarismus. Siehe auch Benegas (2024, S. 126).

82 Argentinische Kritiker versuchen ihn mit diesem Begriff zu verunglimpfen. Siehe Benegas (2024, S. 27). Benegas ordnet Milei als Phänomen der »Neuen Rechten« ein (2024, S. 29).

83 Zum Kulturkampf siehe Bismarck (2021, S. 417–431, insb. S. 424) sowie Kolb (2014, S. 104–109).

84 Laje (2022). Bei der Buchbesprechung mit von der Partie war auch Nicolás Márquez, gemeinsam mit Laje Autor des Buches *El libro negro de la nueva izquiera* – Das Schwarzbuch der neuen Linken (Márquez und Laje 2016). Beide Autoren stehen Milei nahe (González 2023, S. 98). Márquez bezeichnet sich als Konservativen und Gegner des Kulturmarxismus.

85 Laje (2022, S. 32–45) definiert Kulturkampf mittels dreier Elemente. Erstens ist die Kultur sowohl das Mittel in diesem Kampf als auch das Ziel. Man benutzt die Träger der Kultur, um die Elemente der Kultur zu verändern und zu dominieren. Zweitens ist Kulturkampf nicht nur ein Scharmützel, sondern ein Konflikt bedeutenden Ausmaßes. Drittens sind sich die Beteiligten an diesem Konflikt bewusst, dass es sich um einen Kulturkampf handelt.

86 Zu den Symbolen der Linken gehören Che Guevara und Salvador Allende. Gramsci geht es um die Organisation der Kultur, er betont die Wichtigkeit des Mythos und der Symbolik (Kaiser 2014, S. 169–70).

87 Milei (2022, S. 265). Bei »Raub« bezieht er sich auf Steuern und bei »Mord« auf die vielen Toten des Sozialismus inklusive Abtreibung. Zu den Werten des Sozialismus zählt Milei (2022, S. 318) an anderer Stelle auch falschen Altruismus.

88 Kaiser (2014, S. 31). Laje (2022, S. 156) unterteilt die Intellektuellen ähnlich. Er gliedert sie indes in drei Gruppen. In der ersten Gruppe stehen die Genies, die neue Theorien und Ideen entwickeln. Ihnen folgen Berufsintellektuelle, welche mit den von der ersten Gruppe entwickelten Theorien arbeiten und sie perfektionieren. Die dritte Gruppe ist mit der Verbreitung der Ideen beschäftigt. Es handelt sich um Schriftsteller, Kommentatoren, Journalisten, die häufig in den Medien angestellt sind. Die Intellektuellen nehmen mithin eine Schlüsselstellung im Kulturkampf ein, weil sie sich aktiv an diesem Kulturkampf beteiligen.

89 Im Zuge von Mileis internationalen Bemühungen, die Ideen der Freiheit zu verbreiten, hat es interessante Blüten gegeben. Der Kampfsportler Renato »Money« Moicano hat am 14. April 2024 in einem Interview direkt nach einem Kampf in Las Vegas Ludwig von Mises' Buch *Vom Wert der besseren Ideen* empfohlen (AnOmaly, 2024). Das Video ging viral. Der Unternehmer Elon Musk traf sich am 12.04.2024 mit Milei. Wenige Tage zuvor, am 7. April, widersetzte sich Musk der Aufforderung der brasilianischen Regierung, Benutzerkonten auf X zu sperren, die angeblich Hate Speech und Fake News verbreiteten. Es kommt etwas in Bewegung.

90 Siehe Laje (2022). Milei spricht oft von Gramsci und der Strategie des Kulturmarxismus.

91 Die Werte der bürgerlichen Gesellschaft sind heute nicht mehr an ein religiöses Bekenntnis gebunden. Ohne Religiosität beginnen diese Werte jedoch zu erodieren.

92 Diesen Sachverhalt erklärt ausführlich Kaiser (2014, S. 150).

93 Siehe dazu insbesondere auch die Theorie von Laclau und Mouffe aus ihrem Buch *Hegemonía y estrategia socialista*, analysiert in Laje (2022, S. 450–454).

94 Dabei bezieht sich die Frankfurter Schule vielmals auf Siegmund Freud (Laje 2022, S. 455).

95 Für Horkheimer repräsentiert die Familie die bürgerliche, kapitalistische Ordnung, da sie den Charakter der Nachkommen dahingehend prägt, diese Ordnung zu erhalten. Auch in der Arbeiterfamilie

passen sich die Nachkommen dem kapitalistischen System an. Um eine Revolution zu ermöglichen, ist folglich die Institution der Familie zu schwächen. Siehe Laje (2022, S. 458).

96 Vor allem der Psychoanalytiker Wilhelm Reich entwickelt diese Gedanken in seinem Buch *Die Sexualität im Kulturkampf* (1936). Laut Reich muss die patriarchale, autoritäre Familie durch eine »natürliche« Form der Familie ersetzt werden. Wie Herbert Marcuse und Daniel Cohn-Bendit war Reich von der Sexualität der Kinder besessen. Marcuse zufolge führt der Kapitalismus zu einer schlechten Verteilung der Ressourcen, wodurch die Arbeit überhaupt erst notwendig würde. Ohne diese durch die kapitalistische Gesellschaftsordnung notwendig gewordene Arbeit könnte mehr Energie auf die Libido verwendet werden, womit es mehr Sexualität gäbe. Sozialistische und sexuelle Revolution werden bei Marcuse zu zwei Seiten der gleichen Medaille einer nicht repressiven Gesellschaft. Siehe hierzu Laje (2022, S. 459–464). Seit seinen Anfängen will der Sozialismus die Institution der Ehe als Bestandteil der verabscheuungswürdigen bürgerlichen Gesellschaftsordnung beseitigen und fordert die freie Liebe. Siehe Mises (1934, S. 69–92).

97 Rothbard (1977) verteidigt »Verschwörungstheorien«. Bei einfach zu verstehenden staatlichen Interventionen wie Importzöllen auf Stahl ist es eine einfache Annahme, dass die Stahlindustrie sich für den Zoll eingesetzt hat. Indes muss diese Annahme auch bewiesen werden. Bei komplexeren Staatshandlungen wie der Gründung der Federal Reserve oder einem Kriegseintritt ist es auch wichtig zu fragen, wem es nützt (cui bono), und später zu beweisen, dass die an den Maßnahmen Interessierten auch wirklich die Politik gedrängt haben, diese Maßnahmen durchzuführen. Der lange Marsch durch die Institutionen, um die Kultur des Kapitalismus zu überwinden, wurde von den Linken durch Gramsci, Dutschke und Marcuse angekündigt. Ebenso wird die Agenda 2030 ganz öffentlich verkündet. Die Linken wissen, dass sie zusammenarbeiten müssen, wenn sie die Macht des Staates ausweiten wollen, um die Welt zu ihren Gunsten zu verändern; und sie wissen auch, und sei es nur intuitiv, dass gewisse Institutionen ihnen dabei im Wege stehen: die Familie, das Christentum, die Privatinitiative, das Privateigentum und die natürlichen Hierarchien. Folglich unterstützen sie instinktiv und auf lange Sicht Maßnahmen, welche diese Institutionen schwächen.

98 Zu den Ereignissen von 1968 siehe Laje (2022, S. 421–38).

99 Jürgen Habermas ist ein Vertreter der zweiten Generation der Frankfurter Schule. Auch Jacques Derrida und Michel Foucault entwickelten diese Ideen weiter. Nach Foucault gibt es in jeder ungleichen sozialen Beziehung eine Machtbeziehung und Unterdrückung. So gibt es Machtgefälle zwischen Patienten und Arzt, Kind und Erwachsenem oder Student und Professor. Foucault politisiert die sozialen Beziehungen. Kultur ist Macht. Heute ist der Kulturkampf weit über die Universitäten hinausgetragen worden. Selbst Unternehmen tra-

gen den Wokeismus mit. Zu den Spenden von George Soros an woke Gruppen und Bewegungen siehe Laje (2022, S. 435, 471, 473). Zudem wird die Links-Woke-Agenda durch internationale Organisationen wie die UNO in Form der Agenda 2030 unterstützt.

100 Siehe Bezmenov (1984). Die Subversion vollzieht sich nach Besmenov in vier Stufen. Erstens die moralische Demoralisierung, die am längsten dauert, weil sie durch das Bildungssystem das Weltbild ganzer Generationen ändern muss. Zweitens erfolgt auf die Destabilisierung die Krise (drittens) und letztlich eine Normalisierung in einem neuen gewünschten Gleichgewichtszustand (viertens). Ein Beispiel für einen subversiven Eingriff eines ausländischen sozialistischen Staates in den Kulturkampf findet sich in Deutschland, wo die Tötung des Studenten Benno Ohnesorg durch den Westberliner Polizisten und Stasi-Agenten Karl-Heinz Kurras die Studentenrevolte 1968 befeuerte.

101 Auch diesen Zusammenhang erklärt Milei (2022, S. 62) in seinem Buch und in Reden.

102 Rothbard (2000b, S. 293) spricht von einer »nihilistic, hedonistic, ultra-feminist, egalitarian »alternatie culture««, die von der Linken verteidigt wird.

103 Auch in der Ökonomie gibt es nach dieser Auffassung keine universellen Gesetze, sondern viele »Wahrheiten«. Selbst die Ethik wird beliebig. Es ist nicht mehr objektiv verwerflich zu stehlen, sondern wird unter dem Deckmantel der »sozialen Gerechtigkeit« positiv umgedeutet. Die relativistische postmoderne Negierung der Existenz von Wahrheit ist nicht ohne Widersprüche. Denn die Anwendung des Satzes »Es gibt keine objektive Wahrheit« auf ihn selbst angewendet, macht die Aussage substanzlos. Kurios und widersprüchlich ist in diesem Kontext zudem, dass beispielsweise die Messungen, Datierungen und Prognosen der Klimaerwärmung objektiv und damit als »wahr« gelten und keine abweichenden subjektiven Interpretationen zulassen.

104 Das Overton-Fenster ist benannt nach Joseph Overton vom *Mackinac Centre for Public Policy*, einem Free-Market-Think-Tank. Das Overton-Fenster bezieht sich auf politische Meinungen. Innerhalb des Overton-Fensters befinden sich die akzeptablen und populären Meinungen. Ein Politiker, der wiedergewählt werden möchte, bewegt sich immer innerhalb des Overton-Fensters, innerhalb der populären Meinung. Aber wer die Welt verändern möchte, der muss das Overton-Fenster verschieben. Positionen, die vorher als radikal oder undenkbar eingestuft wurden, werden dann akzeptabel. Ein Beispiel: Vor 40 Jahren wäre es für einen Politiker undenkbar gewesen, dass er Verständnis dafür zeigte, dass sich Linksradikale auf der Straße festkleben, um den Straßenverkehr zu stören. Heute gibt es verschiedene Politiker, die für die Klimakleber Verständnis zeigen und sie auch als Aktivisten adeln. Ein anderes Beispiel: Vor 40 Jahren hätte eine experimentelle Zwangsimpfung gegen Grippe oder das Einsperren von ge-

sunden Menschen gegen ihren Willen eine starke Reaktion hervorgerufen. Es wäre undenkbar gewesen. Hier sehen wir die Möglichkeit, dass sich das Overton-Fenster durch Krisen abrupt verschiebt. Während Corona haben Politiker Lockdowns durchgesetzt und verteidigt und die Zwangsimpfung eingeführt. Die Krisensituation machte ein Verschieben des Overton-Fensters möglich.

105 Die Versuchung ist auch für Christen groß, Gewalt einzusetzen, um Ziele zu erreichen. Die Kirche hat lange Zeit weltliche Macht ausgeübt und ist mit dem Staat Bündnisse eingegangen. Dieses unchristliche Verhalten ändert jedoch nichts an der Bedeutung der christlichen Kultur und Werte für die westliche bürgerliche Gesellschaft.

106 Kaiser (2014, S. 3), oder Laje (2022, S. 478). Daher ist es für Kaiser (2014, S. 175) zu kurz gedacht, dass es die einzige Aufgabe von Unternehmern sei, Gewinne zu machen. Unternehmer müssen, wollen sie das System erhalten, das ihnen ihre Gewinne und im Allgemeinen die Zivilisation ermöglicht, auch für libertäre Intellektuelle, Studiengänge, Universitäten, Publikationen, Medien und Think Tanks spenden. Und sie sollten durch eine tugendhafte Lebensführung Vorbild sein. Kurzum, sie müssen sich im Kulturkampf engagieren.

107 Identitätspolitik ist die Idee, dass der Staat es dem Bürger schuldig ist, eine Eigenidentität zu verwirklichen, und zwar mit staatlich bezahlter Hormontherapie und chirurgischen Eingriffen.

108 Laje (2022, S. 507–508).

109 Übrigens verwies schon der liberale Ökonom und Nobelpreisträger Hayek (1973; 1998) auf die Bedeutung von Institutionen, die evolutionär und über lange Zeit gewachsen sind. In den zitierten Werken verteidigt Hayek Traditionen und stellt sich gegen kulturellen Progressismus, Geburtenkontrolle und Globalisierung der Politik (Laje 2022, S. 504). So kommt auch bei Hayek die Nähe von Libertarismus und Traditionalismus zum Vorschein.

110 Die Aufzählung ist angelehnt an Laje (2022, S. 506–507).

111 Das hat dazu geführt, dass Kritiker ihn zu Unrecht als Nationalisten und Konservativen beschrieben haben (Benegas 2024, 17).

112 Es sind 6348 Verschwundene gewesen. Siehe Márquez und Duclos (2024, S. 34). Neben dem INADI hat Milei direkt zu Beginn seiner Amtszeit weitere Institute geschlossen; darunter das INCAA (Instituto Nacional de Cine y Artes Audiovisuales), welches der woken Film- und Fernseh-Propaganda gewidmet war; Télam, die staatliche Nachrichtenagentur und das »Frauen-, Gender- und Diversitätsministerium«. Alle Institutionen dienten zur Bereicherung von Politikern, Parteifreunden und deren Familien.

113 Schon 2022 sprach Milei auf dem CPAC, wo auch Steve Bannon zugegen war. Seine Nähe zu Trump und Bolsonaro sei quasi natürlich, sagt Milei. Sie eint der gemeinsame Gegner, der Sozialismus. Folgerichtig gratulierte Trump Milei zum Wahlsieg. Auch Victor Orbán kam zu Mileis Amtseinführung. Die beiden sprachen über den

gemeinsamen Kampf gegen die internationale Linke. Zudem pflegt Milei gute Kontakte zu José Antonio Kast (Chile), Santiago Abascal (Spanien) und Giorgia Meloni (Italien). Alle kämpfen gegen Sozialismus und Kommunismus. Auch auf Viva24, einem Treffen internationaler rechter Politiker, organisiert durch die spanische Partei VOX, bei der Milei bereits 2022 sprach und deren Vorsitzender Santiago Abascal ein Freund Mileis ist, trat Milei am 19. Mai 2024 auf und wurde von den 15 000 Teilnehmern für seine freiheitliche Rede gefeiert. Doch nicht alles ist kompatibel. Während Mileis Rede verließ die französische Politikerin Marine le Pen aus Protest den Saal. Le Pen ist zu sozialistisch und lässt sich nicht von den freiheitlichen Ideen Mileis überzeugen.

114 Ein erster Erfolg in diese Richtung ist die sich wandelnde Rhetorik Donald Trumps. Trump bezeichnete sich am 25. Mai 2024 auf dem Parteitag der Libertarian Party als Libertären und stellte in Aussicht, Libertäre in sein Kabinett zu nehmen.

115 Die folgende Analyse ist an Huerta de Sotos Analyse der Davos-Rede angelehnt (Instituto Juan de Mariana 2024).

116 Siehe Rothbard (2006). Milei hingegen ist ein großer Bewunderer von Adam Smith und hat sich bis jetzt nicht der Ansicht Huerta de Sotos und Rothbards anschließen können.

117 Zur Praxeologie siehe die einschlägigen Werke von Mises (1940; 1962; 1957).

118 Unbewusstes Verhalten liegt außerhalb des Bereiches des Wissens, das die Nationalökonomie und die Praxeologie, die allgemeine Theorie des menschlichen Handelns, behandeln. Reflexe, Schlafwandeln, das Schlagen des Herzens, gehören nicht zum Handeln, das immer bewusst und absichtlich ist.

119 Siehe beispielsweise Rothbard (1982), Hayek (1960, 1973), Mises (1998).

120 Wobei Ludwig Erhard mit dem Begriff ein Eigentor schoss. Zwar ist Marktwirtschaft immer sozial, indes haben die Feinde der Freiheit den Begriff »soziale Marktwirtschaft« in eine dem Fürsorgestaat unterworfene Marktwirtschaft umgedeutet.

121 Mises (2008, S. 52) schreibt dazu: »The mathematical economist is so blinded by his epistemological prejudices, that he simply fails to see what the tasks of economics are.« Durch seinen mathematischen Ansatz sieht der neoklassische Ökonom überall Marktversagen.

122 Natürlich kann man immer sagen, dass einem ein Marktergebnis missfällt. Der Fußballstar Leo Messi verdient Millionen im Jahr und damit ein Vielfaches von dem, was ein Universitätsprofessor verdient. Einem Universitätsprofessor steht es frei zu sagen, dass ihm dieses Marktergebnis missfällt. Aber das subjektive Missfallen bedeutet eben nicht, dass der Markt versagt.

123 Auch Skalen- oder Größeneffekte sind neue Produktionsmethoden, welche die Produktionskosten senken. Auf den Vorteil von Skaleneffekten weist Milei gerne hin. Im Zusammenhang mit der industriellen Revolution stieg die Bevölkerungszahl rapide, gleichzeitig

wuchs das Pro-Kopf-Einkommen. Nach dem Modell der vollständigen Konkurrenz mit vielen kleinen Unternehmen müssten Skaleneffekte indes schlecht sein, da sie Monopolen Vorschub leisten.

124 Natürlich kommt es auch auf die erwarteten Absatzzahlen zu diesem Preis an. Die bestimmen die Gesamteinnahmen. Möchte Jobs Gewinn erzielen, müssen die Gesamtausgaben unter dieser Summe liegen.

125 Der Marktprozess impliziert daher Folgendes: Wenn von einem Gut nicht mehr produziert wird, liegt das daran, dass für die Mehrproduktion Produktionsfaktoren benötigt werden, die zur Produktion anderer Güter eingesetzt werden.

126 In diesem Sinne schreibt Mises (2008, S. 56): »Every step toward the elimination of profit is progress on the way toward social disintegration.«

127 Raico (1999, S. 175).

128 La Boétie (2012) zeigt in seinem Klassiker von 1553, dass die Macht des Staates auf purer Gewalt beruht. Die Individuen gewöhnen sich an ihre Unfreiheit und werden durch Propaganda, Brot und Spiele gefügig gemacht. Sie hätten aber jederzeit die Möglichkeit, das Joch abzuschütteln, indem sie den Gehorsam verweigerten.

129 Für entsprechende empirische Untersuchungen und den Simons-Abundance-Index, der zeigt, dass Ressourcen immer reichlicher vorhanden sind und uns weniger Arbeit kosten, siehe Tupy und Pooley (2022).

130 Siehe hierzu das vielmals von Milei zitierte Werk von Israel Kirzner (2016).

131 Für die Reformen von Ludwig Erhard und das deutsche Wirtschaftswunder siehe Prollius (2006, S. 40–110).

132 Weber war stark von den Lehren von Ludwig von Mises beeinflusst. Siehe Hülsmann (2007, S. 876, Fn. 89). Für Erhard war die Marktwirtschaft per definitionem sozial, da sie »Wohlstand für alle« schafft.

133 Prollius (2006, S. 57).

134 Zur Überlieferung dieser Geschichte siehe Prollius (2006, S. 68).

135 Siehe Tucker (1997). Tatsächlich war die Marshall-Hilfe selbst zu ihrem Höhepunkt 1948–1949 nie höher als 5 Prozent des BSP, während die Reparationen und Besatzungskosten, die die BRD leistete, zwischen 11 und 15 Prozent des Bruttosozialprodukts lagen. Siehe zum Marshall-Plan auch Cowen (1986).

136 Am 9. Juli 2024, am Argentinischen Unabhängigkeitstag, unterzeichneten schließlich 18 von 24 Gouverneuren der Provinzen den Pakt in Tucumán.

137 Eine Schocktherapie für ein neues deutsches Wirtschaftswunder skizziert Krall (2024).

138 Am 18. Mai 2024 deutete Milei in Spanien in einem vollbesetzten begeisterten Stadion vor über 10 000 Zuschauern an, dass die Frau des spanischen Präsidenten Pedro Sánchez korrupt sei. Zu diesem Zeitpunkt beschäftigte sich die spanische Justiz mit der möglichen

Korruption. Zuvor war Milei von spanischen Ministern als Faschist, Anti-Demokrat, Ultrarechter, Hassförderer und Drogenkonsument diffamiert worden. Es kam zum diplomatischen Eklat. Sánchez zog den spanischen Botschafter aus Buenos Aires ab und drohte Milei – der sich weigerte, sich zu entschuldigen und stattdessen eine Entschuldigung der spanischen Regierung forderte – nicht mehr einreisen zu lassen. Damit machte sich Sánchez lächerlich. Die öffentliche Meinung schlug sich auf Mileis Seite, auch in Spanien. Die im Nebensatz getätigte Aussage hat Mileis Popularität nicht geschadet, im Gegenteil. Milei lässt sich nichts gefallen und bleibt dabei immer authentisch.

139 Huerta de Soto (2024).